# Unforgettable 23 Days <sub>on Phase 1</sub>

IELTS WRITING TASK 2

**MAZELTOV**

# Unforgettable 23 Days on Phase 1

| | |
|---|---|
| 초판 1쇄 발행 | 2019년 11월 25일 |
| 초판 2쇄 발행 | 2022년 02월 21일 |
| 초판 3쇄 발행 | 2024년 04월 10일 |
| 지은이 | Reid Shin |
| 펴낸이 | Reid Shin |
| 펴낸곳 | 새프링출판사 |
| 출판신고 | 2018년 9월 5일 제2019-000135호 |
| 주소 | 서울특별시 영등포구 국회대로36길 17, 430 |
| 연락처 | mazeltovhelp@gmail.com |
| ISBN | 979-11-964866-1-7 |
| 값 | 38,900원 |
| 교재관련문의 | mazeltovhelp@gmail.com |
| 아눈반카페 | cafe.naver.com/ieltsnunban |
| 온라인인강 | academysapling.com |

이 책은 저작권법에 따라 보호받는 저작물이므로 무단전재와 무단복제를 금합니다.
파본이나 잘못 만들어진 책은 구입하신 곳에서 바꾸어 드립니다.

# Preface

IELTS 시험에서 Writing 영역은 고득점을 위해 수험생분들께서 반드시 극복해야만 하는 영역입니다. 영어를 원래부터 꾸준히 학습한 학생분들에게는 Writing 영역이 그렇게 어렵게 느껴지지 않겠지만, 고등학교 졸업 후 영어에 손을 놓고 있던 수험생들 내지 영어 공부를 제대로 해본 적이 없는 수험생분들에게 Writing 영역은 마치 극복할 수 없는 큰 벽처럼 느껴져 왔던 것이 사실입니다.

저자가 오랜 시간 동안 Test Prep 강사 생활을 하면서 늘 아쉬웠던 것이, IELTS Writing 시험에 필요한 수험서는 많은데, 시험을 위해 전략적으로 학습해서 사용할 수 있는, 즉 기초 문법부터 차근차근 학습하여 실전 Essay 작성까지 한 번에 학습할 수 있는 시험에 최적화된 IELTS Writing만의 참고서가 없다는 것이었습니다. Writing이라는 것은 가장 중요한 핵심문법을 학습한 후 그것을 글을 쓰는데 바로 적용하는 것이라 실제 매우 힘들 수밖에 없는데, 기존 학습서들은 그 분량이 너무나 방대하며 오로지 문법에만 치중돼 있으며, 시험 외적으로 알 필요 없는 것들까지 다루다 보니, 많은 수험생분께서 IELTS Writing 시험을 준비할 경우, 학습의 방향을 잡지 못해 힘들어하는 실정이었습니다.

이에 이 책은 IELTS Writing 시험을 준비하는 모든 수험생분들을 위해, Writing 작성 시 반드시 알아야 할 핵심적인 영문법들과 그것을 실제 Task 2 Writing에 적용하는 방법, 1,000개가 넘는 예문, 그리고 완성된 다수의 Sample Essay를 공급하여, 최단기간에 수험생분들께서 IELTS Writing에서 적어도 6.5 이상을 받을 수 있게끔 하기 위해 제작되었습니다. 물론, 모든 영문법을 이 책을 통해서 전부 상세하게 설명할 수는 없습니다. 하지만, 적어도 이 책에 있는 핵심적인 영문법들을 학습한 후, 수험생분들께서 바로 실전 글적기 연습을 하실 수 있게끔, 최대한 자세한 설명과 예문을 배치해 두었습니다. 이 책을 통해, 많은 수험생분께서 단기간에 Writing 목표 점수를 달성하시길 바랍니다. 또한, IELTS 시험이 끝난 후, 성공적인 유학, 또는 이민 생활에 필수적인 영작에 좀 더 자신감을 가지시길 바랍니다. 이 책을 집필하는데 큰 동기부여를 해준 모든 분께 다시 한번 감사의 말씀을 드리며, 이 책을 학습하시는 모든 분께서 목표 점수를 받으시고 하루빨리 성공적인 유학 생활, 이민 생활, 직장 생활을 해나가셨으면 합니다.

또한, 이 책의 수익금 일부는 지금 이 순간에도 수술비 부족으로 수술을 받지 못해 생사의 갈림길에 있는 전국의 많은 어린이를 위해 사용할 것입니다.

2019. 11.05 • 신촌 Kind Coffee에서 • Reid Shin

# Comments by Students

**1 _ By 임이래**

IELTS Writing 점수가 절실히 필요할 시기에 우연히 Reid 선생님을 알게 되었고, 선생님과 공부한 2달 후 본 첫 번째 시험에서 Writing 7.5를 달성했습니다. Essay를 쓰는 기본원리부터 체계적으로 가르쳐 주실 뿐만 아니라 각 개인의 취약점을 보완하기 위한 맞춤식 지도가 뛰어나십니다. 저 또한 그 덕을 많이 보았으며 강력하게 추천하는 바입니다.

**2 _ By 김학주**

호주대학에 진학하기 위해 IELTS 공부를 하던 중 점수에 변동이 없었고 새로운 시도가 필요하던 중에 운이 좋게 Reid 선생님을 만나게 되었습니다. 저는 Writing 과목에 제일 취약했습니다. 하지만 선생님 수업에서 기본부터 다시 꼼꼼히 다지고 실질적으로 쓰이는 영문법들을 학습 후 글쓰기에 적용할 수 있게 되었습니다. 다른 곳에서 볼 수 없었던 선생님의 열정과 첨삭 지도를 통해 많은 도움을 주셨고 배운지 정확히 한 달 만에 Writing 7.0 이라는 저에게는 상상도 못했던 점수를 받을 수 있게 되었습니다. 많은 고민을 하시는 분들께 선생님의 지도와 가르침을 적극적으로 추천하고 응원하는 바입니다!

**3 _ By Rachel Kim**

유학생인 저로서는 나름 글쓰기에 자신이 있었지만, 시험 점수는 계속해서 6.5를 벗어나지 못하고 있었습니다. 무려 10번의 시험을 치르는 동안 제 Essay에 도대체 어떤 문제가 있는지 알지 못하는 상황속에서 Reid 선생님의 Template과 Body 구성 방법을 우연히 Internet 모 카페에서 발견할 수 있었습니다. 제 글쓰기 방식에 선생님의 Template과 Logical Flow를 적용시킨 후 다음달 시험에서 Writing 7.5를 획득하였습니다. 단언하건대, Reid 선생님의 Body 공략 방법은 기존 일반적인 Writing Task 2의 접근 방식이 아니며 고득점을 원하시는 학생분들에게 최고의 결과를 선사할 것입니다. 덕분에 저는 학교 Paper 점수까지 상승하여 일석이조의 효과를 누렸습니다.

**4 _ By 박성운**

영국대학에 진학하기 위해 IELTS 성적이 필요했습니다. 여러 번의 시험을 봤지만 항상 Writing에서의 점수가 부족해 제가 원하는 대학의 지원이 불가하였습니다. 여러 번 Sample Answer을 다시 써보고 써보았지만 점수는 항상 제자리에 머물러 있었습니다. 답답함과 지푸라기라도 잡는 심정으로 여러 검색과 수소문 끝에 Reid 선생님을 만나게 되었습니다. 선생님은 선생님께서 개발하신 Template과 IELTS Writing 고득점에 꼭 필요한 기초문법부터 고득점을 받기 위한 심화 문법까지 예시를 들어 열정적으로 항상 자세하게 가르쳐 주셨습니다. 이를 바탕으로 여러 번 연습과 첨삭을 받은 후 저는 저에게 필요한 점수인 6.5를 달성하게 되었습니다. 그래서 지금은 영국대학에서 즐겁게 학교 생활을 하고 있습니다. 정말 여러 학원을 다녀봤지만 올바른 가이드라인을 제대로 제시해준 선생님은 Reid 선생님밖에 없었습니다. 따라서 IELTS를 준비하시는 모든 학생분께 Reid 선생님의 수업을 강추합니다.

### 5 _ By 정지운

중, 고등학교 때 영어를 배웠었는지 기억이 안 날 정도로 영어와 담을 쌓고 살다가 유학을 가기 위해 30대 중반에 영어 공부를 시작하게 되었습니다. 인강과 IELTS 전문 과외를 6개월 가까이 했지만 영어의 기본이 없는 저에겐 IELTS 점수를 위한 영어 수업들은 모든 것을 외우는 암기 과목이 되어 버렸습니다. Reading은 지문 해석이 불가능해서 강사분들이 알려주는 키워드 찾는 형식의 스킬들을 익히고, Writing 같은 경우에는 Template이 있어도 2~3문장을 만들지 못해, 점수를 받아도 유학 생활을 할 수 있을까 라는 생각에 유학을 포기하려 할 때쯤 Reid 선생님을 만나고 영어에 대한 모든 것이 바뀌었습니다. 영어 문장의 구조, 수식 등 처음에는 모든 것이 생소했지만 Reid 선생님 영어 수업은 어떤 원리로 왜 이렇게 되는지 알려주셨고 이 모든 것들은 자연스럽게 IELTS 형식에 적용이 가능했습니다. 이 과정들이 마치 영어가 아닌 수학 문제처럼 원리만 알면 다 적용이 되고 응용이 가능했습니다. 영어가 재미있다는 경험을 하게 될 줄은 생각도 못했지만, 요즘엔 Writing Essay에 하고 싶은 말들을 마음껏 적을 수 있게 되었고, 문장을 직접 쓸 수 있게 되니 Reading 지문 해석도 자연스럽게 가능하게 되어, 저에게는 사실 이 모든 것이 기적같이 느껴집니다. 이런변화가 Reid 선생님을 만나고부터 2달 반 만에 일어난 변화입니다. 저 같이 영어 기본기가 부족하면서 IELTS 시험을 준비하시는 분들께 정말로 추천해 드립니다.

### 6 _ By 지유림

IELTS는 정직한 시험이라고 생각합니다. 단순히 시험을 위한 영어가 요구되는 것이 아닌 본인의 진짜 영어 실력을 적나라하게 드러내는 시험이기 때문에 본인의 실력을 잘 파악한 뒤 체계적인 학습을 통해 실력을 향상시키는 것이 중요합니다. 하지만, 대부분의 학원에서는 IELTS라는 시험에 초점을 맞추고 그에 관한 Tip을 알려주기 때문에 저의 영어 실력을 향상시키기에는 부족함을 느꼈습니다. 그러던 중 우연하게 Reid 선생님을 알게 되었고, 선생님의 강의를 통해 진짜 영어를 배웠습니다. 한국에서 배워왔던 학습법과는 달리 올바른 문법과 그 문법을 어떻게 사용하는지에 초점을 맞춰서 강의를 하셨고 그걸 어떻게 Writing에 적용시키는지에 대해 가르쳐주셨습니다. 물론 강의를 듣고 강의 내용을 흡수할 만한 본인의 노력이 요구되지만 열정적인 선생님 덕분에 자연스레 저의 의지도 높아져서 결국 IELTS를 졸업하고 목표하던 학교에 입학할 수 있게 되었습니다. IELTS 공부는 물론이고 저의 "실질적인 영어실력" 향상에 도움을 주신 Reid 선생님께 진심으로 감사드립니다! 덕분에 대학교에 가서도 과제 작성 때문에 걱정할 일은 없을 것 같아요!

### 7 _ By 김민영

저는 간호사로 유학을 준비하던 중 IELTS Writing에서 최소 7.0을 받아야 했지만 점수는 7개월째 6.0으로 정체 상태 였습니다. 우연히 인터넷 모 카페를 통해 알게 된 Reid 선생님의 YouTube 강의를 보고 마지막이란 심정으로 2달 반 동안 주중 수업을 수강하게 되었습니다. 사실 첫 수업을 듣고 너무 화가 났습니다. 제가 학습했던 내용들 중 대부분을 부정당하는 느낌이 들었기 때문입니다. 정말 달랐습니다. 문법의 체계와 Body 작성 방법, 논리, 등 모든 것이 달랐습니다. 그리고, 저는 3달뒤 치른 시험에서 7.5를 받았습니다. 여전히 믿기지 않는 점수입니다. IELTS Writing 시험을 준비하시는 모든 분들께 저는 자신있게 Reid 선생님의 Writing을 추천합니다.

# Table

| Day 01 | Full Sentence 1<br>완전한 문장 1 | 9 |
|---|---|---|
| Day 02 | Full Sentence 2<br>완전한 문장 2 | 33 |
| Day 03 | Incomplete Sentence<br>불완전한 문장 | 49 |
| Day 04 | Part Of Full Sentence<br>품사 | 53 |
| Day 05 | Body 작성<br>_ 예비 연습 | 75 |
| Day 06 | Conjunction<br>접속사 | 89 |
| Day 07 | Modification<br>수식 | 115 |
| Day 08 | Relative Pronoun<br>관계 대명사 | 131 |
| Day 09 | Relative Adverb<br>관계 부사 | 145 |
| Day 10 | Compound Relative Pronoun / Adverb<br>복합 관계 대명사 / 복합 관계 부사 | 157 |
| Day 11 | Intangible N That Full Sentence<br>추상명사 That 완전한 문장 | 167 |
| Day 12 | Impersonal Pronoun & Subject<br>가주어 & 진주어 | 175 |

| | | | |
|---|---|---|---|
| **Day 13** | Comparative<br>The 비교급 | | 181 |
| **Day 14** | It Be That Emphasis<br>It Be That 강조구문 | | 185 |
| **Day 15** | Syntax<br>구조론 | | 195 |
| **Day 16** | What Extent / Agree / Disagree<br>_ Introduction & Body 1 작성 | | 215 |
| **Day 17** | What Extent / Agree / Disagree<br>_ Body 2 & Conclusion 작성 | | 235 |
| **Day 18** | What Extent / Agree / Disagree<br>_ 2 Supporting Ideas | | 253 |
| **Day 19** | Discuss Both Views | | 277 |
| **Day 20** | Advantage & Disadvantage | | 295 |
| **Day 21** | Advantage Outweighs Disadvantage | | 315 |
| **Day 22** | Cause & Solution | | 331 |
| **Day 23** | 변형 기출 Essay | | 349 |

Thank You

# 1 Day

## Full Sentence 1
완전한 문장 1

Emerson said, "All is riddle, and the key to a riddle is another riddle."

# Day 1

## Full Sentence 1
>>>>>>>>>>>>>>>>>>>> - 완전한 문장 1 - <<<<<<<<<<<<<<<<<<<<

먼저 이 책을 시작하기 전, 여러분께 단 한 가지 부탁을 하고 시작하려 합니다. 무슨 일이 있어도 Day 4 학습까지는 쉼없이 앞으로 나가며 학습해 주길 바랍니다. 영어에서 가장 중요한 "완전한 문장", "불완전한 문장", 그리고 "품사"는 사실 어느 한 부분이 독립적으로 존재하는 것이 아닌 하나의 개념이라, 이 3가지 개념을 분리해서 생각할 수가 없습니다. 완전한 문장을 설명하기 위해서는 반드시 품사 부분에 대한 이해가 필요하며, 또한 품사에 대한 설명을 하기 위해서는 반드시 완전한 문장에 대한 이해가 필수적입니다.

물론, 이 책에서는 완전한 문장과 불완전한 문장, 그리고 품사 부분을 독립적으로 분리하여 개별 사항들을 아주 자세하게 다룰 것이지만, 영문법상 애초에 완전한 문장과 품사를 완전히 분리해서 다룰 수 없기에, Day 4 학습 전까지는 완전한 문장을 설명하는 데 있어 품사를 이용한 설명이 존재할 것이며, 또한 품사에 대한 설명을 위해 완전한 문장의 개념을 이용한 설명이 존재할 것입니다. 그렇기에, Day 4 학습까지는, 즉 완전한 문장과 품사에 대한 독립적인 학습이 이루어지기 전까지는, 설령 이해가 안 되는 부분이 있더라도 꾸준히 학습하여 앞으로 계속 전진해 주길 바랍니다. 필자는 여러분께서 적어도 Day 4 학습까지 꾸준히 학습을 완료하신다면, 분명히 완전한 문장과 품사에 대한 개념을 완벽하게 잡으실 수 있다고 생각합니다.

자 그럼, 이제 드디어 첫날의 학습을 시작해 보도록 하겠습니다. 여러분이 영어를 학습하는 동안 적어도 수도 없이 들었을 완전한 문장이란 것은 대체 무엇일까요?

"완전한 문장", 즉 "Full Sentence"란 것은, 모든 공인 영어 시험과 Speaking, Writing에서의 Basic Frame과 같은 것입니다. 마치, 큰 빌딩의 기본 철골구조 같은 역할을 하는 것이 "완전한 문장"이란 것입니다. 본격적인 학습을 하기 전, 미리 전체적인 구조를 본다면, 다음의 Frame이 흔히 "Full Sentence"라 불리는 완전한 문장의 모양들입니다. 영문법 학습에서는 영문법의 이름보다는 결국 모양을 학습하는 것이 가장 효율적이므로 완전한 문장을 본격적으로 학습하기 전 미리 다음의 완전한 문장의 모양을 암기해 두도록 합시다.

## ● 5개의 완전한 문장 모양

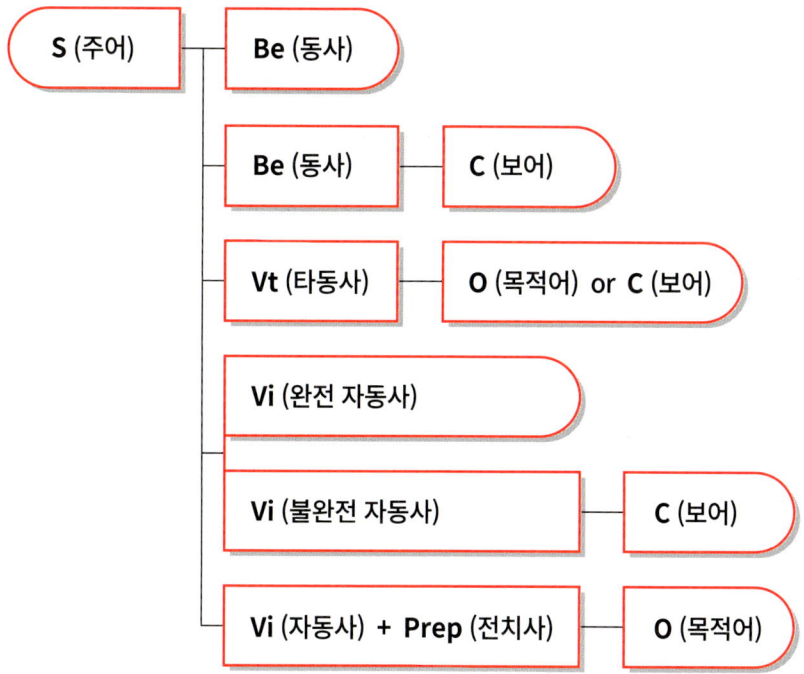

위의 모양처럼, 이미 정해진 5개의 완전한 문장 모양(S+ Be, S + Be + C, S + Vt +O/C, S + Vi, S + Vi + Prep + O)에 곧 Day 2에서 학습하게 될 Part Of Sentence 즉, 한국말로 "품사"란 것을 각 5개의 완전한 문장의 S(주어 자리), O(목적어 자리), C(보어 자리) 자리에 집어넣으면, 영작에서 의미를 전달하기 위한 기본적인 형태인 완전한 문장의 형태를 갖추게 되는 것입니다. 지금부터 학습을 통해 여러분도 알게 되겠지만, 영작에서는 일정한 영문법의 규칙들이 존재하고, 그 규칙들은 Writing을 할 때 강제성을 가지는바, 여러분께서 영문법의 규칙들을 올바르게 완전한 문장에 적용한다면, 여러분이 적는 모든 글은 이유를 불문하고 위의 모양 5가지 중 하나의 문장 구조를 가지게 되는 것입니다.

물론, 기본적인 완전한 문장의 형태가 갖추어졌다 할지라도 100%의 의미 전달을 위해서는 즉, 좀 더 자연스러운 의미 전달을 위해서는 좀 더 적절한 Vocabulary를 선택해야 하며, 앞으로 학습하게 될 수식 1, 2, 3번을 적재적소에 사용해야 하며, 또한 Syntax(구조론) 구사력이 동반 되어야만 합니다. 끊임없는 연습과 기존 Sample 문장들에 대한 반복적인 노출 역시 당연히 필요로 되어 집니다. 하지만 이제 첫걸음을 떼는 것이니 조급할 필요는 없습니다. 우선 다음의 도식을 통해서 영작에서 의미 전달을 위해 가장 중요한 3가지 요소를 확인해 보도록 합시다.

### ● 완전한 문장, 수식, 구조론의 구사력

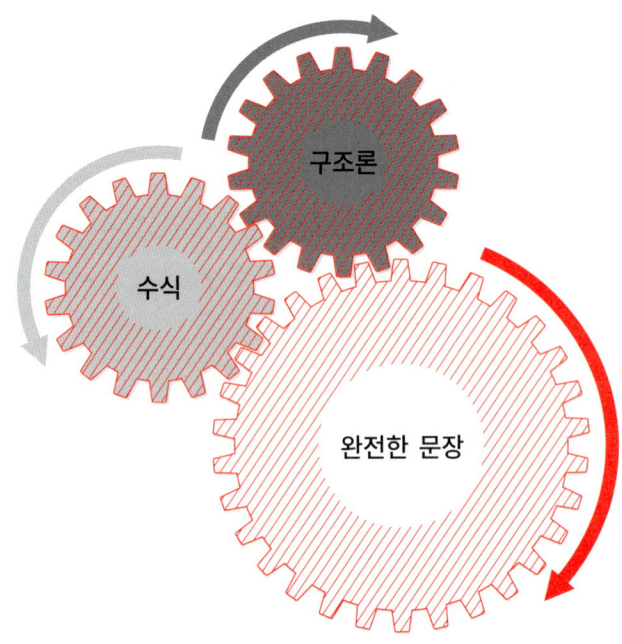

위의 도식에서 확인할 수 있듯이, 영작에서 글을 읽는 사람에게 우리가 원하는 의도와 정보를 전달할 때 가장 중요한 것은 결국 **완전한 문장**, **수식**, **구조론**의 구사력입니다. 이 3가지 중 우선 우리는 완전한 문장에 대해서 오늘 먼저 학습해 보도록 하겠습니다.

완전한 문장에 대한 Concept을 잡는 것은 작문에서 가장 중요한 요소이며 완전한 문장이 무엇인지 모르는 상태에서는 Model Essay 암기를 제외한 나머지 IELTS Writing 공략법은 사실상 없다고 봐도 무방할 것입니다. 그렇다면, 완전한 문장을 어떻게 해야 완벽하게 학습할 수 있는 것일까요? 학습법은 간단합니다. 이 책의 학습 과정에서 품사 부분 학습에 도달하기 전까지 여러분께서는 완전한 문장의 구조와 모양 그리고 성질을 끊임없이 반복 암기하여 완전한 문장의 모양을 완벽하게 암기만 해주시면 됩니다.

자 그럼, 이제 선택하도록 합시다. 이 책을 "네이버 중고나라", "아독사 중고장터"에 판 후, 학원 내지는 Internet에 떠돌아다니는 Template을 무조건 암기할 것인가? 아니면, 죽이 되든 밥이 되든 저자를 믿고 22일 남짓을 투자해 Writing에 필요한 필수 영문법을 학습하고 여러분의 의견을 직접 영어로 작문하여 시험을 치를 것인가? 선택은 오로지 여러분의 것입니다. It's all yours.

그럼, 잠시 본격적인 완전한 문장(Full Sentence) 학습을 시작하기 전 이 책의 각 문장 분석에서 사용될 아래의 품사 기호들을 반드시 암기해 주세요.

> 명사 ➡ N, 타동사 ➡ Vt, 자동사 ➡ Vi, 전치사 ➡ Prep, 목적어 ➡ O, 보어 ➡ C, 접속사 ➡ Conj

자, 이제 한 학생분께서 IELTS Writing Task 2 첨삭을 위해 제출하신 문장을 살펴보도록 하겠습니다. 아래의 문장은, 치명적인 문법적 결함이 있습니다. 바로 본동사가 완전한 문장에 존재하지 않는 것입니다. 이 책을 모두 학습한다면 여러분은 아래와 같이 스스로 문장 분석이 가능해질 것입니다. 만약 스스로 문장분석을 할 수 없다면 제대로 된 글을 적을 수가 없는 것입니다.

**This** (Adj: 형용사) **frequency** (N: S) **to use** (수식 2번) private vehicles **increasing** (Vt-ing) the **amount** (N: O) **of** (Prep) **carbon dioxide** (N: O).

🔴 해석 이산화탄소의 양을 늘리는 이러한 자가용을 사용하는 빈도는…

위의 문장의 문제점은, 단 하나입니다. 문장에서 명사 frequency(S)가 주어로 사용되어, 주어(S)는 존재하나, 본동사가 존재하지 않는 것입니다. 완전한 문장은 반드시 주어가 1개, 본동사가 1개 나와야 하지만, 위의 문장은 주어 frequency(N)만 존재할 뿐, 본동사가 존재하지 않기에 문법적으로 틀린 문장이며 또한 의미 전달 역시 당연히 되지 않고 있습니다. 위의 문장에서 본동사를 만들어 주면 아래와 같은 문장이 만들어집니다.

**This** (Adj: 형용사) **frequency** (N: S) **to use** (수식 2번) private vehicles **increases** (Vt) the **amount** (N: O) **of** (Prep) **carbon dioxide** (N: O).

🔴 해석 이러한 자가용을 사용하는 빈도는 이산화탄소의 양을 증가시킵니다.

문장에서 본동사(Increase: Vt)를 만들어 줌으로써, 위의 문장은 S + Vt + O 완전한 문장이 되는 것입니다. 보시는 바와 같이, 결국 본동사가 있고 없고는 완전한 문장의 형성에 절대적인 영향력을 끼치며 여러분의 Writing 점수에도 절대적인 영향력을 끼치게 되는 것입니다. 다시 말씀드리지만, 영문법은 일종의 강제적인 규칙입니다. 여러분이 영작을 할 때 올바르게 규칙을 사용한다면 여러분들이 적은 모든 글은 모두 완전한 문장의 형태를 가질 수밖에 없는 것입니다.

자 그럼, 이제 본격적으로 완전한 문장이 대체 무엇인지 학습해 보도록 합시다. "Writing"을 할 때 가장 중요한 바탕이 되는 것은 "완전한 문장"의 구사력입니다. 한국에서 5형식으로 분류한 이 문장 구조는 "Writing"을 준비하는 모든 학생분에게 엄청난 벽으로 다가올 것입니다. 이유인즉슨, 한국의 영문법은 오로지 한국의 영어시험에서만 사용될 수 있게 그 내용과 쓰임이 완전히 변형돼 버린 돌연변이(mutant. N)이기 때문입니다. 적어도 삶의 많은 시간을 미국에서 살아왔고, SAT, TOEFL, IELTS, GMAT, GRE, LSAT, and TOEIC까지 존재하는 대부분의 영어시험을 치른 저자에게 한국의 5형식 문장은 여전히 외계어로 받아들여지는 것 같습니다. 읽으면 뭘 설명해 놓은 건지 대충은 알겠으나 대체 왜 저렇게 어렵고 난해(esoteric. Adj)하게 설명을 해 놓았는지는 알 수가 없었습니다. 즉, 저자는 당최(?) 5형식이 무엇인지 모르겠고 영어학습을 위해 그걸 왜 대체 공부해야 하는지도 잘 모르겠습니다.

적어도 한국의 5형식을 모른다고 할지라도 어떠한 영어시험에서든 "Writing" 고득점을 받는 것은 가능하며, 외국에 살며 "Writing"을 하는 데 전혀 지장이 없으니, 지금 이 순간부터 여러분은 한국에서 알려진 완전한 문장의 "5형식"은 전부 머릿속에서 지워버리도록 합시다. 그 대신, "Writing"에서 가장 중요한 것은, 5개의 "완전한 문장"이란 것만 암기해 두도록 합시다.

## 01 _ 완전한 문장

그럼, 좀 더 자세하게 완전한 문장을 학습해 보도록 하겠습니다. 대체 완전한 문장이란 것은 무엇일까요?

굉장히 쉽습니다. 여러분이 영작을 하실 때, "주어(S)" 한 개와 "본동사" 한 개를 종이에 적거나 또는 typing을 하시는 것이 완전한 문장의 시작인 것입니다. 즉, 완전한 문장이란 반드시 주어 1개, 본동사 1개가 무조건 문장에 있어야만 성립이 됩니다.

완전한 문장 ➡ 주어 1개 + 본동사 1개

자 그럼, 대체 영어에서 주어(S)란 것은 무엇이며, 또한 본동사란 것은 무엇일까요? 먼저 주어(S)부터 알아보도록 하겠습니다. 영어에서 주어(S)란 것은 해석상 의미 전달 시, 한국말로 "은", "는", "이", "가" 부분을 의미합니다. 복잡하게 생각하지 마시고, 여러분께서 영작을 통해 전달하려는 내용상 의미에서 "은", "는", "이", "가" 부분을 차지하는 것이 바로 영어에서 주어(S)라고 불리는 것입니다. 몇 가지 예를 통해 간단히 확인해 보도록 하겠습니다.

만약 여러분께서 "사람들은 환경 오염에 대해 큰 관심을 가지지 않습니다."라는 내용을 영작으로 표현하려 할 때, 위 문장의 해석상 내용에서 "은", "는", "이", "가" 부분을 찾아보도록 합시다. 위 문장을 영작으로 표현할 시, 당연히 주어는 "사람들은" 부분이며, 주어 자리에 사용해야 할 단어는 명사 people이 되는 것입니다.

한 가지 예를 더 들어 보도록 하겠습니다. 만약 여러분들께서 "고도의 산업개발은 예상치 못했던 많은 부작용을 발생시켰습니다."라는 내용을 영작으로 표현하려 한다면, 해석상 내용에서 "은", "는", "이", "가" 부분에 해당하는 "산업 개발은" 부분, 즉 명사 industrial development가 여러분이 영작하실 완전한 문장의 주어가 돼야 하는 것입니다. 영작을 할 경우, 여러분께서 가장 먼저 생각해야 할 것은, 여러분이 전달하고자 하는 내용상 의미에서 주어(S)가 무엇인지부터, 즉 "은", "는", "이", "가" 부분부터 먼저 찾아야 하는 것입니다. 그 다음이 본동사에 대해 생각하시는 것입니다.

자 그럼, 이제 본동사에 대해 알아보도록 합시다. 영어에서 본동사가 될 수 있는 것은 크게 두 가지가 있습니다. 하나가 Be 동사이고 다른 하나가 일반동사입니다. 영작에서 이렇게 완전한 문장의 본동사가 될 수 있는 종류를 둘로 나눠 놓은 것은, 완전한 문장의 본동사로 Be 동사를 사용하는 경우와 일반동사를 사용하는 경우가 해석상 다른 의미를 전달하기 때문입니다. 여러분이 만약 완전한 문장의 본동사로 Be 동사를 사용한다면, 여러분이 해석상 전달하는 정보는 "상태" 또는 "성질"에 관한 정보인 것입니다. 즉, 다시 말해, 여러분께서 "상태" 또는 "성질"에 관한 정보를 전달하려고 한다면, 여러분께서는 완전한 문장의 본동사로 Be 동사를 사용해야만 하는 것입니다.

이와 다르게, 만약 여러분께서 영작을 통해 전달하려는 의미가 상태 또는 성질에 관한 정보가 아닌, 정신적, 육체적 행동, 행위, 또는 움직임에 관한 정보라면, 여러분께서는 완전한 문장의 본동사로 일반동사를 선택해야만 하는 것입니다.

여기서 일반동사는 다시 타동사(Vt)와 자동사(Vi)로 나누어집니다. 즉, 다시 말해, 우리가 "Writing"을 할 때 따라야만 하는 가장 기본적인 작문 과정은 아래의 구조처럼, 주어를 먼저 적고 그다음 본동사를 Be 동사와 일반동사 중에 선택하는 과정입니다. 다음의 완전한 문장 도식을 반드시 암기해 놓도록 합시다.

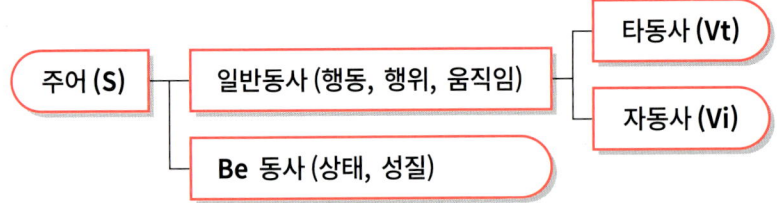

그럼 예문을 통해 행동, 행위, 움직임에 대한 정보를 전달하고 싶을 때, 여러분께서 완전한 문장의 본동사로 선택해야 할 일반동사와, 상태 성질에 관한 정보를 전달하고 싶을 때 여러분께서 본동사로 선택해야 할 Be 동사에 대해 학습해 보도록 하겠습니다.

The **problem** (N: S) **is** (Be) complicated.

해석 그 문제는 복잡합니다.

위의 예문은 "문제가 복잡하다"는 상태에 관한 정보를 전달하고 싶었기에, 완전한 문장의 본동사로 Be 동사를 사용한 경우입니다. 말 그대로, 문제가 복잡하다는 "상태"에 대한 정보만을 공급하고 있습니다. 그럼 이제 아래의 예문을 통해, 일반동사를 완전한 문장의 본동사로 사용한 경우를 확인해 보도록 하겠습니다.

**Children** (N: S) **play** (Vt) computer games.

해석 아이들은 컴퓨터 게임을 합니다.

위의 예문은 "아이들은 컴퓨터 게임을 한다"라는 "행동" 또는 "행위"에 관한 정보를 전달하고 싶었기에, 완전한 문장의 본동사로 Be 동사가 아닌 일반 동사를 사용한 경우입니다. 즉, 여러분이 영작을 할 경우, 완전한 문장의 본동사로 일반 동사를 사용한다면, 여러분이 적은 글을 읽고 있는 독자는 주어의 행동, 행위, 움직임에 중점을 두고 여러분이 적은 글을 읽게 되는 것입니다.

## 02 _ 타동사(Vt)와 자동사(Vi)

이제, "일반동사"의 두 가지 종류인, 타동사(Vt)와 자동사(Vi)를 먼저 학습해 보도록 합시다. 대체 무엇이 타동사(Vt)이며 무엇이 자동사(Vi) 일까요? "Transitive Verb"라 불리는 것을 한문으로 이름 지은 것이, "타동사" 입니다. 이런 게 문제입니다. 왜 대체 영어에다가 한문 이름을 붙여 둔 것일까요?

개인적으로, Hippie tree hugging nonsense(강아지 풀 뜯어먹는 소리?)라 생각합니다. "자동사(Vi)"는 "Intransitive Verb"를 또한 한문으로 이름 지은 것입니다. 우린 여기서 단 두 가지만 암기해 두도록 합시다. 타동사 뒤에는 반드시 "목적어(O)" 또는 "보어(C)"를 적어야만 하고, 자동사 뒤에는 "목적어(O)" 또는 "보어(C)"를 적어서는 안 된다는 것입니다. 즉, 본동사로 일반동사를 선택할 경우 본동사로 사용된 타동사와 자동사의 성질에 따라 아래와 같은 문장 구조가 완성되는 것입니다.

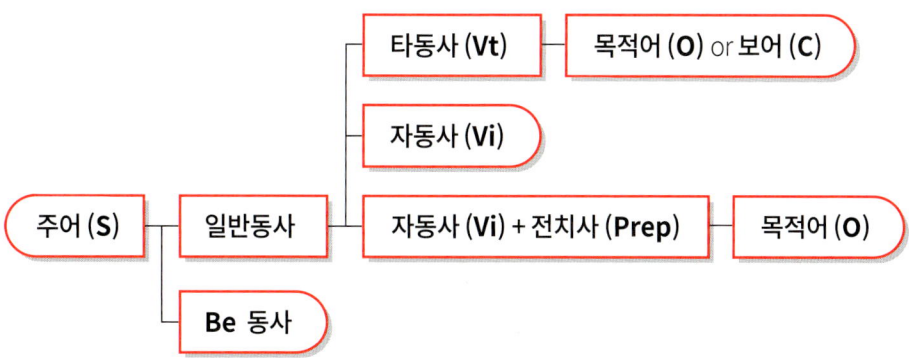

그렇다면, 단어책을 통해서 여러분이 암기하는 그 수많은 동사 중 "타동사"와 "자동사"를 구분하는 방법은 무엇일까요? 엄청나게 쉽습니다. 한국말로 "을, 를"을 집어넣어서 말이 되면 "타동사"라 생각합시다. 예를 들어, teach는 "~을, 를 가르치다"라는 의미를 가집니다. 말 그대로, "을, 를"을 집어넣어서 말이 되므로, teach는 타동사로 생각하면 됩니다. study는 어떨까요? study 역시 "을, 를"을 집어넣어서 해석하면 "~을, 를 공부하다"라는 의미로 말이 되므로, study 역시 타동사로 생각하면 됩니다. 즉, 해석상 "~을, 를"을 집어넣어서 말이 되면 타동사라고 생각을 하고, 해석상 "~을, 를"을 집어넣어서 말이 되지 않으면 전부 "자동사"라 생각해도 무방합니다.

그럼, 타동사와 자동사의 구분 방법을 학습하였으니 이제 본격적으로 타동사의 성질을 학습해 보도록 하겠습니다. 영문법에서 여러분께서 알아야 할 타동사의 성질은 단 하나밖에 없습니다. 타동사는 뒤에 목적어(O) 또는 보어(C)를 반드시 가져야만 한다는 것입니다. 즉, 영작을 하면서 본동사로 타동사를 선택하였다면, 여러분은 좋든 싫든 간에 반드시 타동사 바로 뒤에 목적어(O) 또는 보어(C)를 배치해야만 합니다.

만약 타동사 바로 뒤에 목적어(O) 또는 보어(C)를 배치하지 않는다면 Day 3에서 학습하게 될 불완전한 문장이 만들어지게 됩니다. 불완전한 문장에 대한 자세한 학습은 Day 3에서 하도록 하고, 여기서 여러분께서 반드시 암기해야 하는 것은 타동사 뒤에는 반드시 목적어(O) 또는 보어(C)를 배치해야 한다는 것입니다.

> **S + Vt + 목적어 (O) or 보어 (C)**

## 03 _ 자동사(Vi)의 성질

자 이제, 자동사의 성질에 대해서 알아보도록 합시다.
자동사 학습에서 가장 중요한 두 가지 성질은 아래와 같습니다.

> → 자동사 (Vi) 는 절대로 뒤에 "목적어" 또는 "보어"를 바로 사용할 수 없습니다
> → 자동사 (Vi) 는 절대로 P.P 모양, 즉 과거 분사로 사용할 수 없습니다

**A** 아래의 예문을 통해서 학생분들께서 자동사(Vi)를 사용할 경우 흔히 범하는 실수 부분을 확인해 보도록 하겠습니다.

Advanced **technology** (N: S) **transpires** (Vi) complicated **problems** (N: O).

**해석** 고급 기술은 복잡한 문제를 야기합니다.

위의 문장에서 문법적 오류는 "일어나다", "발생하다"라는 의미를 가진 "transpire" 자동사(Vi) 뒤에 "problems" 명사(N)를 목적어로 사용한 점입니다. 자동사(Vi)는 타동사(Vt)와 달리 절대로 뒤에 목적어(O)를 바로 사용할 수 없습니다. 만약 자동사를 사용한 뒤 목적어를 뒤에 사용하고 싶다면 반드시 전치사(Prep)를 사용한 후 전치사 뒤에 목적어를 배치해야만 합니다. 그렇기에 이 책에서는 "S + Vi 완전한 문장"과 "S + Vi + Prep + O 완전한 문장"을 구분해 놓은 것입니다.

Also, **they** (N: S) **seem** (Vt) **to live** (To + Vi: O) unconventional life by enjoying their various hobbies.

**해석** 또한, 그들은 그들의 다양한 취미를 통해 평범하지 않은 삶을 사는 것처럼 보입니다.

위의 예문 같은 경우, 대명사 they를 주어로 사용한 S + Vt + O 완전한 문장을 사용하였으며 목적어 자리에 To + V를 사용한 문장입니다. Day 4 품사 부분에서 To + V에 대해 더욱 자세하게 학습하게

될 것이지만, 간략하게 여기서 미리 학습해 보도록 하겠습니다. 지금 같은 경우, 자동사인 live가 To + V의 V 자리에 들어가 있습니다. 하지만, 자동사 live가 To + V 의 동사(V) 자리에 들어가 to live 의 형태를 가진다 할지라도 여전히 자동사의 성질은 변하지 않으므로, to live 뒤에 바로 목적어를 가질 수 없습니다. 만약 자동사인 live를 의미 전달상 사용해야만 한다면, 그리고 자동사 뒤에 의미 전달상 목적어를 사용하고 싶다면 반드시 자동사 뒤에 전치사를 배치한 후 목적어를 사용해야만 하는 것입니다. 위의 문장을 문법적으로 옳게 고친다면 아래와 같은 문장이 완성됩니다.

Also, **they** (N: S) **seem** (Vt) **to live** (To + Vi: O) **in** (Prep) unconventional **life** (N: O) by enjoying their various hobbies.

- 자동사 live 뒤에 전치사 in을 사용한 것을 확인해 주세요. 또한, 전치사 in 뒤에 목적어 역할을 하는 명사인 life가 사용된 것을 확인해 주세요.

**B** 아래의 예문 같은 경우는 자동사 participate를 P.P(과거 분사)로 사용하는 실수를 한 경우입니다. 다시 한번 말씀드리지만, 영작을 할 경우 자동사는 절대로 과거 분사 P.P의 모양으로 사용할 수 없습니다. 물론 여기에는 문법적인 이유가 존재하지만, 여러분께서 굳이 그 이유까지 학습하실 필요는 없습니다. 여러분께서는 개개의 영문법 성질을 암기한 후 작문을 할 때 옳게 적용해서 사용만 하면 되는 것입니다. 자 이제 아래의 문장을 자세히 살펴보도록 하겠습니다.

Most **countries** (N: S) have been **participated** (P.P) aggressively in the development of new towns for the growth of nations.

**해석** 대부분의 국가들은 국가의 성장을 위한 신도시 개발에 적극적으로 참여해왔습니다.

위 문장에서의 문법적 오류는 자동사인 "participate"을 "P.P" 모양, 즉 수동태로 사용한 점입니다. 자동사를 과거분사인 P.P의 모양으로 변형시켜 사용하는 실수는 아직도 많은 학생분께서 범하는 실수이므로, 자동사는 절대로 P.P(수동태)로 사용할 수 없다는 것을 다시 한번 명심해 주세요.

→ 자동사는 절대로 과거분사 P.P 로 사용할 수 없습니다

물론, 몇몇 자동사의 경우 해석상 "~을, 를"을 집어넣었을 때 말이 되는 경우도 종종 있습니다. 대표적으로 위 예문에서 사용된 participate이 그런 경우입니다. participate은 해석상 "~을, 를 참여하다"라는 의미를 가지므로, "을, 를"을 집어넣어 해석할 경우 말이 되는 경우입니다. 자 그렇다면, 이런 경우는 어떻게 타동사와 자동사를 구분할 수 있을까요? 더 이상 타동사와 자동사의 해석상 분류법인 "~을, 를"을 이용하여 타동사와 자동사를 구분할 수 없기에, 이젠 자동사 암기가 유일한 방법일 수밖에 없습니다. 그러므로, 다음에 정리해 놓은 자동사들을 완벽하게 암기한 후 실전 작문에서 암기한 자동사를 사용할 경우, 그 바로 뒤에는 절대로 목적어(O) 또는 보어(C)를 사용하지 말아야 하며, 또한 암기한 자동사는 절대로 P.P 모양으로 만들어 사용하지 않아야만 하는 것입니다.

> ➡ 자동사 (Vi) 뒤는 절대로 "목적어" 또는 "보어"를 사용할 수 없습니다
> ➡ 자동사 (Vi) 는 절대로 P.P 모양으로 사용할 수 없습니다

다만, 자동사 뒤에 전치사를 사용한다면, "자동사(Vi) + 전치사(Prep)"는 타동사의 성질을 가지게 되므로, "자동사(Vi) + 전치사(Prep)" 뒤에는 목적어(O)를 배치할 수 있다는 것을 또한 암기해 두도록 합시다.

> 자동사 (Vi) **+** 전치사 (Prep) **+** 목적어 (O)

IELTS Writing Task 2 시험은 제한시간 40분 이내에 적어도 250자 가량을 적어야 하는 시험이므로 실전에서 기본적인 문법을 능숙하게 사용하기 위해 다음의 자동사를 반드시 암기해 두도록 합시다. 또한, "특정 자동사"는 뒤에 "특정 전치사"만을 사용해야만 특정한 의미를 전달하기에, 각각의 자동사와 함께 사용되는 특정 전치사를 반드시 암기해 두도록 합시다.

| **Writing 작성시 가장 많이 쓰는 자동사** | | | | | |
|---|---|---|---|---|---|
| Live | 살다 | interfere with | ~을 방해하다 | adhere to | 고수하다 |
| exist | 존재하다 | deal with | ~을 다루다 | apply to | ~에 적용하다 |
| occur | 일어나다 | participate in | 참여하다 | contribute to | ~에 공헌하다 |
| remain | 남다 | belong to | ~에 속하다 | rely on | ~에 의존하다 |
| consist of | 구성되다 | account for | ~을 설명하다 | succeed in | ~에 성공하다 |
| dispose of | ~을 없애다 | adapt to | 적응하다 | succeed to | ~을 이어받다 |

## 04 _ 자동사(Vi) + 전치사(Prep)

자동사에 대해서 좀 더 학습하기 전, 지금껏 학습한 내용을 잠시 다시 간단히 복기해 보도록 하겠습니다. 완전한 문장에는 반드시 주어가 1개 본동사가 1개 있어야 합니다. 또한, 선택할 수 있는 본동사로는 "Be 동사"와 "일반동사"가 있습니다. 본동사를 선택하는 기준은, 내용상 전달하는 의미에 따라 "상태", "성질"에 관한 정보를 전달하고 싶다면, 본동사로 Be 동사를 선택해야 하며, 어떤 "행동", "행위", "움직임"에 관한 정보를 전달하고 싶다면, 본동사로 일반동사를 선택해야 합니다.

또한, 일반동사에는 타동사(Vt)와 자동사(Vi)가 있으며, 타동사(Vt)를 본동사로 선택한다면 타동사(Vt) 바로 뒤에 반드시 목적어(O) 또는 보어(C)를 배치해야만 합니다. 자동사(Vi)를 본동사로 사용할 경우는 타동사(Vt)와는 달리 자동사(Vi) 바로 뒤에 목적어(O) 또는 보어(C)를 배치할 수 없습니다. 우리는 지금까지 위의 내용들을 학습해 왔습니다.

이제 그럼 자동사(Vi) 뒤에 전치사(Prep)가 오는 경우에 대해 학습해 보도록 합시다. Day 1의 시작 부분에 있는 도식에서 이미 확인하였듯이, 완전한 문장에는 S + Vi + Prep + O 완전한 문장이 존재합니다. 여기서 주목할 점은, S + Vi + Prep + O 완전한 문장의 개념은 실전 Writing에서 여러분께서 자동사(Vi) 뒤에 전치사(Prep)를 배치하지 않은 채 목적어(O) 또는 보어(C)를 사용하는 것을 사전에 막기 위해 만들어 둔 가상의 완전한 문장의 개념입니다. 즉, 자동사(Vi)는 바로 뒤에 목적어(O) 또는 보어(C)를 배치할 수 없지만, 수많은 학생분께서 실전 Writing에서 자동사(Vi) 뒤에 바로 목적어(O) 또는 보어(C)를 배치하여 사용하는 실수를 범하고 계시기에, 애초에 "S + Vi + Prep + O 완전한 문장"을 "S + Vi 완전한 문장"과 구분하여 암기해 두길 바랍니다.

다시 설명하자면, 자동사(Vi) 뒤에 전치사(Prep)를 사용한다면 "자동사 + 전치사"는 타동사(Vt)의 성질을 가지게 되므로 뒤에 목적어(O)를 배치할 수 있다고 암기해 두도록 합시다. 특히나, 특정 자동사는 그 뒤에 아무 전치사나 사용할 수 없고, 반드시 그 자동사에 지정된 특정 전치사를 사용해야 하므로, 자동사를 암기하면서 동시에 그 자동사와 함께 사용되는 전치사를 반드시 같이 암기해 두어야만 향후 실전 Writing에서 자동사 사용 시 문법적 실수 없이 안전하게 의미 전달을 할 수 있게 됩니다. 즉, 자동사(Vi)는 뒤에 전치사(Prep)가 없다면 문법적으로 절대로 목적어(O)를 뒤에 배치할 수 없다는 것을 반드시 암기해 두도록 합시다.

**S + Vi (자동사) + Prep (전치사) + O (목적어)**

## 05_ 불완전 자동사(Vi)

바로 위에서 학습하신 대로, 자동사(Vi) 바로 뒤에는 절대로 목적어(O) 또는 보어(C)를 사용할 수 없으며, 또한 자동사(Vi) 뒤에 목적어(O)를 사용하고 싶다면, 반드시 전치사를 사용해야만 합니다. 하지만, 이 책을 지금 학습하고 계신 여러분들 중 몇 분은 분명히 자동사(Vi) 뒤에 보어(C)가 사용된 문장을 다른 영어 참고서나, TOEIC 등의 영어 시험을 준비하는 동안 본 적이 있을 것입니다. 그렇다면, 위에서 설명한 자동사의 문법적 성질들은 모두 틀린 것일까요? 아닙니다. 여러분께서는 불완전 자동사를 본 것입니다.

불완전 자동사란, 자동사(Vi)임에도 불구하고 바로 뒤에 보어(C)를 사용할 수 있는 예외적인 자동사(Vi) 입니다. 여러분께서 지금까지 학습한, 즉 바로 뒤에 목적어 또는 보어를 가질 수 없다고 학습한 자동사는 영문법에서 완전 자동사라 불립니다. 다시 말해 영문법에서는 자동사를 아래의 도식에서 확인할 수 있는 것처럼, "완전 자동사"와 "불완전 자동사" 둘로 나누고 있으며, 완전 자동사는 전치사의 도움 없이는 바로 뒤에 목적어(O) 또는 보어(C)를 사용할 수 없으며, 불완전 자동사는 바로 뒤에 보어(C)를 사용할 수 있습니다.

영어에서 불완전 자동사의 종류는 몇 가지가 되지 않으니, 아래의 불완전 자동사를 모두 암기한 후 실전 Essay를 작성하실 때, 암기한 불완전 자동사를 사용하는 경우는 뒤에 보어(C)를 사용하시면 됩니다.

| 대표적인 불완전 자동사 | remain, stay, stand, go, look, appear, sound, smell |
| --- | --- |

아래의 예문을 통해서 간단히 불완전 자동사에 관해서 확인해 보도록 하겠습니다.

Many **companies** (N: S) **remain** (불완전 Vi) **competitive** (Adj: C) through technological innovations.

- [해석] 많은 기업(company. N)들은 기술 혁신(technological innovation. N)을 통해(through. Prep) 경쟁력을 유지합니다.

- 명사 company를 주어로, 불완전 자동사 remain을 본동사로, 형용사 competitive를 보어로 사용한 S + Vi(불완전) + C 완전한 문장이 사용된 것을 확인해 주세요.

- 형용사 many는 늘 복수 명사를 수식해 줘야 함을 반드시 암기해 주세요.


## 06 _ S + Vt + O 완전한 문장

이제, IELTS 실전 Writing에서 너무 자주 사용되지만, 학생분들이 너무 쉽게 실수를 범하는 몇 가지 타동사들의 사용법과 함께, 천천히 일반동사인 타동사(Vt)를 본동사로 사용한 "S + Vt + O 완전한 문장"의 형태를 눈에 익혀 보도록 하겠습니다.

> remember + V-ing ➜ (과거에) V한 것을 기억합니다.

**I** (N: S) still **remember** (Vt) **visiting** (V-ing: O) this school in the past.

- [해석] 나는 여전히(still. Adv) 과거에 이 학교에 방문(visit. Vt)한 것을 기억합니다 (remember. Vt).

- 아직 품사 부분을 학습하진 않았지만 주어(S)로 명사(N) I를, 본동사로 타동사(Vt) remember를 그리고 목적어(O)로 V-ing를 사용한, S + Vt + O 완전한 문장이 사용된 것을 확인해 주세요.

- remember 뒤에 V-ing를 목적어로 사용할 경우 과거에 대한 기억을 의미합니다.

> remember + to + V ➜ (미래에) ~할 것을 기억합니다.

The **society** (N: S) has to **remember** (Vt) **to help** (To + V: O) poor people for social justice.

- [해석] 사회(society. N)는 사회 정의(social justice. N)를 위해 가난한 사람들을 도울 것을 기억해야 합니다.

- 주어(S)로 명사(N) society를, 본동사로 타동사(Vt) remember를, 그리고 목적어(O)로 To + V를 사용한, S + Vt + O 완전한 문장이 사용된 것을 확인해 주세요.

- remember 뒤에 To + V를 목적어로 사용할 경우 아직 일어나지 않은 미래에 대한 기억을 의미합니다.

> **forget + V-ing** ➡ (과거에) ~한 것을, 지금 기억하지 못합니다.

**People** (N: S) **forget** (Vt) **wasting** (Vt-ing: O) too many valuable **resources** (N: O) on the process of industrialization.

- [해석] 사람들은 산업화(industrialization. N) 과정에서 너무 많은 귀중한(valuable. Adj) 자원(resources. N)을 낭비(waste. Vt)했던 것을 잊어버립니다.

- 주어(S)로 명사(N) people을, 본동사로 타동사(Vt) forget을, 그리고 목적어(O)로 V-ing를 사용한, S+Vt+O 완전한 문장이 사용된 것을 확인해 주세요.

- forget 뒤에 V-ing를 목적어로 사용할 경우 과거에 한 일을 잊어버리는 것을 의미합니다.


> **forget + to + V** ➡ (미래에) ~할 것을, 지금 기억하지 못합니다.

Many **people** (N: S) still do not **forget** (Vt) **to protect** (To + V: O) the natural environment which is already severely damaged.

- [해석] 많은 사람들은 이미 심하게(severely. Adv) 손상된(damaged. Adj) 자연환경(natural environment. N)을 보호(protect. Vt)하는 것을 여전히(still. Adv) 잊지 않습니다.

- 주어(S)로 명사(N) people을, 본동사로 타동사(Vt) forget을 그리고 목적어(O)로 To + V를 사용한, S+Vt+O 완전한 문장이 사용된 것을 확인해 주세요.

- forget 뒤에 To + V를 목적어로 사용할 경우 미래에 할 일을 잊어버리는 것을 의미합니다.

> **regret + V-ing** ➡ ~한 것을 후회한다.

Many **criminals** (N: S) do not **seem** (Vt) **to regret** (To + Vt: O) **committing** (V-ing: O) crimes.

- [해석] 많은 범죄자(criminal. N)들은 범죄를 저지른(commit. Vt) 것을 후회하는(regret. Vt) 것처럼 보이지 않습니다.

- 주어(S)로 명사(N) criminal을, 본동사로 타동사(Vt) seem을 그리고 목적어(O)로 To + V를 사용한, S+Vt+O 완전한 문장이 사용된 것을 확인해 주세요.

- regret 뒤에 V-ing를 목적어로 사용할 경우 과거에 한 일에 대한 후회를 의미합니다.

> **regret + to + V** ➡ ~하게 돼서 유감이다.

The **government** (N: S) **regrets** (Vt) **to inform** (To + V: O) that its policies to boost the economy have failed.

- [해석] 정부(government. N)는 경제 부양 정책(policy. N)이 실패했다는 사실을 알리게 되어 유감이었습니다.

- 주어(S)로 명사(N) government를, 본동사로 타동사(Vt) regret을, 그리고 목적어(O)로 To +V를 사용한, S+Vt+O 완전한 문장이 사용된 것을 확인해 주세요.

- regret 뒤에 To + V를 목적어로 사용할 경우 V하게 되어서 유감이라는 의미를 전달할 수 있습니다.

> try + V-ing ➡ ~을 해보다. (시험 삼아 해보는 것, 시도)

Just **trying** (V-ing: S) doing more exercise and diet would **help** (Vt) **to avoid** (To + V) many adult diseases.

- [해석] 단지(just. Adv) 더 많은 운동(exercise. N)과 다이어트(diet. N)를 해보는 것은 많은 성인병(adult disease. N)들을 피하는(avoid. Vt) 것을 도울 것입니다.

- 주어(S)로 V-ing인 trying을, 본동사로 타동사(Vt) help를 그리고 목적어(O)로 To + V를 사용한, S + Vt + O 완전한 문장이 사용된 것을 확인해 주세요.

- try 뒤에 V-ing를 목적어로 사용할 경우, 시험 삼아 V를 한번 시도해 보는 것을 의미합니다.

> try + to + V ➡ ~하려고 노력하다, 애쓰다.

Many **scientists** (N: S) have to **try** (Vt) **to warn** (To + V: O) about the significance of environmental problems.

- [해석] 많은 과학자(scientist. N)들은 환경 문제(environmental problem. N)의 중요성(significance. N)에 대해 경고하기를 애써야 합니다.

- 주어(S)로 명사(N) scientist를, 본동사로 타동사(Vt) try를, 그리고 목적어(O)로 To + V를 사용한, S + Vt + O 완전한 문장이 사용된 것을 확인해 주세요.

- try 뒤에 To + V를 목적어로 사용할 경우, V 하려고 "노력하다" 내지 "애쓰다"의 의미를 전달할 수 있습니다.

> mean + V-ing ➡ ~을 의미하다.

**Being** (V-ing: S) a **student** (N) **means** (Vt) **spending** (V-ing: O) long hours in the library.

- [해석] 학생이란 도서관에서 장시간(long hours. N)을 소비하는(spend. Vt) 것을 의미합니다.

- 주어(S)로 V-ing인 being을, 본동사로 타동사(Vt) mean을, 그리고 목적어(O)로 V-ing인 spending을 사용한, S + Vt + O 완전한 문장이 사용된 것을 확인해 주세요. being을 주어로 사용할 경우, being 다음에 나오는 C(보어)에 해석상 의미가 집중되어, 대부분의 경우 "C인 것은," 또는 "C한 것은"이라는 해석상 의미가 전달되어 집니다.

- mean 뒤에 V-ing를 목적어로 사용할 경우 "~을 의미하다"라는 해석상 의미를 전달할 수 있습니다.

> mean + to + V ➡ ~을 의도하다.

Some **people** (N: S) did not **mean** (Vt) **to hurt** (To + V: O) other's feelings.

- [해석] 몇몇 사람들(people. N)이 다른 사람들의 감정(feeling. N)을 상하게(hurt. Vt) 하려고 의도한 것은 아닙니다.

- 주어(S)로 명사(N) people을, 본동사로 타동사(Vt) mean을 그리고 목적어(O)로 To + V를 사용한, S+Vt+O 완전한 문장이 사용된 것을 확인해 주세요.

- mean 뒤에 To + V를 목적어로 사용할 경우 "~을 의도하다"란 의미를 전달할 수 있습니다.

> **stop + V- ing ➜ ~하는 것을 멈추다.**

The **school** (N: S) just **stops** (Vt) **explaining** (V-ing: O) how much important the teachers are in children's education.

- [해석] 학교는 교사들이 아이들의 교육에 얼마나 중요(important. Adj)한 지를 설명하는 (explain. Vt) 것을 멈추었습니다(stop. Vt).

- 주어(S)로 명사(N) school을, 본동사로 타동사(Vt) stop을, 그리고 목적어(O)로 V-ing를 사용한, S+Vt+O 완전한 문장이 사용된 것을 확인해 주세요.

- stop 뒤에 V-ing를 목적어로 사용할 경우 "V 하는 것을 멈추다"라는 의미를 전달할 수 있습니다.

> **stop + to + V ➜ ~하기 위해서 멈추다.**

Many **people** (N: S) **stop** (Vt) **to recycle** (To + V: O) waste.

- [해석] 많은 사람들이 쓰레기(waste. N)를 재활용(recycle. Vt) 하기 위해 멈춥니다.

- 주어(S)로 명사(N) people을, 본동사로 타동사(Vt) stop을, 그리고 목적어(O)로 To + V를 사용한, S+Vt+O 완전한 문장이 사용된 것을 확인해 주세요.

- stop 뒤에 To + V를 목적어로 사용할 경우 "To + V 하기 위해서 멈추다"라는 의미를 전달할 수 있습니다.

## 07_ 일반동사와 Be 동사의 차이점

그럼, "본동사"로 "일반동사"를 선택한 경우와 "Be 동사"를 선택한 경우 어떤 차이점이 있을까요? 이미 앞에서 학습한 내용을 여기서 다시 한번 복기해 본다면, "본동사"를 선택할 시, (a) 만약, 상태, 성질에 관한 정보를 전달하고자 한다면, "Be" 동사를 선택해야 하고, (b) 행동, 행위, 내지 움직임에 관한 정보를 전달하자고 한다면, "일반동사"를 본동사로 선택해야 합니다.

> 본동사로 Be 동사 선택 ➡ 상태, 성질에 관한 정보 전달
> 본동사로 일반동사 선택 ➡ 육체적 행동, 정신적 행위, or 움직임 정보 전달

사실, 의미 전달상 본동사로 일반동사를 선택하는 경우와 Be 동사를 선택하는 경우 그렇게까지 의미 전달상 큰 차이를 만들진 않지만, 그래도 이론상으론 해석상 의미 전달에서 차이가 있다는 것을 알아 두도록 합시다.

## 08_ 재미있는 타동사의 또 다른 성질

마지막으로, 한 가지 재미있는 타동사의 또 다른 성질에 대해서 학습해 보도록 하겠습니다. 사실 실전 IELTS Writing에서 여러분이 지금부터 간략하게 학습하게 될 이 타동사의 성질을 사용할 기회는 그렇게까지는 많지 않을 것으로 생각됩니다. 하지만, 향후를 위해 간략하게나마, 지금 학습해 보도록 하겠습니다.

타동사는 글을 적는 우리의 선택에 따라, 즉 글을 적고 있는 writer의 선택에 따라 언제든 자동사로 사용될 수 있는 성질을 가지고 있습니다. 언뜻 읽었을 때는 잘 이해가 가지 않을 것입니다. 아래의 예문을 통해서 한번 비교해 보도록 하겠습니다.

**I** (N: S) **study** (Vt) **English** (N: O). [해석] 나는 영어를 공부합니다.
**VS**
**I** (N: S) **study** (Vi) **in** (Prep) **English** (N: O). [해석] 나는 영어로 공부를 합니다.

첫 번째 문장인 "I study English"는 위의 문장 분석에서 확인할 수 있듯이, 명사 I를 주어로 사용한 "S + Vt + O 완전한 문장"을 사용하여 "나는 영어를 공부한다"라는 해석상 의미 전달을 하고 있습니다. 하지만, 두번째 문장인 "I study in English"는 S + Vi + Prep + O 완전한 문장을 사용하여 "나는 영어로 공부를 한다"라는, 즉 첫 번째 문장이 전달하는 의미와는 완전히 다른 해석상 의미를 전달하고 있습니다. 여기서 우리가 눈여겨 봐야 할 것은, 두 개의 완전한 문장에서 공통적으로 본동사로 사용된 일반동사 study 입니다.

우리가 학습한 바에 따르면, 일반동사는 해석상 "을, 를"을 집어넣어 말이 되면 타동사이므로, study 같은 경우 "~을, 를"을 집어넣을 경우 해석상 "~을, 를 학습하다"로서 말이 되므로, 타동사로 보는 것이 타당합니다. 하지만, 만약 여러분께서 작문 시 기존의 타동사가 가지고 있는 해석상 의미와는 다소 다른 의미를 전달하고 싶다면, 언제든 타동사를 자동사로 사용한 뒤, 그 바로 뒤에 여러분께서 전달하려는 의미에 적절한 "전치사(Prep)"를 배치하여, 위의 두 번째 문장처럼 첫 번째 문장의 해석과는 다소 다른 의미를 전달하는 것이 가능합니다.

다시 말해, 타동사는 언제든 자동사로 사용할 수 있으며, 맥락상 어울리는 전치사를 자동사로 사용할 타동사 뒤에 배치하면, 위의 예문에서 확인할 수 있듯이, 타동사로 사용될 때의 의미와는 다소 다른 해석상 의미 전달이 가능해집니다.

하지만 자동사는 절대로 우리가 원한다고 해서 타동사로 변형시켜 사용할 수 없다는 것을 반드시 암기해 두도록 합시다. 즉, 타동사는 자동사로 변형시켜 사용할 수 있지만, 자동사는 타동사로 변형시켜 사용할 수가 없습니다.

> ➔ **타동사**는 **자동사**로 **사용할 수가 있습니다**.
> ➔ **자동사**는 **타동사**로 **사용할 수가 없습니다**.

그렇기에 자동사는 무조건 미리 암기해 두어야 합니다. 하지만, 영어에 존재하는 모든 자동사를 암기할 수는 없기에, 적어도 앞쪽에서 나열해 놓은 자동사는 모두 암기한 뒤 영작을 할 때 절대로 타동사로 변형시켜 사용하지 않도록 해야 합니다.

# 2 Day

## Full Sentence 2
완전한 문장 2

Winston Churchill said,
"The farther backward you can look, the farther forward you will see."

# Day 2

## Full Sentence 2
>>>>>>>>>>>>>>>>>>  - 완전한 문장 2 -  <<<<<<<<<<<<<<<<<<

그럼, 오늘 다시 완전한 문장에서 Be 동사를 본동사로 사용하는 경우를 학습해 보도록 하겠습니다. 만약, 여러분들이 "Writing"을 할 때, 주어(S)를 적은 다음, 본동사로 Be 동사를 선택한다면, 여러분이 영어에서 사용할 수 있는 문장 구조는, 이미 2가지밖에 존재하지 않는다는 것을 암기해 주세요. 그 중 한 가지가 "S + Be" 완전한 문장이며, 다른 한 가지가 "S + Be + C(보어)" 완전한 문장입니다.

C(보어)라는 것은, 여러분이 영작을 할 때, 완전한 문장을 통해서 전달하려는 내용상 의미를 좀 더 명확하게 해주기 위해 사용할 수 있는, 즉 "보충설명을 위한 도구"라 생각하면 됩니다. 또한, C(보어) 자리에 여러분이 사용할 수 있는 아래에 적혀 있는 대표적인 품사 두 가지를 반드시 암기해 두도록 합시다.

## 01_ 형용사(Adj)

모두들 적어도 명사가 무엇인지는 알고 있을 것이므로, 이 부분에서는 "형용사"란 무엇인지 자세하게 알아보도록 합시다. 영어에서, "형용사"란 다음의 그림에서 보여지는 경우처럼, 단 3가지의 모양이 존재합니다. 또한, 형용사는 명사를 꾸며 주기 위해서 사용됩니다. "기본 형용사"는 형용사의 모양 중 "V-ing", "P.P" 모양을 제외한, "모든 형용사"를 일컫는 말입니다. 예를 들어, remarkable (눈에 띄는), salient(현저한), 또는 여러분이 작문을 하실 때 주로 사용해야 할 awash(흠뻑 젖은, 뒤덮인)같은 형용사들이 기본 형용사입니다.

그렇다면, 현재 분사란 것은 대체 무엇일까요? "현재 분사"는 동사에 "-ing"를 붙여서 만든 형용사이며, "P.P"는 여러분께서 늘 암기하신, 동사의 3단 변화 가장 마지막의 "P.P" 입니다. "P.P" 모양의 형용사가 보어(C) 자리에 들어가게 된다면 "~되어 지다"라는 의미의 S + Be + P.P 수동태가 되는 것입니다. 즉, 여러분께서 완전한 문장인 S + Be + C의 보어(C) 자리에 어떤 모양의 형용사를 배치할 것인가에 따라서 해석상 전달하는 의미도 달라질 수 있다는 것을 유념해야 합니다.

또한, 형용사는 여러분이 Day 7에서 학습하게 될, 명사 후치 수식, 즉 수식 2번에서도 전략적으로 사용되니, 여기서 형용사의 기본 모양을 반드시 암기해야 함을 명심해 주세요. 자 그럼, 아래의 그림을 통해, 형용사의 모양을 다시 확인하며 반드시 형용사의 모양을 암기해 두도록 합시다.

아주 간단하게 설명하자면, "V-ing" 모양의 형용사인 "현재 분사"는 "능동의 의미"를 전달하며, "P.P" 모양의 형용사인 "과거 분사"는 "수동의 의미"를 전달합니다. 나머지 하나인 "기본 형용사"는 능동도 수동도 아닌, 중립적인 의미를 가진 형용사라고 생각하면 됩니다.

## 02 _ S + Be 완전한 문장의 유형

그럼 다시 "S + Be 완전한 문장"으로 돌아가서, 여러분이 "Writing"을 할 때 주어(S) 뒤에 본동사로 "Be 동사"를 사용한다면 영어에서 존재하는 문장구조는 다음의 문장구조가 전부인 것입니다. 즉, 주어를 적은 뒤 본동사로 "Be" 동사를 선택한다면, 여러분은 극단적으로 말해 "S + Be" 완전한 문장, 즉 주어(S)와 Be 동사만을 사용한 후 문장을 마무리하는 경우와, 주어(S)와 Be 동사를 사용한 후 의미 전달상 좀 더 많은 세부 정보를 공급하기 위해 뒤에 보어(C)를 추가하는 방법밖에는 없다는 뜻입니다.

예문을 통해 좀 더 자세히 학습해 보겠지만, 주어(S)와 Be 동사만을 사용한 후 문장을 마무리하는 경우는 문법은 옳을지언정 의미 전달이 제대로 되지 않기에 순전히 문법적으로만 가능하다고 생각하시면 됩니다. 물론 보어(C)를 사용하지 않고 수식 1번(전치사 또는 부사), 수식 2번, 수식 3번을 사용하여 의미 전달상 충분한 세부 정보를 완전한 문장에 공급해줄 수도 있지만, 여기서는 보어의 사용법과 그 문법적 기능부터 먼저 학습해 보도록 하겠습니다. 수식 1번, 2번, 3번은 일정에 맞춰 계속 이 책을 학습해 나가신다면, 자연스럽게 학습하게 되실 것입니다.

그럼, 아래의 도식을 통해 본동사로 일반동사가 아닌 Be 동사를 선택한 경우, 여러분이 영작을 할 때 선택할 수 있는 문장구조를 확인해 보도록 합시다. 물론, 여러분은 아래의 도식을 완벽하게 암기해야만 합니다.

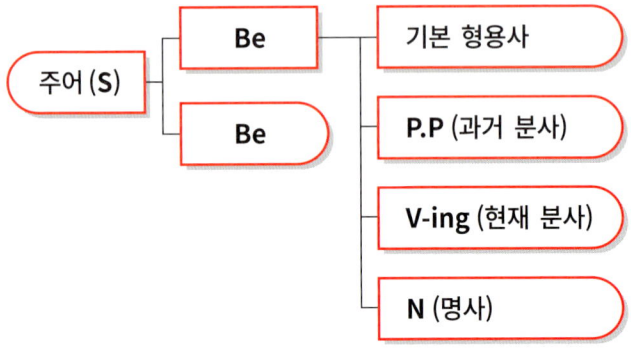

아래의 예문을 통해서 "S + Be 완전한 문장"의 모양을 좀 더 자세히 학습해 보도록 하겠습니다. 만약 아래와 같이 작문을 한다면 과연 아무런 문제가 없는 것일까?

**Preventing** (V-ing: S) economic recession from occurring **is** (Be).

- [해석] 경기 침체가 발생하는 것을 방지하는 것은 입니다. ➡ 완전한 문장(O), 의미전달(X)

- S + prevent / prohibit / stop / keep / block + 목적어 + from being P.P ➡ "주어가 막다 또는 방지하다, 목적어가, P.P 되어 지는 것을." 실전 Writing에서 빈번하게 사용하는 구문이니 반드시 암기해 주세요.

- occur(생기다, 발생하다) / exist(존재하다) / transpire(일어나다, 발생하다) / live(살다)는 대표적인 자동사(Vi)들입니다.

위와 같은 작문을 한 경우 "S + Be 완전한 문장"을 사용한 경우로, 문법적으로는 맞지만 의미 전달이 되지 않는 문장입니다. 해석상 "경기 침체가 발생하는 것을 방지하는 것은 입니다." 라는 해석이 되므로, 경기 침체가 발생하는 것을 방지하는 것이 대체 무엇인지 글을 읽는 사람 입장에서는 글쓴이가 대체 무엇을 의미 하였는지 전혀 알 수가 없는 것입니다. 앞의 문장을 만약 아래처럼 바꾼다면, 이제 의미 전달이 될까요?

**Preventing** (V-ing: S) economic recession from occurring **is** (Be) **one** (N: C).

해석 경기 침체가 발생하는 것을 방지하는 것은 하나입니다. → 완전한 문장(O), 의미전달(불충분)

위의 문장은 보어(C) 자리에 명사(N)를 사용한 "S + Be + C 완전한 문장"입니다. "S+ Be 완전한 문장"을 사용한 경우보다 보어(C)를 사용하여 좀 더 의미 전달을 한 경우입니다. 하지만, 여전히 해석상 충분하게 의미 전달이 되지는 않았습니다. 그럼 아래의 문장처럼, "수식 1번" 전치사를 사용하여 좀 더 보충설명을 한다면 어떻게 될까요?

**Preventing** (V-ing: S) economic recession from occurring **is** (Be) **one** (N: C) **of** (Prep) the government **priorities** (N: O).

해석 경기 침체가 발생하는 것을 방지하는 것은 정부 우선순위 중 하나입니다.

→ 완전한 문장(O), 의미전달(충분)

위의 문장은 "S + Be + C 완전한 문장"의 사용과 함께 수식 1번 "전치사(prep) + 목적어(O)"를 사용하여 좀 더 detail한 정보를 공급한 문장입니다. 처음의 문장과 비교해 본다면 얼마나 더 명확하게 그리고 자세하게 정보가 전달되었는지 확인하실 수 있습니다. 그럼 아래의 문장은 어떨까요?

**Preventing** (V-ing: S) economic recession from occurring **is** (Be) **one** (N: C) **of** (Prep) the **top** (Adj) government **priorities** (N: O).

해석 경기 침체가 발생하는 것을 방지하는 것은 정부의 최우선 순위 중 하나입니다.

위의 문장에서 눈여겨 볼 부분은, 형용사(Adj)의 사용법입니다. "top"이라는 정말 평범한 형용사 하나가 문장의 의미를 좀 더 "명확"하게 만들어 주고 있습니다. 단순하게 "정부의 우선순위"라고 언급한 것이 아니라, "top"이라는 형용사를 사용하여 그냥 우선순위가 아닌 "최우선" 순위라고 언급을 하여, 더욱 명확한 내용상 의미를 글을 읽는 사람에게 공급해 주고 있습니다. 즉, 여러분께서는 IELTS Writing Body 작성 시, 늘 최대한 간결하고 명확한 내용상 의미 전달을 위해, 명사 앞에 적절한 형용사를 배치하는 연습을 해야 함을 명심해 주세요.

## 03_수동태

수동태란, 간략하게 설명하자면 S + be + C 완전한 문장에서 보어(C) 자리에 과거분사인 P.P를 배치한 문장을 일컫는 말입니다. 수동태는 흔히 Passive Tone이라 불려지는데, "~되어지다"라는 수동적인 해석상 의미를 전달하기에 한국에서는 수동태라는 이름을 갖게 된 것입니다. 여기서 반드시 주목해야 할 부분은, 흔히 과거 분사라 불려지는 P.P는 영문법에서 일반 P.P와 특정 P.P로 나누어진다는 사실입니다. 그 분류 기준은, 과거 분사 P.P를 작문에 사용할 경우, 뒤에 보어(C)로 N(명사) 또는 Adj(형용사)를 사용할 수 있는지, 없는지입니다. 즉 아래의 도식을 통해 명확하게 P.P의 분류법을 암기해 두길 바랍니다.

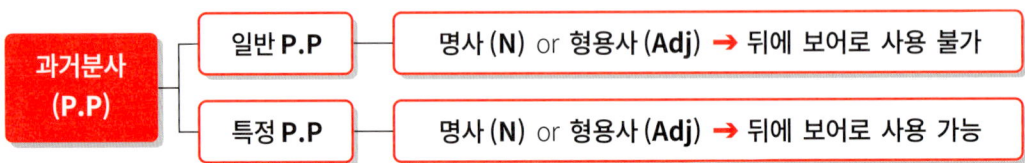

일반 P.P는 위의 도식에서 확인할 수 있듯이, 그 바로 뒤에 의미 전달상 보충 설명을 위해 N(명사) 또는 Adj(형용사)를 보어로 배치할 수 없지만, 특정 P.P(즉, 5형식 동사를 P.P 모양으로 만든 것)들은, 그 바로 뒤에 N(명사) 또는 Adj(형용사)를 보어로 배치할 수 있습니다. 이런 작은 문법이, 여러분께서 영작을 할 경우 생각보다 큰 무기가 된다는 것을 명심해 주세요.

그럼 일반 P.P와 특정 P.P를 사용한 문장을 통해, 일반 P.P와 특정 P.P에 대해서 좀 더 자세히 알아보겠습니다. 일반 P.P가 사용될 경우 그 형태는 아래와 같습니다. 즉, 완전한 문장 S + Be + 일반 P.P의 형태를 가지게 됩니다.

My **car** (N: S) **is** (Be) severely **broken** (P.P) **down** (Adv).

**해석** 내 차가 심각하게 고장 났습니다.

위의 S + Be + P.P 완전한 문장에서 확인할 수 있듯이, 사용된 P.P는 일반 P.P인 broken으로 뒤에 보어를 사용할 수 없습니다. 물론, 많은 학생분께서 broken 뒤에 사용된 down에 대해서 궁금해하실 것입니다. 지금 같은 경우, down은 부사로 사용된 것으로 보어가 아닙니다. 즉, 부사인 down은 과거 분사인 broken의 내용상 의미를 좀 더 명확하게 해주기 위해 사용된 부사일 뿐, 보어로 사용된 것이 아닙니다. 또한, 부사는 그 어떤 경우에도 영작에서 보어로 사용할 수 없다는 것을 반드시 암기해 주세요.

그다음, 특정 P.P가 영작에 사용될 경우 그 형태는 아래와 같습니다. 또한 **특정 P.P** 뒤에는 보어(C) 자리에 명사(N)와 형용사(Adj)를 사용할 수 있다는 것을 반드시 암기해 주세요.

> 완전한 문장 : S + Be + **특정 P.P** + C (N, Adj)

| 특정 P.P의 종류 | | | | | |
| --- | --- | --- | --- | --- | --- |
| called | ~라 불려진 | named | 이름 붙여진 | thought | 생각 되어진 |
| considered | 고려 되어진 | found | 발견된 | regarded | 간주 되어진 |
| elected | 선출 되어진 | left | 남겨진 | deemed | ~라 여겨진 |
| designated | 지정된 | kept | 유지된 | granted | 수여된 |
| made | 만들어진 | assumed | 가정 되어진 | given | 주어진 |

그럼, 아래의 예문을 통해 특정 P.P가 사용된 S + Be + P.P 완전한 문장의 모양을 좀 더 자세히 알아 보도록 하겠습니다.

The **advent** (N: S) of a Black President at 21 centuries **was** (Be) **considered** (특정 P.P) **somewhat** (Adv) an impossible **idea** (N: C).

- [해석] 21세기 흑인 대통령의 출현은 과거에는 불가능한 생각이었다.

- considered라는 특정 P.P를 사용한 후 바로 뒤에 명사(N) idea를 보어(C)로 사용한 것을 확인해 주세요. 특정 P.P considered 뒤에 보어로 명사 "생각"을 배치함으로써, 의미 전달 상 "불가능한 생각으로 고려되어 졌다"는 좀 더 명확한 해석상 의미가 전달될 수 있는 것입 니다. 이처럼, 영작을 할 때 내용상 의미 전달을 좀 더 명확하게 해주는 기능을 하는 것이 영문법에서 보어의 역할 이자 존재 이유임을 반드시 기억해 주세요.

The **policy** (N: S) **is** (Be) **regarded** (특정 P.P) not **feasible** (Adj: C).

- [해석] 그 정책은 실현 가능하지 않은 것으로 간주되어 졌다.

- regarded라는 특정 P.P를 사용한 후 바로 뒤에 feasible이라는 형용사(Adj)를 보어(C)로 사용한 것을 확인해 주세요.

A **policy** (N: S) will **be** (Be) **considered** (P.P) **efficient** (Adj: C) if its resource **consumption** (N: S) **is** (Be) at or below some acceptable level.

- [해석] 만약 자원의 소비가 우리가 받아들일 수 있는 수준 내지는 아래에 있다면, 정책은 효율적인 것으로 고려되어질 것입니다.

- at or below some acceptable level : 받아들일 수 있는 수준 내지는 아래

- 접속사 if를 사용하여, S + Be +PP 완전한 문장과 S + Be 완전한 문장 두 개가 연결되어 있는 것을 확인해 주세요.


## 04 _ S + Be 완전한 문장의 해석상 의미

이제 다시 "S + Be 완전한 문장"에 대해 학습해 보도록 하겠습니다. 위의 예문에서, "주어(S)"를 적은 다음, 본동사로 "Be" 동사를 사용하고, "보어(C)"를 사용하지 않은 경우인, 즉 접속사 if 뒤의 완전한 문장인 "S + Be 완전한 문장"(its resource consumption is)은 어떠한 내용상 의미를 전달하는 것일까요?

"S + Be 완전한 문장"은, 주로 부사(Adv) 또는 전치사(Preposition)와 함께 사용되어 내용상 의미를 전달할 때 사용되는 완전한 문장입니다. 이 책에서는, 앞으로 편의상 "부사(Adv)" 또는 "전치사(Preposition)"를 "수식 1번"이라고 지칭하도록 하겠습니다. 수식 1번인 Adverb(부사)와 Preposition(전치사)은, 여러분께서 영작을 할 때 세부 정보(details)를 공급하기 위해 가장 기본적으로 사용할 수 있는 영문법 도구입니다. 그럼, Adv와 Prep이, "S +Be 완전한 문장"과 어떻게 같이 사용되는지, 아래의 예문을 통해 자세히 학습해 보도록 합시다.

**I** (S) **was** (Be).

해석 나는 였습니다. → 완전한 문장(O), 의미전달(X)


**I** (S) **was** (Be) **under** (Prep) pressure **at** (Prep) college.

해석 나는 대학교에서 스트레스를 많이 받았었습니다. → 완전한 문장(O), 의미전달(O)

앞의 예문들에서, 주어(S)는 "I", 본동사는 Be 동사인 "was" 입니다. 만약, Prep(전치사) "under" 와 "at"이 없이 문장을 작성하였다면, 완전한 문장은 "I was"가 됩니다. 해석상 "나는 였습니다"란 해석이 가능합니다. 즉, "I was"는 "주어"와 "Be 동사"만의 구조를 가지는 Full Sentence(완전한 문장)은 될 수 있겠지만, 의미 전달에 있어서는 세부 정보(details) 공급 부족으로 실패하게 됩니다. 그러므로, 전치사 "under"와 "at"을 사용하여, "대학교에서 스트레스를 받고 있었다"라는 세부 정보를 공급함으로써, 좀 더 명확한 내용상 의미를 영작을 할 때 전달할 수 있는 것입니다. 즉, 전치사의 존재 이유는 오직 하나, "세부 정보 공급"이란 것을 꼭 기억해 두도록 합시다. 또한, 만약 앞의 문장에서 Adv(부사)를 추가시킨다면, 아래처럼 좀 더 세부정보(details)가 공급된 문장을 만들 수 있다는 것을 기억해 두도록 합시다.

I was **really** (Adv) **under** (Prep) pressure at college. ➡ 완전한 문장(O), 의미전달(O)

**해석** 나는 대학교에서 정말로 스트레스를 많이 받았었습니다.

---

예문을 하나 더 보도록 합시다. 아래의 예문은 "S + Be 완전한 문장"이지만, 전치사(Prep) 또는 부사(Adv)를 같이 사용하지 않고, 순수하게 주어(S)와 Be 동사만으로 작성된 완전한 문장입니다. 만약 여러분이, 문장을 아래처럼 작성한다면, 문법은 옳을지 언정, 의미전달은 전혀 되지 않는 작문을 한 것입니다.

The biggest **impact** (N: S) **is** (Be).

**해석** 가장 큰 영향력은 입니다. ➡ 완전한 문장(O), 의미전달(X)

---

다시 말해, 글쓴이가 영작을 통해 전달하려고 하는 내용상 의미인, 가장 큰 영향력이 대체 무엇인지, 글을 읽는 사람은 당연히 알 수가 없는 것입니다. 즉, 지금 같은 경우는 문법적으로는 올바른 표현이지만, Writing에서 가장 중요한 delivery(의미 전달)가 되지 않는 것입니다. 그렇기에, 수식 1번, 즉, 전치사(Prep) 또는 부사(Adv)를 사용하여 세부 정보를 공급해야만, 명확한 의미 전달이 가능해지는 것입니다. 즉, "세부 정보 공급"이 수식 1번(전치사(Prep) 또는 부사(Adv)) 사용의 목적임을 명심해 주세요. 즉, 전치사(Prep)와 부사(Adv)를 사용한다면, 다음처럼 문법적으로도 옳고, 의미전달도 명확한 작문이 가능해집니다.

**The biggest <u>impact</u>** (N: S) **is** (Be) **through** (Prep) **television** (N: O).

🔴 **해석** 가장 큰 영향력은 텔레비전을 통해서입니다. ➔ 완전한 문장(O), 의미전달(O)

---

S + Be 완전한 문장은 늘 "부사" 또는 "전치사"와 함께 사용하는 것이 가장 좋다는 것을 아래 문장을 통해 다시 학습해 보도록 하겠습니다.

**<u>We</u>** (N: S) **<u>are</u>** (Be) **<u>exactly</u>** (Adv) **<u>at</u>** (Prep) a significant **<u>threat</u>** (N: O).

- [해석] 우리는 지금 엄청난 위기에 직면해 있습니다.
- S + Be(이다, 있다) + Adv(부사) + Prep(전치사) + O(목적어).

물론 아래의 예문처럼, 일반 동사인 자동사(Vi)를 본동사로 사용하여, 위의 예문에서 전달한 것과 같은 내용상 의미를 전달할 수도 있습니다.

**<u>We</u>** (N: S) have **<u>faced</u>** (Vi) **<u>against</u>** (Prep) the significant **<u>threat</u>** (N: O).

- S + Vi + Prep + O 완전한 문장이 사용된 것을 확인해 주세요.

---

그렇다면, 굳이 왜 다른 완전한 문장(Full Sentence) 5개의 모양을 사용하지 않고 "가장 큰 영향력은 텔레비전을 통해서입니다."라는 정보를, S + Be 완전한 문장의 모양을 사용해서 표현하는 것일까요? 이유는 너무나 간단합니다. 다른 완전한 문장(Full Sentence) 5개의 모양보다, "S + Be 완전한 문장," Prep(전치사), 그리고 Adv(부사)를 함께 사용하여 표현하는 것이 다른 완전한 문장의 모양을 사용한 경우보다 좀 더 효과적으로 내용상 의미를 전달할 수 있기 때문입니다. 다시 한번 말씀드리지만, 수식 1번인 Prep(전치사)과 Adv(부사)는 Writing에 있어, 세부 정보를 공급하는 최적의 도구임을 반드시 암기해 두도록 합시다. 물론, 글을 적는 당사자로서, 어떤 형태의 Full Sentence 모양을 사용해서 본인이 전달하려는 내용상 의미를 전달할지는, 전적으로 글 쓰는 사람의 판단에 달려있다는 것을 잊지 말도록 합시다. 그럼, "S + Be" 완전한 문장을 사용하여, 다음에서 실전 작문연습을 해보도록 하겠습니다.

어린이들(children. N)이 모든 과목(subjects. N)을 공부하도록 강요당하는(force. Vt) 강압적인(coercive. Adj) 교육 환경(educational atmosphere. N)에서, 아이들은 쉽게(easily. Adv) 학구적 흥미(academic interest. N)를 잃어버리(lose. Vt)는 위험(danger. N)에 처해 있습니다.

**Under** (Prep) coercive educational **atmosphere** (N: O) **where** (관계 부사) **children** (N: S) **are** (Be) **forced** (P.P) to study all school subjects, **they** (N: S) **are** (Be) **in** (Prep) **danger** (N: O) **of** (Prep) **losing** (Vt-ing) academic **interest** (N: O) **easily** (Adv).

- 문장 가장 앞에 전치사를 배치하여, 완전한 문장을 시작하기 전, 세부 정보를 미리 공급하고 있음을 확인해 주세요. 또한, 대명사 they를 주어로 하는 S + Be 완전한 문장이 사용된 것을 확인해 주세요.

- 나중에 Day 7 수식 Part에서 학습하게 되실 것이지만, 관계부사 where 뒤에 사용된 명사 children을 주어로 하는 S + Be + P.P 완전한 문장은, 주가 되는 완전한 문장이 아닌, 수식을 위한 "부수적인 완전한 문장"이란 것을 반드시 기억해 두도록 합시다.

- S + Be + in danger of N → "주어는 N의 위험에 처해 있다." 빈번히 사용하는 구문이니 반드시 암시한 후 적재적소에 사용해 주세요.

- S + Be 완전한 문장이, "전치사 + 목적어", 즉 "수식 1번"과 함께 사용되었다는 것을 확인해 주세요.

## 05_ 수식 1번, 전치사(Prep)와 부사(Adv)

수식 1번, 전치사(Prep)와 부사(Adv)에 관해서는 실전 Writing을 위해 몇 가지만 암기해 두도록 합시다. 먼저, 전치사를 사용하여 세부 정보를 공급해 준다면, 반드시 뒤에 목적어를 가져와야 한다는 것입니다.

전치사 (Prep) + 목적어 (O)

그리고, 부사는 위치에 상관없이 언제든 완전한 문장이 전달하는 내용상 의미를 좀 더 명확하게 하기 위해 사용될 수 있다는 점입니다. 다음의 예문을 통해, 부사의 위치가 중요하지 않다는 것을 확인해 주세요.

- The book is **precisely** on the desk.
- **precisely**, the book is on the desk.
- The book **precisely** is on the desk.

또한, 영작을 할 때, 가급적 부사와 전치사(수식 1)를 사용해 대략적인 보충 설명, 즉 세부 정보(details)를 문장 가장 앞에 먼저 공급한 뒤, 그다음 기본 Full Sentence 5개의 모양 중, 한 모양을 선택하여 논리 전개를 시작해 주는 것이 완전한 문장의 가독성을 높여줄 수 있다는 것을 반드시 기억해 주세요. 아래의 예문을 통해 확인해 보도록 하겠습니다.

특히(particularly. Adv) 현대 사회(modern society. N)에서 사람들은 기술적 진보(technological progress. N)로 인해 물질적 이익(material benefit. N)을 얻었습니다(receive. Vt).

**Particularly** (Adv) **in** (Prep) modern **society** (N: O), **people** (N: S) have **received** (Vt) material **benefits** (N: O) **due to** (Prep) technological **progress** (N: O).

- 부사와 전치사를 문장 가장 앞에 배치하여, 명사 people을 주어로, 타동사 receive를 본동사로, 명사 benefit을 목적어로 하는 S + Vt + O 완전한 문장의 시작 전에, 해석상 세부 정보를 미리 공급해 주고 있음을 확인해 주세요.
- 현재완료(Have P.P) 사용 시, 본동사는 P.P에 있다는 것을 반드시 암기해 주세요. 지금 같은 경우, 본동사는 Have + P.P의 P.P 자리에 있는 타동사 receive임을 확인해 주세요.
- 전치사를 사용할 경우, 반드시 뒤에 목적어를 배치해야 함을 암기해 주세요. 또한, due to는 because of와 함께 "~때문에"라는 해석상 의미를 전달하며, 접속사가 아닌, 전치사임을 반드시 암기해 주세요.

---

또한, 특정 부사는 영작을 할 때, 아래처럼 변형하여 사용할 수 있다는 것을 반드시 암기해 주세요.

> Particularly → In particular (특히나)
> Specifically → In specific (자세하게)
> Generally → In general (일반적으로)

아래의 예제 연습을 통해, 완전한 문장의 모양을 다시 한번 학습해 보도록 하겠습니다.

이러한(such. Adj) 상황(circumstance. N) 아래(under. Prep)에서, 선생님(teachers. N)들이 부모님들(parents. N)보다 더 큰 권한(authority. N)을 가지는 것은 현실적으로 불가능(impossible. Adj) 합니다.

**Under** (Prep) such a circumstance, **it** (N: S) **is** (Be) **impossible** (Adj: C) for the teachers to wield the bigger authorities than the parents.

- "전치사 + 목적어"를 S + Be + C 완전한 문장 시작 전에 배치하여, 완전한 문장 시작 전에 미리 해석상 세부 정보를 공급해 주고 있음을 확인해 주세요.

- 대명사인 가주어 it을 주어로, Be 동사를 본동사로, 형용사인 impossible을 보어로 사용한 S + Be + C 완전한 문장이 사용되었으며, 나중에 학습하시게 될 진주어로 to wield를 사용하였으며, 진주어로 사용된 to wield의 의미상 주어로 for the teachers가 사용된 것을 확인해 주세요.

## 06_ 삽입구의 사용

또한, 주어 다음에 본동사를 사용하기 전, 글의 논리 전개를 자연스럽게 해 줄 삽입구의 사용을 알아보도록 합시다. 삽입구는 기술적으로 사용할 수 있는 몇 가지를 암기 후, 적재적소에 사용하도록 합시다. 또한, 부사 However와 함께 사용할 경우, 자연스럽게 글의 방향을 변화시킬 수 있다는 것을 기억해 주세요.

슬프게도 → S, **sadly though**, 본동사
예상치 못하게도 → S, **unexpectedly though**, 본동사
모순적이게도 → S, **ironically though**, 본동사
불운하게도 → S, **unfortunately though**, 본동사

하지만(however. Adv), 불행히도(unfortunately though. 삽입구), 은퇴하고 나이 든 사람들의 대부분이 문맹이라면, 사회는 그들의 가치를 충분히 활용(take advantage of N)할 수 없을 것입니다.

**However** (Adv), **unfortunately though** (삽입구), **if** (접속사) **most** (N: S) of **the retired** (N: O) **are** (Be) **illiterate** (Adj: C), **society** (N: S) will not be able to **take** (Vt) full **advantage** (N: O) of their **values** (N: O).

- 위의 예문처럼 부사 뒤에 삽입구(unfortunately though)를 배치하여 글의 맥락을 조절할 수 있습니다. 이 책의 예문에서 사용되는 삽입구들은 가능하다면 모두 암기한 뒤, 실전 Writing 작성 시 적재적소에 사용해 주시길 바랍니다.

- 해석상 의미전달을 위해 접속사 if를 사용하였으므로, 명사로 사용된 most를 주어로, Be동사 are을 본동사로, 형용사인 illiterate을 보어로 사용한, S + Be + C 완전한 문장과, 명사 society를 주어로, 타동사 take를 본동사로, 명사 advantage를 목적어로 사용한 S + Vt + O 완전한 문장이 연결돼 있는 것을 확인해 주세요.

## 07_ 완전한 문장의 도식

자, 이제 그럼, 여러분께서 영작을 할 때 사용할 수 있는 "완전한 문장"의 모양은 지금까지 학습하신 5개의 모양밖에 없다는 것을 확인할 수 있었습니다. 즉, 여러분께서는 앞에서 학습하신 5개의 완전한 문장의 모양을 완벽하게 암기한 뒤, 늘 5개의 완전한 문장 모양 중, 여러분께서 독자에게 전달하려는 내용상 의미에 가장 적절한 한 개의 모양을 선택하여 작문을 해야만 하는 것입니다.

● 완전한 문장의 도식

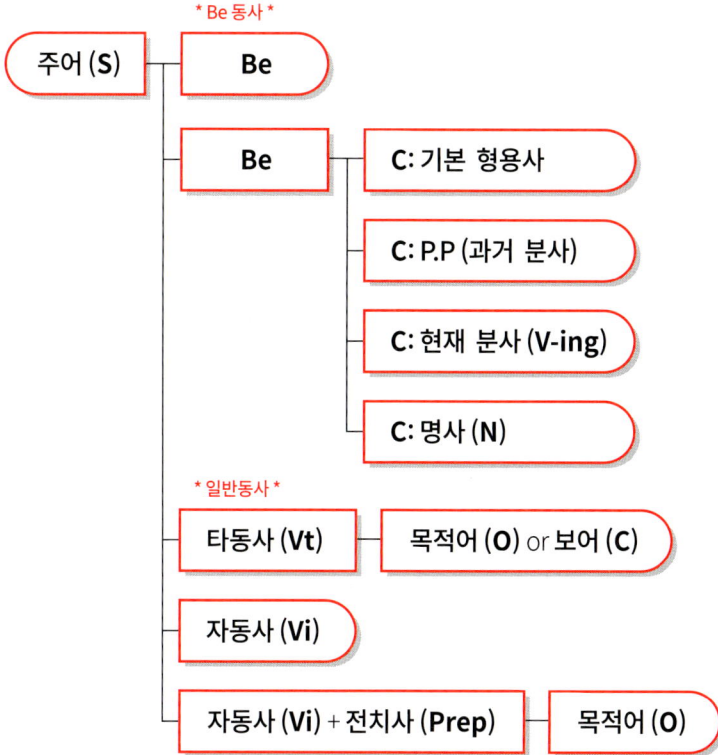

# 3 Day

## Incomplete Sentence
### 불완전한 문장

Faulkner once said, "Don't bother just to be better than your contemporaries or predecessors. Try to be better than yourself."

# Day 3

## Incomplete Sentence
>>>>>>>>>>>>>>>>>>>  - 불완전한 문장 -  <<<<<<<<<<<<<<<<<<

드디어 3일차 공부가 시작되었습니다. 이제 여러분은, 적어도 완전한 문장이 대충 이렇구나 정도는 파악하고 있을 것이라 믿습니다. 저자가 생각하는 영어공부란 끊임없는 반복이 가장 효율적인 학습법입니다. 이 책을 선택한 여러분은 적어도 20일 동안 끊임없이 같은 개념을 반복하게 될 것입니다. 세상에 반복만큼 좋은 공부는 없다는 것이 저자의 개인적인 공부 철학이기도 합니다.

자 그럼, 대체 불완전한 문장이란 무엇일까요? 굉장히 쉽습니다. 각각의 완전한 문장에서, 주어(S), 목적어(O), 또는 보어(C)가 생략돼 있는 문장이 불완전한 문장입니다. 아래의 그림을 통해, 좀 더 명확히 알아보도록 하겠습니다. 우리가 Day 1, 2에서 학습한 완전한 문장은, 아래처럼 총 5개의 모양이 있었습니다. 그 각각의 완전한 문장에서, 주어(S), 목적어(O), 또는 보어(C)가 생략된 문장이 불완전한 문장인 것입니다. 아래의 도식을 통해 완전한 문장과 불완전한 문장의 차이를 확인해 보시기 바랍니다.

| 완전한 문장 | 불완전한 문장 |
|---|---|
| 1) S + Be | 1) Be (주어 생략) |
| 2) S + Be + C | 2) Be + C (주어 생략) |
| | S + Be (보어 생략) |
| 3) S + Vt + O/C | 3) Vt + O/C (주어 생략) |
| | S + Vt (목적어/보어 생략) |
| 4) S + Vi | 4) Vi (주어 생략) |
| 5) S + Vi + Prep + O | 5) Vi + Prep + O (주어 생략) |
| | S + Vi + Prep (목적어 생략) |

❶ S + Be 완전한 문장의 경우, 주어가 생략된 불완전한 문장만이 존재 가능합니다. 애초에 S + Be 완전한 문장의 경우, 생략해 줄 목적어(O) 내지 보어(C)가 존재하지 않기 때문입니다.

❷ S + Be + C 완전한 문장의 경우, 주어(S)가 생략된 불완전한 문장은 Be + C 모양을 가지게 되고, 보어(C)가 생략된 불완전한 문장은 S + Be 모양을 가지게 됩니다.

❸ S + Vt + O/C 완전한 문장의 경우, 주어(S)가 생략된 불완전한 문장은 Vt + O/C의 모양을 가지게 되는 것이고, 목적어(O) 내지 보어(C)가 생략된 불완전한 문장은 S + Vt의 모양을 가지게 됩니다. 실전 영작에 있어서, 주어(S)가 생략된 불완전한 문장 내지, 목적어(O) 또는 보어(C)가 생략된 불완전한 문장은 가장 빈번하게 사용하는 경우이니, S + Vt + O/C 완전한 문장의 불완전한 문장의 모양들을 반드시 눈여겨 봐 놓도록 합시다.

❹ S + Vi 완전한 문장의 경우, 주어(S)가 생략된 불완전한 문장의 모양이 다소 이상하게 보이겠지만 vi만 남은 모양을 가지게 됩니다. 또한, S + Vi 완전한 문장의 경우, 애초에 생략해 줄 목적어(O) 내지 보어(C)가 존재하지 않으므로, 목적어(O) 내지 보어(C)가 생략된 불완전한 문장은 존재하지 않습니다.

❺ S + Vi + Prep + O 완전한 문장의 경우, 주어(S)가 생략된 불완전한 문장의 경우 Vi + Prep + O의 모양을 띠게 되고, 목적어(O)가 생략된 문장은 S + Vi + Prep의 모양을 가지게 됩니다.

즉, 영어에서 존재하는 불완전한 문장이란 위의 8개의 모양이 전부입니다. 그렇다면, 안 그래도 공부할 것이 많은데, 대체 불완전한 문장의 모양 따위를 왜 학습해야 하는 것일까요? 대답은 간단합니다. 이 책에서 곧 학습하게 될, "관계 대명사"와 "what + 불완전한 문장"을 익히기 위한 전제 조건이 불완전한 문장이기 때문입니다. 불완전한 문장은 예문을 통해 향후 점점 더 학습하게 될 것이니, 지금 여기서 여러분은 불완전한 문장의 모든 모양을 반드시 암기해 두도록 합시다. 또한, 어제 학습한 완전한 문장의 모양을 다시 한번 암기하면서, 완전한 문장에서 주어(S), 목적어(O), 또는 보어(C)를 생략하여 각각의 완전한 문장에서 주어(S), 목적어(O), 또는 보어(C)가 생략된 불완전한 문장들을 직접 만들어 보는 시간을 가져보시길 바랍니다.

# 4 Day

## Part Of Full Sentence
품사

Einstein once said, "Imagination is more important than knowledge. Knowledge is limited; imagination encircles the world."

# Day 4

## Part Of Full Sentence
>>>>>>>>>>>>>>>>>>>> - 품사 - <<<<<<<<<<<<<<<<<<<<

> 오늘은 Part Of Sentence(품사)에 관해 학습해 봅시다. 여러분께서 만약 정말 독하게 공부를 하고 있다면, 지금까지 학습한 5개의 완전한 문장의 모양과 8개의 불완전한 문장의 모양들을 전부 암기한 상태에서 오늘 품사 파트를 학습하고 계실 것입니다. 전 여러분을 믿습니다.

단도직입적으로 품사라는 것은 결국 여러분이 이미 학습하신 5개의 완전한 문장(Full Sentence)에서, "주어(S)", "목적어(O)", "보어(C)" 자리에 사용할 수 있는 영어의 모양을 의미합니다. "주어(S)", "목적어(O)", "보어(C)" 자리에 들어가는 이 영어의 모양들을 여러분께서는 사실 한국의 공교육 시스템 아래에서 이미 수도 없이 학습하셨습니다. 하지만, 학습하신 내용으로 영작을 해본 적이 없기에, 그리고 품사와 관련한 내용들이 너무나 한국식 영문법으로 변질되어 버렸기에, 품사를 학습하셨지만, 대체 품사가 무엇인지 모르며, 대체 왜 품사란 것을 학습해야 하는지조차도 모르는 비극이 발생하게 된 것입니다. 이 책을 통하여 부디 이제는 품사를 왜 학습해야 하는지, 그리고 품사가 무엇인지 완벽하게 이해하시길 바랍니다.

### 01_ 품사는 무엇이며, 대체 왜 우리는 품사를 학습해야 하는가?

위에서 간략하게 설명을 드렸듯이, 품사란 여러분께서 영작을 할 때, 즉 Essay를 작성할 때 이미 앞 장에서 학습하신 완전한 문장의 "주어(S)", "목적어(O)", "보어(C)" 자리에 사용해야만 하는 영어의 모양들을 의미합니다. 완전한 문장의 모양들을 암기한 후 각각의 주어, 목적어, 보어 자리에 여러분께서 단어책을 통해 암기한 아무 단어나 막 집어넣으면 곧바로 영작이 완성되지 않는다는 것을 의미합니다. 즉, 영문법에서는 "주어(S)", "목적어(O)", "보어(C)" 자리에 사용해야만 하는 모양들이 지정돼 있기에, 그 지정된 모양을 암기하지 않는다면, 완전한 문장의 모양들을 완벽하게 암기한다 한들, 전혀 영작할 수 없는 것입니다. 또한, IELTS Writing Task 2에서 간결한 문장 작성과 관련된 핵심 사항이 바로 품사입니다. 나중에 알게 되시겠지만, 영작에서 가장 중요시하는 요소 중 하나가 바로 간결성이라 불리는 Brevity이며, 그 간결성은 여러분께서 "주어(S)", "목적어(O)", "보어(C)" 자리에 어떤 모양을 사용하는지에 달려 있습니다.

## 02 _ 품사의 중요성

본격적인 학습을 진행하기 전, 품사의 중요성을 확인하기 위해 한 학생분께서 첨삭을 위해 제출하신 Essay 중에서 품사 관련 실수를 하신 문장을 같이 살펴보도록 하겠습니다. 아래의 문장은 언뜻 보아서는 잘 적은 문장 같습니다. 하지만, 문법도 틀렸고, 그렇기에 해석도 되지 않는 문장입니다.

**Economic** (Adj) has **been** (Be) significantly **developed** (P.P).

물론, 여러분께서 제출하신 Essay를 첨삭하시는 교수님들 또는 강사님들께서는 여러분의 실수를 감안하고 해석을 하기에 내용을 이해할 수 있겠지만, 채점을 하는 Examiner 입장에서는 상당한 Strain(피로감)이 발생하는 문장입니다. 왜냐하면 위의 문장에는 주어가 없기 때문입니다. 즉, 완전한 문장의 주어 자리에, 주어 자리에는 사용할 수 없는 모양인 형용사를 사용하였기에, 해석이 전혀 되질 않는 것입니다. 좀 더 자세히 설명하자면, 단어 Economic은 "형용사"이므로 완전한 문장의 주어 자리에 사용할 수 없으며 "주어"가 될 수 있는 모양인, 즉 완전한 문장의 주어 자리에 사용할 수 있는 품사인 "명사" 모양을 사용해야만 올바른 내용상 의미 전달이 가능하게 되는 것입니다. 위의 문장을 영문법에 맞게 수정한다면 아래와 같은 문장이 완성됩니다.

The **economy** (N: S) has **been** (Be) significantly **developed** (P.P).

## 03 _ 품사의 모양

그럼 이제 본격적인 품사의 모양을 암기하는 시간을 가지도록 합시다. 완전한 문장의 "주어(S)", "목적어(O)", "보어(C)" 자리에 사용해야만 하는 영어의 모양들은 다음의 도식에 정리해 두었습니다.

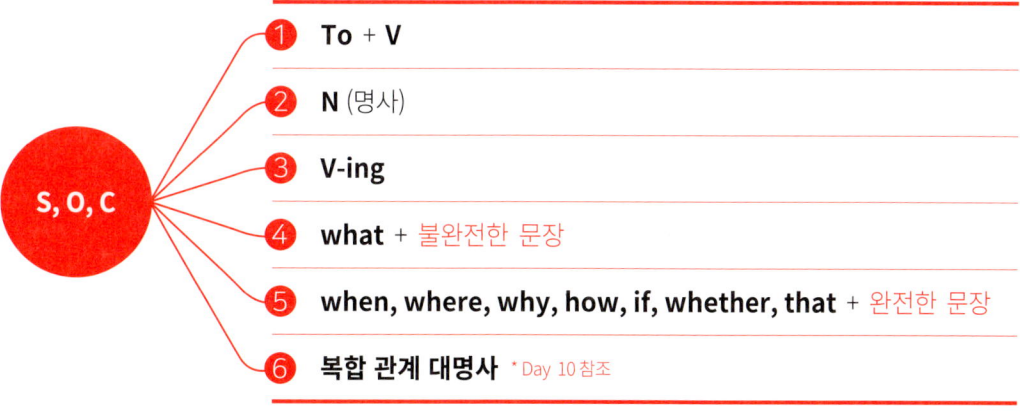

S, O, C
1. To + V
2. N (명사)
3. V-ing
4. what + 불완전한 문장
5. when, where, why, how, if, whether, that + 완전한 문장
6. 복합 관계 대명사  *Day 10 참조

많은 학생분께서, 적어도 10년가량을 영어 학습을 하시고도 여전히 Writing을 할 수 없는 이유는, 품사가 대충 무엇인지는 알지만, 대체 영작을 할 때 어떻게 사용해야 하는지 그 실전 사용법을 전혀 알지 못하기 때문입니다. "투 부정사", "동명사", "추상 명사", "물질 명사" 등등의 이름으로 불리며, 한국 영어교육에서 품사는 그 본래의 기능을 잃어버리고 외계언어가 되어버렸습니다. 부탁드리건대, 오늘 품사에 관한 학습을 한 후, 여러분께서는 이제 품사란, 완전한 문장의 주어(S), 목적어(O), 보어(C) 자리에 들어가는, 즉 여러분들께서 영작을 할 때, 주어, 목적어, 보어 자리에 사용하기 위해 선택해야만 하는 모양이란 것을 완벽하게 암기해 주시기 바랍니다. 자 그럼, 본격적으로 각각의 품사 모양에 관해 학습을 시작해 보도록 합시다.

**❶ To + V**

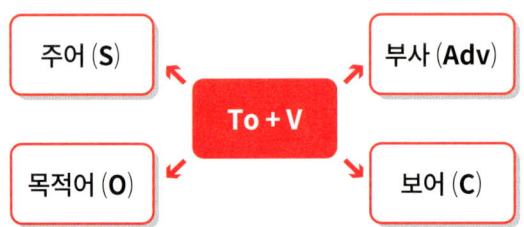

한국에서 "투 부정사"라 불리는 To + V는 위의 도식에서 확인하실 수 있는 것처럼, 원칙적으로는 S(주어), O(목적어), C(보어) 자리에 전부 사용할 수 있으며, 또한 부사(Adv)로도 사용이 가능합니다. 하지만, 실전 Writing에서 To + V는 주로 O(목적어), C(보어), 그리고 문장에서 "~하기 위해서"라는 내용상 의미를 전달하기 위한 부사(Adv)로서 가장 많이 사용됩니다.

여기서 주목할 점은, 우리는 가급적 To + V를 주어 자리에 사용하지 않아야 한다는 점입니다. 그 이유는 간단합니다. 영어권 국가에서는 문장 맨 앞에 To + V가 있으면, 거의 대부분 "~하기 위해서"로 읽는 경향이 있으므로, 오독의 가능성을 줄이기 위해, To + V는 목적어(O), 보어(C), 그리고 부사(Adv)의 자리에만 사용하도록 합시다. 또한, 목적어(O), 보어(C), 부사(Adv)로 To + V를 사용한다면, 반드시 지켜야 할 일반적인 규칙이 한 가지 있다는 것을 명심합시다. 그 규칙은 다음과 같으며, 여러분께서는 이 규칙을 반드시 암기해야만 영작을 할 수가 있습니다.

"Day 1 완전한 문장" 학습에서, 타동사(Vt)는 반드시 뒤에 목적어(O) 또는 보어(C)가 있어야 하며, 자동사(Vi)는 뒤에 전치사를 사용하지 않는다면, 자동사(Vi) 바로 뒤에 목적어(O)를 배치할 수 없다는 것을 여러분은 이미 학습하셨습니다. 일반 동사인 타동사(Vt)와 자동사(Vi)의 이러한 성질은, 타동사(Vt)와 자동사(Vi)가 To + V에 사용될 때도 그대로 유지됩니다. 즉, To + V의 V 자리에 타동사(Vt)를 사용한다면, To + Vt 다음에는 반드시 목적어(O) 또는 보어(C)를 배치해야만 합니다. 하지만, To + V의 V 자리에, 자동사(Vi)를 사용한다면 To + Vi 다음에는 절대로 목적어(O) 또는 보어(C)를 적어서는 안됩니다. 다만, To + Vi 다음에 전치사(Prep)를 사용한다면, "Vi + 전치사"는 타동사(Vt)의 성질을 가지게 되어, "To + Vi + 전치사" 다음에는 반드시 목적어(O)를 배치해야만 합니다.

그럼, 아래의 예문을 통해, To + V의 목적어, 보어, 부사로서의 사용법을 자세하게 확인해 보도록 하겠습니다.

The **government** (N: S) **tries** (Vt) **to resolve** (To + Vt: O) **those** (Adj) complicated **issues** (N: O).

**해석** 정부는 그러한 복잡한 문제들을 해결하는 것을 시도합니다.

위의 문장은 명사(N) government을 주어로 사용하였으며, 타동사인 try(~을, 를 시도하다: Vt)를 본동사로, 그리고 목적어로 To + V, 즉 to resolve를 사용한, S + Vt + O 완전한 문장입니다. 이 경우, To + V의 V 자리에 "~을, 를 해결하다"라는 타동사 resolve를 사용하였으므로, to resolve 뒤에 전달하려는 의미에 적당한 명사인 issue를 타동사 resolve의 목적어로 배치한 것입니다.

Many other complicated **problems** (N: S) **are** (Be) **to transpire** (To + Vi).

**해석** 많은 다른 복잡한 문제들이 발생합니다.

위의 문장은 명사(N) problem을 주어로 사용하였으며, 본동사로 Be 동사를 사용하고, C(보어) 자리에 To + V를 사용한, S + Be + C 완전한 문장입니다. 이 경우, To + V의 V 자리에, "~이 생기다, 발생하다"라는 의미를 가진 자동사(Vi) transpire을 사용하였으므로, 뒤에 목적어 또는 보어를 배치해서는 안 되는 것입니다. 하지만, 만약 to transpire 뒤에 전치사(Prep) in을 사용한다면, 아래와 같은 작문이 가능합니다. 왜냐면, 자동사 뒤에 전치사를 배치할 경우, "자동사 + 전치사"는 타동사의 성질을 가지에 되므로 뒤에 목적어를 배치할 수 있기 때문입니다.

Many other complicated **problems** (N: S) **are** (Be) **to transpire** (To + Vi) **in** (Prep) the **society** (N: O).

**해석** 많은 다른 복잡한 문제들이 사회에서 발생합니다.

---

또한, To + V를 "완전한 문장"의 가장 "앞" 또는 가장 "뒤"에 배치시켜, "~하기 위해서"라는 내용상 의미를 전달할 수 있다는 것을 반드시 암기해 주세요. 이것은 여러분이 흔히 알고 있는 To + V의 "부사적 용법"이란 것인데, 간단히 "완전한 문장"의 시작 전에 To + V(~하기 위해서)를 배치한 후, 그 뒤에 완전한 문장을 배치하는 방법과, "완전한 문장"을 먼저 배치한 뒤, 완전한 문장의 가장 끝에 To + V를 배치하는 두 가지 경우가 가장 흔하게 사용되는 방법입니다. 예문은 아래와 같습니다.

모든 측면(aspect. N)에서, 아이들을 컨트롤 하는 선생님들의 능력(ability. N)을 극대화하기(maximize. Vt) 위해, 정부는 선생님들이 부모님들의 간섭(interference. N)없이 효과적으로 그들의 교습방법을 아이들에게 발휘하게(exert. Vt)끔 만들기 위해 선생님의 권한(authority. N)을 법제화해야 합니다(legalize. Vt).

**To maximize** (To + V**t**) teachers' **abilities** (N: O) to control children in all aspects, the **government** (N: S) must **legalize** (Vt) the **authority** (N: O) of teachers **so that** (접속사) **teachers** (N: S) could effectively **exert** (V**t**) their teaching **methods** (N: O) on children with no interference from parents.

- 명사 government를 주어로 하는 S + Vt + O 완전한 문장과, 명사 teacher을 주어로 하는 S + Vt + O 완전한 문장이 접속사 so that을 사용하여 연결된 것을 확인해 주세요.

- To + V, S + Vt +O/C → " V 하기 위해서, 주어가 Vt 합니다 목적어를." 문장 가장 앞에 To + V를 배치하여 "~ 하기 위해서"라는 의미를 전달하고 있습니다. 또한, To +V를 문장 가장 앞에 배치할 경우, To +V 부분이 끝나는 지점에 위의 예문처럼 반드시 콤마를 찍어야 한다는 것을 기억해 두도록 합시다.

- "To + V"의 V 자리에 타동사 maximize를 사용하였기에, 타동사의 성질이 그대로 유지되어 to maximize 뒤에 목적어로 명사 ability를 배치한 것을 확인해 주세요.

---

이러한 문제(such problems. N)를 가장 효과적으로(effectively. Adv) 해결하기(resolve. Vt) 위해, 사회는(society. N) 이미 은퇴한(retired. Adj) 노인들의 다양한(manifold. Adj) 경험을 통해서 축적된 안목(hindsight. N)을 필요로 합니다(need. Vt).

**To resolve** (To + V**t**) such rampant **problems** (N: O) **effectively** (Adv), **society** (N: S) **needs** (Vt) the **hindsight** (N: O) accumulated through manifold experiences by the already retired seniors.

- 명사 society를 주어로 하는 S + Vt + O 완전한 문장이 사용된 것을 확인해 주세요.

- "To + V"를 문장 가장 앞, 또는 뒤에 배치하면 늘 "~하기 위해서"라는 해석상 의미를 전달할 수 있다는 것을 기억해 두도록 합시다.

- 또한, "To + V"를 문장 가장 앞에 배치할 경우, To +V 부분이 끝나는 지점에 위의 예문처럼 반드시 콤마를 찍어야 한다는 것을 기억해 두도록 합시다.

- "To + V"의 V 자리에 타동사 resolve를 사용하였기에, 타동사의 성질이 그대로 유지되어 to resolve 뒤에 목적어로 명사 problem을 배치한 것을 확인해 주세요.

---

많은 다른 사람들과 잘 섞이기(mingle. Vt) 위해, 청소년들은 학교에서 모든 과목을 공부하면서 얻어지는(come from) 아주 기본적인(fundamental. Adj) 지식을 배워야 합니다.

**To mingle** (To + Vi: ~하기 위해서) **well** (Adv) **with** (Prep) many different **others** (N: O), **teenagers** (N: S) should **learn** (Vt) very **fundamental** (Adj) **knowledge** (N: O) **which** (주격 관계 대명사) **comes** (Vi) **from** (Prep) **studying** (Vt-ing: O) all **subjects** (N: O) in school.

- "To + V"를 문장 가장 앞에 배치시켜 "~하기 위해서"라는 해석상 의미를 전달하고 있습니다. 또한, "To + V"의 V 자리에 자동사 mingle을 사용하고 그 뒤에 전치사 with를 배치하였으므로, "자동사 + 전치사"는 타동사의 성질을 가지므로 목적어로 명사 others가 사용된 것을 확인해 주세요.

- 명사 teenager를 주어로 하는 S + Vt + O 완전한 문장이 사용된 것을 확인해 주세요.

- 명사(N) knowledge 뒤에 "주격 관계 대명사"를 사용하여 명사 knowledge에 대한 보충 설명, 즉 세부 정보를 공급하고 있음을 확인해 주세요.

- 아직 학습 전이지만, 관계 대명사는 늘 뒤에 불완전한 문장을 사용해야 함을 미리 암기해 두도록 합시다. 지금 같은 경우, 주어가 생략된 Vi + Prep + O 불완전한 문장이 사용되었습니다.

### ② N (명사)

명사는 여러분께서 영어수업 시간 동안 정말 수도 없이 늘 들었을 것이라 생각됩니다. 명사는 간단히 설명하자면 책상, 의자, 수박, 컴퓨터 등등 특정 사물, 또는 사람을 지칭하는 단어입니다. 자 그럼, 명사에 대한 본격적인 학습 이전에 "명사는 완전한 문장의 주어(S), 목적어(O), 보어(C) 자리에 사용할 수 있다"는 것을 미리 암기해 두도록 합시다. 특정한 의미를 가진 명사들을 많이 알고 있다면 Writing에서 의미 전달상 적재적소에 사용하여 그만큼 고득점을 받기 유리하므로, 가능하다면 단어 암기를 절대로 소홀히 하지 맙시다. 또한, 명사를 그 종류와 성질에 따라 구분하는 그 수많은 기준들을 모두 암기하지는 말도록 합시다. 명사의 구분법을 모두 암기한다 해도 Writing에 전혀 도움이 되지 않을뿐더러 시간만 많이 걸리기 때문입니다. 그렇기에, 다음에 구분해 놓은 딱 3가지의 명사 구분법만을 암기해 두도록 합시다. 적어도 다음의 3가지 명사 구분법은 실전 writing과 다른 영문법 학습을 위해서라도 반드시 암기해 두어야 합니다.

**A** 셀 수 있는 명사  VS  셀 수 없는 명사

**B** 만질 수 있는 명사  VS  만질 수 없는 명사

**C** 사물 명사  VS  사람 명사

**A)** 첫 번째 기준은 개수를 셀 수 있고 없고로 명사를 분류하는 방법입니다. 한국에서 흔히 가산명사와 불가산명사로 불리는 개념입니다. 사실, 명사를 셀 수 있는지 없는지는 생각보다 간단하면서도 다소 난해한 부분이 존재합니다. 그렇기에 시험에서 자주 사용할 몇 개의 셀 수 없는 명사를 암기한 후 나머지 명사들은 전부 셀 수 있는 명사라 생각하는 편이 글을 적을 때 편합니다. 아래의 셀 수 없는 명사는 IELTS 실전 Writing에서 빈번히 사용해야 하는 명사이니 반드시 암기해 두도록 합시다.

| 셀 수 없는 명사 | administration (행정), equipment (장비), information (정보), clothing (옷), furniture (가구), management (경영), advice (조언), intelligence (지능), business (사업), time (시간), knowledge (지식) |
|---|---|

또한, 불가산명사는, 즉 셀 수 없는 명사는 명사 앞에 a 또는 an, 명사 뒤에 s를 사용하지 않음을 반드시 암기해 주세요. 불가산명사와는 다르게 가산명사, 즉 셀 수 있는 명사는 그 명사가 하나 일 때, 즉 단수명사일 때는 명사 앞에 a, an을 붙여야 하고, 그 명사가 여러 개일 경우, 즉 복수명사인 경우 뒤에 s를 붙여야만 합니다.

**B)** 촉감을 기준으로 하는 "만질 수 있는 명사"와 "만질 수 없는 명사"로의 구분법은 정말 쉽습니다. 손으로 만질 수 있다면, 즉 촉감이 있다면 물질명사라 불리고, 손으로 만질 수 없다면, 즉 촉감이 없다면 추상명사라 불립니다. 물질명사와 추상명사의 개념은 다른 영문법을 학습할 때 굉장히 중요한 개념이므로 지금 여기서 완벽히 이해해 두도록 합시다.

**C)** 마지막으로 사람과 사물을 기준으로 하는 사람명사과 사물명사의 구분법입니다. 이 또한 정말 쉽습니다. 사람을 제외한 모든 명사는 사물명사라 생각하시면 됩니다. 간혹 여러분이 너무나 사랑하는 강아지, 고양이, 또는 고슴도치들을 사물이라고 생각할 수 없다는 분들이 계시지만, 이건 영문법이니 마음속으로만 그들을 사람처럼 대하시고 영작을 하실 때는 반드시 사물명사로 생각하도록 합시다.

자, 앞의 세 가지 명사 분류법을 학습하셨다면 이제 명사는 완전한 문장의 주어(S), 목적어(O), 보어(C) 자리에 사용할 수 있다는 것을 다시 한번 마음속으로 복기하도록 합시다.

**D)** 다음은, 명사를 학습할 때 반드시 함께 다루어야 하는 관사에 대해 학습해 보도록 하겠습니다. 영어를 공부하고 있는, 또는 영어를 과거에 공부했던 분들이라면, 영어에서 관사라 불리는 것을 적어도 한번은 들어 보셨을 것으로 생각됩니다. 그럼, 대체 영어에서 관사란 것은 무엇일까요? 관사는 영어에서 Article이라 불리는 것으로, 그 기능에 따라 "정관사"와 "부정 관사" 두 가지로 분류가 됩니다. 먼저 정관사 "the"는 사용하는 명사에 의미 전달상, 특정한 내용상 의미를 부여해 주는 기능을 하며, 부정 관사 "a", "an"은 사용하는 명사에 의미 전달상, 즉 해석상 일반성을 부여해 주는 기능을 합니다. 아래의 도식과 예문을 통해 자세히 학습해 보도록 하겠습니다.

After the long day, **the** cup of coffee tasted especially good.

위의 예문에서, 명사 day 앞에 정관사 the를 사용하였습니다. 정관사 the는 뒤에 오는 명사 day에 해석상 특정한 의미를 부여하기 위해 사용한 것으로, 위의 문장 같은 경우 해석상 "힘든 보통의 날"이 아닌, "힘들었던 그 특정한 날"이라는 해석상 의미를 부여하게 됩니다. 또한, 명사 cup 앞에 정관사 the를 사용하여, "특히나 맛이 좋았던 그 커피 한 잔"이라는 해석상 특정한 의미를 부여하게 됩니다. 정관사 the를 사용한 위의 경우와는 다르게 아래의 예문은 부정 관사라 불리는 a를 사용한 예문입니다.

After a long day, **a** cup of coffee tastes especially good.

위의 예문에서는 명사 day 앞에 정관사가 아닌 부정 관사 a를 사용함으로써, 의미 전달에 있어서 일반성을 부여하게 됩니다. 즉, "힘들었던 그 특정한 날"이라는 의미를 전달하는 것이 아닌, "그냥 일반적인 그런 힘든 날"이라는 일반성이 부여되는 것입니다. 또한, 명사 cup 앞에 부정 관사 a를 사용함으로써, "그 특정한 커피 한 잔"이라는 의미를 전달하는 것이 아닌, "그냥 일반적인 커피 한 잔"이라는 일반성이 부여됩니다. 즉, 짧게 요약한다면, 정관사는 명사를 사용할 경우 의미 전달상 특정한 의미를 지정해 주고 싶을 때 사용하는 것이며, 부정 관사는 명사에 대해 의미 전달상 특정한 의미를 지정해 주고 싶지 않을 때, 즉, 일반성을 부여해 주고 싶을 때 사용하는 것입니다. 다시 예를 들어,

the desk라 적는다면 "특정한 그 책상"이라는 해석상 의미를 전달할 수 있으며, a desk 라 적는다면 "그냥 일반적인 책상"이라는 해석상 의미를 전달할 수 있는 것입니다.

그럼 이제, 정관사 the의 실전 사용법을 좀 더 깊이 있게 학습해 보도록 하겠습니다. 관사의 올바른 사용은 실전 Writing에 있어 생각보다 정말 중요한 부분을 차지하게 됩니다. 겉으로 보았을 때 아무것도 아닌 것처럼 보이지만, 정관사를 사용하느냐 부정 관사를 사용하느냐에 따라 의미전달에 있어 큰 차이를 만들어 내기 때문입니다. 그렇기에 아래의 도식에 있는 정관사 the의 실전 사용법 4가지를 반드시 암기해 두길 바랍니다.

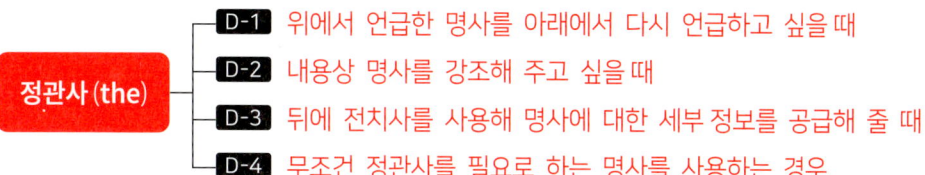

[D-1] 정관사의 가장 기본적 기능 중 하나이며, 위에서 언급한 명사를 글의 맥락상 다시 아래에서 언급하고 싶을 때 정관사 the를 사용할 수 있습니다. 즉, 정관사 the를 사용해 위 문장에서 이미 언급한 명사를 다시 아래 문장에서 언급할 경우, 위 문장에서 그 명사에 관해 언급된 내용상 모든 의미를 아래 문장으로 받아서 내려오는 기능이 있습니다.

[D-2] 사용하려는 명사가 글을 적는 동안 처음 사용하는 명사라 할지라도, 단순히 내용상 명사를 강조하고 싶을 때 정관사 the를 사용할 수 있습니다. 비록 Body 논리 전개 시 특정한 명사를 한 번도 사용하지 않았지만, 의미 전달상 중요한 역할을 하는 명사라면 이전 문장들에서 단 한 번도 언급이 되지 않았다 할지라도, 정관사 the를 사용해 그 의미를 강조해 줄 수 있습니다.

[D-3] 전치사(수식 1번)를 사용하여 앞에 있는 명사에 대한 세부 정보를 공급해 줄 땐 늘 정관사 the를 명사 앞에 붙여 줘야 합니다. 이것은 영문법의 규칙이니 늘 지켜야만 합니다. 아래의 예문을 통해 자세히 학습해 보도록 합시다.

**Now** (Adv), **people** (N: S) **understand** (Vt) the **importance** (N: O) **of** (Prep) the natural **environment** (N: O).

앞의 예문 같은 경우, 명사 people이 주어인 S + Vt + O 완전한 문장에서 목적어로 사용된 명사 importance 앞에 정관사 the를 붙여주지 않으면 문법적으로 오류가 있는 문장이 되는 것입니다. 왜냐면, "중요성"이라는 해석상 의미를 지닌 "명사"를 수식 1번 "전치사" of를 사용해 세부 정보를 공급해 주고 있기 때문입니다. 즉, 위의 예문처럼, 전치사를 사용해 앞쪽에 위치한 명사에 대한 세부 정보를 공급해 줄 경우, 전치사의 수식을 받는 명사 앞에는 반드시 정관사 the를 사용해 줘야 한다는 것을 암기해 두도록 합시다.

[D-4] 영문법에는 어떤 "특정한 명사"를 사용할 경우 여러 가지 세부적인 규칙들에 따라, 반드시 명사 앞에 정관사 the를 사용해야 하는 경우와 정관사 the를 사용하지 않아야 하는 경우가 존재합니다. 하지만, 정관사에 관한 이런 모든 규칙들을 전부 학습하고 암기한다는 것은 현실적으로 가능은 하겠지만, IELTS Writing에서 고득점을 받는 데는 크게 도움이 되지 않을뿐더러, 많은 시간이 소비되는 의미 없는 학습일 뿐입니다. 그러므로, 우리는 Body 작성 시 빈번하게 사용되는 반드시 정관사 the와 함께 사용해야 하는 아래의 몇 가지 명사만을 암기해 두도록 합시다.

> the government (정부), the environment (환경), the advertising (광고), the President (대통령), the past (과거), the future (미래)

### ❸ V-ing

먼저 V-ing를 학습하기 이전에 여러분께 부탁드리고 싶은 것이 하나 있습니다. 더 이상 V-ing를 동명사로 인식하지 말아 달라는 것입니다. 한국 영어는 영문법의 이름에 너무 집착한 나머지 학생분들께서 영문법의 이름만 알고 그 기능을 전혀 알지 못하는 불상사가 늘 발생하였기 때문입니다. 즉, 이름 보다는 그 사용법에 초점을 맞춰 달라고 부탁드리고 싶습니다. 동명사란 이름보다는 V-ing의 대표적인 3가지 사용법을 암기한 후 실전 Writing을 작성할 때 사용하시면 되는 것입니다.

V-ing의 대표적 3가지 사용법 중 하나는 이미 학습하신 완전한 문장의 S(주어), O(목적어), C(보어) 자리에 사용할 수 있다는 것, 그리고 현재 분사, 즉 형용사로서의 사용법, 그리고 진행형으로의 사용법입니다. 다음의 도식을 통해 다시 한번 확인해 보시기 바랍니다.

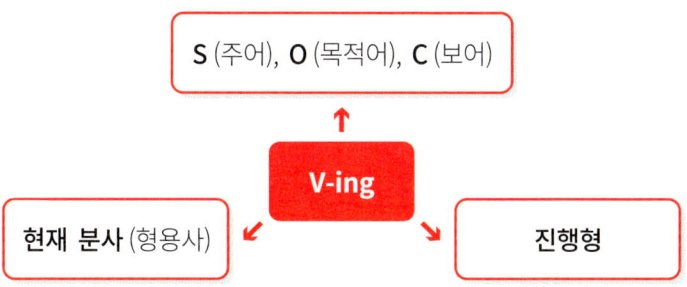

여기서 잠시 주목할 점은, V-ing 모양은 원칙적으로는 완전한 문장의 S(주어), O(목적어), C(보어) 자리에 사용할 수 있지만, 우리는 V-ing 모양을 실전 Writing 작성 시 완전한 문장의 보어 자리에는 특별한 경우를 제외하고는 사용하지 않도록 합시다. 자칫 "진행형"이라는 해석상 잘못된 의미 전달이 될 수 있기 때문입니다. 이 부분에 대한 설명은 이 책의 범위를 벗어나는 것이기에 따로 설명하진 않겠지만 V-ing 모양은 특별한 경우가 아니라면 보어 자리에 사용하지 않음을 다시 한번 반드시 명심해 주세요.

또한 주어(S)가 사람 명사일 경우, 그리고 주어(S)가 사물 명사일 경우에 따라 만약 S + Be + C 완전한 문장을 사용하고 있으며, 보어 자리에 명사가 아닌 형용사를 사용할 경우, 각각 다른 형용사의 모양을 보어 자리에 배치해야 함을 아래를 통해 확인해 주세요. 이것은 영문법의 성질이므로 이해를 통해 학습하기보다는 암기를 통해 실전 Writing에 적용하는 훈련을 하시는 것을 추천 드립니다.

S (**사람 명사**) + Be + C ( **과거 분사 : P.P** )
S (**사물 명사**) + Be + C ( **현재 분사 : V-ing** )

또한, V-ing 역시, 기존의 To + V처럼 영작에서 사용할 시 반드시 지켜야 할 규칙이 존재 한다는 것을 명심합시다. 그 규칙은 아래와 같습니다.

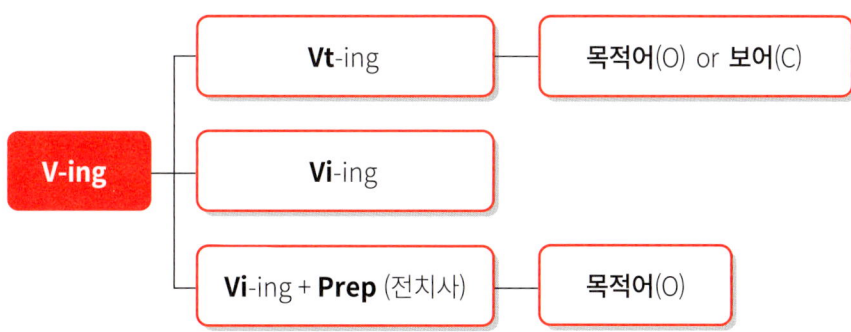

즉, V-ing의 V 자리에 타동사(Vt)를 사용한다면 Vt-ing 다음에는 반드시 목적어(O) 또는 보어(C)를 배치해야만 합니다. 하지만, V-ing의 V 자리에 자동사(Vi)를 사용한다면 Vi-ing 다음에는 절대로 목적어(O) 또는 보어(C)를 배치해서는 안 됩니다. 다만, Vi-ing 다음에 전치사(Prep)를 사용한다면, "Vi"-ing + "전치사"는 타동사의 성질을 가지게 되므로, Vi-ing + 전치사 다음에는 반드시 목적어(O)를 사용해야만 합니다. 아래의 예문을 통해, 간단히 확인해 보도록 하겠습니다.

**Teaching** (Vt-ing: S) **ethics** (N: O) **is** (Be) **one** (N: C) of the quintessential responsibilities of teachers.

- [해석] 윤리를 가르치는 것은, 선생님들의 근본적인 책임 중 하나입니다.
- Vt-ing을 주어(S)로 사용하였으며, Be 동사를 본동사로, 그리고 명사 one을 보어(C) 자리에 사용한, S + Be + C 완전한 문장이 사용된 것을 확인해 주세요. 주어로 사용된 V-ing의 V 자리에, "~을, 를 가르치다"라는 타동사 teach를 사용했으므로 뒤에 목적어로 명사 ethics를 사용한 경우 입니다.

---

**Living** (Vi-ing: S) **in** (Prep) a busy **society** (N: O) **makes** (Vt) **people** (N: O) easily **distracted** (P.P).

- [해석] 바쁜 사회에서 사는 것은 사람들을 쉽게 혼란스럽게 만듭니다.
- Vi-ing를 주어(S)로 사용하였으며, 타동사 make를 본동사로, 그리고 명사 people을 목적어(O) 자리에 집어 넣은, S + Vt + O 완전한 문장이 사용된 것을 확인해 주세요.
- 주어로 사용된 V-ing의 V 자리에, 대표적인 자동사 live를 사용한 후, 뒤에 전치사 in을 사용하였으므로, "자동사 live + 전치사 in"이 타동사의 성질을 가지므로 목적어로 명사 society를 사용한 경우입니다.
- S + make + O + P.P → "주어가 만들다 목적어가 P.P 되도록." 실전 Writing 작성 시 자주 사용하는 구문이니 반드시 암기해 주세요.

### ④ what + 불완전한 문장

"what + 불완전한 문장" 역시 완전한 문장의 주어(S), 목적어(O), 또는 보어(C) 자리에 사용될 수 있다는 것을 반드시 암기해 두도록 합시다. 물론 좀 더 깊게 문법 학습을 한다면 좋겠지만, what과 관련한 영문법들은 대부분 Writing을 하는데 불필요한 내용들이 많으므로, 여러분께서는 "what + 불완전한 문장"은 언제든 주어(S), 목적어(O), 보어(C) 자리에 사용될 수 있다는 것만 암기해 두도록 합시다. 만약, Day 3에서 학습한 불완전한 문장의 개념이 잘 기억나지 않는다면, 다시 Day 3으로 돌아가서 불완전한 문장의 개념을 완벽하게 복습한 뒤 다시 이 부분으로 돌아올 것을 추천 드립니다.

그렇다면, 몇 개의 예문들을 통해서, 이 지점까지 학습한 문법을 바탕으로 "what + 불완전한 문장"을 사용한 작문을 해보도록 합시다.

> 대중들이 바라는 것은 물질적 풍요로움이 아니라 정신적인 행복입니다.

What **people** (N: S) **want** (Vt) **is** (Be) not material **affluence** (N: C1) but mental **happiness** (N: C2).

- 한글을 영어로 작문할 때, 늘 "은", "는", "이", "가" 부분이 주어(S)가 된다는 것을 명심해 주세요. 즉, 위의 예문에서는 "바라는 것은"이 내용상 주어가 됩니다. 이런 경우, "what + 불완전한 문장"을 주어로 사용하여 작문할 수 있습니다.
- S + Be + C 완전한 문장을 사용한 것을 확인해 주세요.
- not A but B → "A가 아니라 B이다." 실전 Writing에서 자주 사용하니 반드시 암기해 주세요.

위의 문장에서, "What **people** (N: S) **want** (Vt)"는, "what + 불완전한 문장"이 주어로 사용된 경우입니다. "what + 불완전한 문장"이 주어로 사용될 경우는 늘 단수 취급을 한다는 것을 반드시 암기해 주세요. 또한, "What **people** (N: S) **want** (Vt)"가 주어(S), 본동사는 Be 동사, 그리고 **affluence** (N: C1)와 **happiness** (N: C2)가 각각 보어로 사용된, S + Be + C 완전한 문장임을 확인할 수 있습니다.

> 정부는 대중들이 원하는 것을 가능한 빠른 시일 내에, 충족시켜야 합니다.

The **government** (N: S) must **fulfill** (Vt) what **the public** (N: S) **wants** (Vt) as soon as possible.

- government는 정관사 the와 함께 사용해야 합니다.
- as soon as possible은 "가능한 한 빨리"란 의미를 가진 부사구로서, 언제든 적절히 사용할 수 있으니, 반드시 암기 후 사용해 주세요.
- S + Vt + O 완전한 문장을 사용한 것을 확인해 주세요.

위의 문장에서, 주어(S)는 명사인 government가 되고, 본동사는 "~을, 를 충족시키다"라는 의미를 가진 fulfill이란 타동사 입니다. 이미 학습을 한 대로, 타동사는 반드시 뒤에 목적어 또는 보어를 가져와야 하므로, 지금 같은 경우는, "what **the public** (N: S) **wants** (Vt)" 즉 "what + 불완전한 문장"을 타동사인 fulfill의 목적어로 가져온 것입니다. "what" 뒤를 살펴본다면, want라는 "~을, 를 원하다"라는 타동사의 목적어가 생략된 불완전한 문장임을 확인할 수 있습니다. as soon as possible은 부사처럼 언제든 사용할 수 있으니, 암기 후 적절한 경우에 사용해 주세요.

> 그러한 노력은 대부분의 사람들이 원하는 것일 것입니다.

Such an **effort** (N: S) would **be** (Be) what most **people** (N: S) **want** (Vt).

- 예측을 작문하고 싶다면, 늘 조동사 would를 사용해 주세요. 또한, 조동사 다음엔 반드시 동사원형을 사용해야 함을 기억해 주세요.
- such는 형용사로서, "그러한"이란 의미를 전달할 때 실전 Body 작성에서 자주 사용되니, 반드시 암기해 주세요. 또한, such는 어순이 늘, such a(an) N란 것을 같이 암기해 주세요.
- S + Be + C 완전한 문장을 사용한 것을 확인해 주세요.

앞의 문장에서, 주어(S)는 명사인 effort가 되고, 본동사는 Be 동사를 사용한 경우입니다. 이미 Day 1 에서 학습을 한 대로, 본동사로 Be 동사를 사용했다면, 이제 여러분이 사용할 수 있는 문장 구조는, S + Be, S + Be + C 두 가지의 완전한 문장밖에 존재하지 않는 것입니다. 지금 같은 경우는, "what **most people** (N: S) **want** (Vt)" 즉 "what + 불완전한 문장"을 보어(C)로 사용한 경우입니다. "what" 뒤를 살펴본다면, want라는 "~을, 를 원하다"라는 타동사의 목적어가 생략된 불완전한 문장임을 확인할 수 있습니다.

> 개인주의적 사람들이 추구하는 것은(S) 극단적으로 이기적인 그들만의 행복이였습니다.
> 그리고, 이것은 지금의 사회를 전보다 훨씬 나쁘게 만든 주된 이유 중 하나였습니다.

What individualistic **persons** (N: S) **pursue** (Vt) **is** (Be) their own extremely selfish **happiness** (N: C), the main **reason** (N) **that** (주격 관계 대명사) **makes** (Vt) **society** (N: O) much worse than ever before.

- "what + 불완전한 문장"을 주어(S)로 사용한 것을 확인해 주세요.

- "than ever before"은 언제든 부사처럼, 비교급 more 또는 -er을 문장의 앞부분에 사용하였다면 문장에서 사용할 수 있습니다. "전 보다 훨씬"이라는 의미를 가집니다.

- 앞으로 학습하게 될 "Syntax"를 사용하여 의미를 좀 더 효과적으로 전달할 수 있습니다. 사용된 Syntax의 모양은 아래와 같습니다. 지금 같은 경우 Syntax 사용의 핵심은, N(단수명사) 부분에, 앞쪽 Full Sentence(완전한 문장)의 내용을 집약할 수 있는 단어를 배치해야 한다는 것입니다. **Full Sentence, a(an) 단수명사 + 주격 관계 대명사 + 불완전한 문장**

위의 예문에서 살펴본 바와 같이, 여러분은 이제 천천히 완전한 문장과 품사를 사용한 기본적인 작문법에 접근하고 계십니다. Writing은 결국, 핵심 문법들을 공부 후, 수많은 예문을 통해 학습하는 것이니 가능한 한 많은 예문분석을 해보실 것을 추천합니다.

**❺ when, where, why, how, if, whether, that + 완전한 문장**

이제 마지막으로 "when, where, why, how, if, whether, that + 완전한 문장"에 대해서 학습해 보도록 합시다. 가장 좋은 학습방법은, 단순 암기입니다. when, where, why, how, if, whether, that 뒤에 완전한 문장을 사용할 경우, 주어(S), 목적어(O), 또는 보어(C) 자리에 사용할 수 있다고 반드시 암기해 주세요. 실전 작문에서는 "when, where, why, how, if, whether, that + 완전한 문장"이 목적어로 가장 많이 사용됩니다. 아래의 예문을 통해서, 좀 더 개념을 잡아 보도록 합시다.

This beneficial **influence** (N: S) of the enhanced brand image lucidly **proves** (Vt) an **epitome** (N: O) **of** (Prep) why all **workers** (N: S) have to **wear** (Vt) **uniforms** (N: O) in workplaces.

> 해석 강화된 브랜드 이미지의 이러한 유익한 영향은 모든 근로자가 작업장에서 유니폼을 착용해야 하는 이유를 명쾌하게 증명합니다.

위의 문장은, S + Vt + O 완전한 문장임을 쉽게 확인할 수 있습니다. 우리가 눈여겨 볼 부분은, 전치사 of의 목적어로 "why + 완전한 문장", 즉 "why + S + Vt + O" 문장을 사용하였다는 것입니다. Day 1에서 설명을 하였듯이, 세부 정보를 공급하기 위해서, 전치사를 사용하였으며, 전치사를 사용하였다면 반드시 뒤에 목적어를 사용해야 하기에, 지금 같은 경우, "why + 완전한 문장"인, "why all workers (N: S) have to wear (Vt) uniforms (N: O)"를 전치사의 목적어로 사용하였다는 것을 확인할 수 있습니다.

---

This negative **effect** (N: S) of the biased information indubitably **depicts** (Vt) how the **Internet** (N: S) **creates** (Vt) many **problems** (N: O) even complicated.

> 해석 편향된 정보의 이러한 부정적인 효과는 인터넷이 어떻게 많은 심지어 복잡한 문제들을 만들어 냈는지 의심의 여지 없이 묘사합니다.

위의 문장도 마찬가지로, 주어는 명사인 "effect", 본동사는 타동사인 "depict", 목적어는 "how + 완전한 문장" 으로, S + Vt + O 완전한 문장을 사용한 작문임을 쉽게 확인할 수 있습니다. 우리가 눈여겨 볼 부분은, 본동사인 타동사 depict의 목적어로 "how + 완전한 문장", 즉 "how + S + Vt + O"가 사용된 것을 확인해 주세요.

# 04 _작문

여기서, 지금까지 학습한 영문법들과 우리가 이 책을 통해 앞으로 학습할 영문법 들을 미리 사용하여 특정한 해석상 의미를 전달하기 위해 영문법이 어떻게 문장 속에서 사용되는지 간단한 작문을 통해 학습해 보는 시간을 가져보도록 하겠습니다. 너무 어렵다고 생각하지 마시고, 하나씩 학습해 간다고 생각해 주길 바랍니다.

> 생산 시설(production facility. N)의 자동화(automation. N)로 무장한(armed. Adj) 많은 기업들은 이전보다 더 큰 이익을 만들어 내고 있습니다.

Many **businesses** (N: S), **armed** (P.P) with the automation of production facilities, **make** (Vt) more **profit** (N: O) than ever before.

- 명사 business를 주어로, 타동사 make를 본동사로, 명사 profit을 목적어로 사용한 S + Vt + O 완전한 문장이 사용된 것을 확인해 주세요.

- 아직 학습 하진 않았지만, 명사 business 뒤에 P.P를 사용하여 명사 business에 대한 해석상 세부 정보를 공급하고 있음을 확인해 주세요. 이 책에서는 이러한 명사 후치 수식을 수식 2번이라고 정의하며, Day 7 수식 부분에서 학습하게 됩니다.

- 의미 전달상 "과거보다 더"라는 의미의 비교급을 사용하고 싶을 땐, 문장에서 more를 사용한 다음, 문장 가장 끝에 than ever before만 붙여주면 되니, 비교급 사용법을 여기서 반드시 암기해 주세요.

> 하지만, 점점 더 많은 노동자들이 슬프게도(sadly though. 삽입구) 그들의 일자리(jobs. N)를 잃고(lose. Vt) 있습니다.

**However** (Adv), more and more **workers** (N: S), **sadly though** (삽입구), **lose** (Vt) their **jobs** (N: O) gradually.

- 명사 worker를 주어로, 타동사 lose를 본동사로, 명사 job을 목적어로 사용한 S + Vt + O 완전한 문장이 사용된 것을 확인해 주세요.

- 문장 가장 앞에 사용된 however은 "접속사"가 아닌 "부사"임을 반드시 암기해 주세요. Day 6 접속사 부분에서 접속사에 대해 자세하게 학습하겠지만, 접속사는 완전한 문장을 연결할 때 사용하는 것으로서, 부사는 완전한 문장을 연결하는 기능이 없으며 단지 문장에서 해석상 의미를 좀 더 명확하게 하기 위해 사용한다는 것을 반드시 암기해 주세요.

- 또한, sadly though는 "슬프게도"라는 해석상 의미를 전달하는 삽입구로서, 자신만의 논리 전개 시 글의 맥락을 조절할 때 유용하게 사용될 수 있는 기술이니, 반드시 암기해 두도록 합시다. 문장 속에서 다양한 삽입구의 사용은 이 책의 많은 예문을 통해서 확인할 수 있을 것입니다.

> 노동자들의 일자리를 차지한(taking over. Adj) 자동화된 기계(automated machines. N)들은 분명(certainly. Adv) 우리의 평균적인 삶의 수준(living standard. N)을 향상시켰지만, 그 기계들이 늘 사회에 긍정적인 효과만을 가져온 것은 아닙니다.

Automated **machines** (N: S) **taking** (V-ing) over the jobs of the workers certainly **improve** (Vt) our overall **standard** (N: O) of living, **but** (등위 접속사) those **machines** (N: S) do not always **bring** (Vt) only positive **effects** (N: O) to society.

- 명사 machine을 주어로, 타동사 improve를 본동사로, 명사 standard를 목적어로 사용한 S + Vt + O 완전한 문장과 명사 machine을 주어로, 타동사 bring을 본동사로, 명사 effect를 목적어로 사용한 S + Vt + O 완전한 문장이 앞으로 학습하게 될 등위 접속사 but을 사용하여 연결된 것을 확인해 주세요.

- 명사 machine을 주어로 하는 첫 번째 완전한 문장에서, 주어인 machine에 대한 해석상 세부 정보인 "차지한"이라는 의미를 공급하기 위해 Day 7 수식 부분에서 학습하게 될 V-ing가 사용된 것을 확인해 주세요.

> 사람들이 환경을 오염시키는 것을 막는데(prevent. Vt) 있어서,

**Of** (Prep) **preventing** (Vt-ing) **people** (N: O) **from** (Prep) **polluting** (Vt-ing) the **environment** (N: O),

- "~에 있어서"라는 표현은 실전 Writing에서 빈번하게 사용해야 하므로, 아래의 문장 구조를 미리 암기한 후 반드시 실전 작문에서 사용해 주세요.

- S + prevent / prohibit / stop / keep / hold  N  from  V-ing
  → [해석] 주어(S)가 막다 N가 V-ing를

- 위의 예문은 보이는 바와 같이 완전한 문장이 아닙니다. 완전한 문장을 사용하여 주가 되는 해석상 의미를 전달하기 전에, 위의 예문처럼 전치사를 완전한 문장의 시작 전에 먼저 사용하여, 최대한 세부 정보를 미리 공급하는 작문 습관을 길러야만 합니다.

- 전치사 of의 목적어로 V-ing를 사용하였으며, V-ing의 V 자리에, 타동사 prevent를 사용하였으므로 V-ing는 타동사의 성질을 여전히 가지고 있어, 뒤에 목적어로 명사인 people을 사용해 준 것을 확인해 주세요. 또한, prevent는 문장에서 사용 시 늘 특정한 방법으로 사용되니, 반드시 위의 prevent 구문을 암기한 후 작문 시 적재적소에 사용해 주세요.

이제 그럼, 오늘 학습한 내용을 천천히 다시 복습해 보시면서 앞쪽에서 학습한 예문들에서 어떤 완전한 문장의 모양들이 사용되었으며, 그 완전한 문장의 각각의 주어(S), 목적어(O), 보어(C) 자리에 오늘 학습한 품사의 모양 중 어떤 모양들이 사용되었는지를 반드시 다시 확인해 보는 시간을 가져 보시길 바랍니다.

# 5
# Day

**Body 작성**
예비 연습

French poet Jacques Rigaut said, "Don't forget that I cannot see myself, that my role is limited to being the one who looks in the mirror."

# Day 5

## Body 작성

>>>>>>>>>>>>>>>>>>>> - 예비 연습 - <<<<<<<<<<<<<<<<<<<<

오늘은, 지난 4일동안 학습한 완전한 문장, 불완전한 문장, 그리고 품사를 사용하여, IELTS Writing의 Body를 한번 작성해 보도록 합시다. 우리가 배운 기초적인 문법 지식에 여러분이 암기한 단어를 결합하는 순간, 놀랍게도 꽤나 그럴듯한 문장이 완성될 수 있다는 것을 여러분 스스로 확인하는 시간을 가졌으면 합니다. 물론, 많은 연습과 단어 암기, 그리고 복습이 병행되어야 하겠지만, 여러분은 더 이상 무식하게 모범답안을 암기하지 않아도 되니 얼마나 행복한 일인지요?

자 그럼, 본격적으로 IELTS Task 2 Writing의 Body 작성을 시작해 보도록 합시다. 기본적으로 IELTS Writing Task 2 Essay의 유형은 크게 5가지로 분류됩니다. What Extent / Agree / Disagree, Discuss Both Views, Advantage & Disadvantage, Advantage Outweighs Disadvantage, Cause & Solution 입니다. 우리는, 모든 5가지 유형의 Essay에서, 일관되게 Introduction, Body 1, Body 2, 그리고 Conclusion, 즉 4개의 Paragraph(문단)를 작성할 것입니다.

여기서 중요한 것은, 늘 모든 Body는 아래의 순서처럼 Logical flow(논리 흐름)를 따라 작성해야 한다는 것입니다. Logical flow는 Body 작성 시 자신만의 논리를 펼쳐 나가는 일종의 Guide 라고 생각하시면 됩니다. IELTS 시험을 오랫동안 공부했으나, Writing에서 6.0 내지 6.5 점수대에 갇힌 많은 학생분께서, Logical flow를 학습하신 후, 7.0을 넘어섰습니다. 그렇다면, 대체 무엇이 Logical flow 일까요? Logical flow는 Body 작성 시, 여러분께서 자신의 의견을 피력하기 위해 사용할 Supporting idea에 대한 논리 전개 순서를 의미하며, 동시에 주어진 Thesis를 구체화 시키는 과정을 의미합니다.

Thesis 구체화는 고득점, 즉, 7.0 이상의 점수를 위해서는 필수적 요건입니다. 대부분의 학생분께서 주어진 Thesis에 대해 자신의 생각 또는 의견을 구체화시켜 답변하지 못하시고, 추상적인 내용만을 서술하기에, Task Response 항목에서 점수 획득에 실패해 결국 고득점에 실패하게 되는 것입니다. 또한, Essay 작성 시 자신의 의견에 대한 논리적 맥락을 Body에 형성해야 함에도, 대체 어떻게 논리적 맥락이란 것을 만들 수 있는 지, 그 방법을 알지 못해 번번이 고득점 달성에 실패하고 계십니다. 자 이제 논리적 맥락 형성의 방법을 제시합니다. 다음의 도식을 통해 논리적 맥락 형성과 Thesis 구체화 방법을 자세히 확인해 보시기 바랍니다.

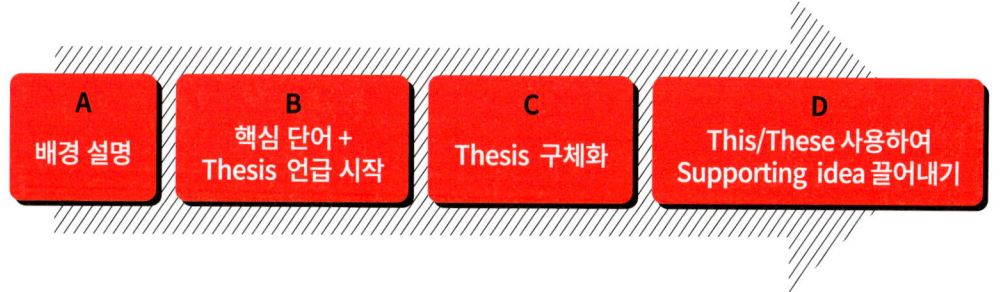

① 그렇다면, 다음 예제 문제를 통해서, 좀 더 자세히 학습해 보도록 하겠습니다.

> Q: Some people think schools should have more influence in children's development than parents. To what extent do you agree or disagree with the above statement?

만약, 문제가 위와 같이 주어진다면,

**1)** 먼저 여러분은 자신의 의견을 결정해야 합니다. 의견 결정은 굉장히 쉽습니다. 동의할 것인가? 동의하지 않을 것인가? 한쪽을 택해서 결정하면 됩니다. 지금 같은 경우, 저는 "학교들이 부모님들 보다 더 큰 영향력을 가져야 한다"는 의견에 동의하도록 하겠습니다. 자, 이제 의견을 결정하였다면,

**2)** 나의 의견을 뒷받침할 Supporting idea를 떠올려야 합니다. Supporting idea는 Body의 내용을 집약해서 보여줄 수 있는 "형용사(Adj) + 명사(N)" 또는 "Vt-ing + N" 형태로 만들어 내는 것이 가장 이상적입니다.

**3)** 그다음, 여러분은 주어진 Thesis에서 핵심 단어를 추출해 내야 합니다. 그럼, 핵심 단어는 대체 무엇인가?

**핵심 단어는 "Thesis"에서 주어진 문제에 대해 "답변"하기 위해 필요한 단어입니다.** 즉, Body에서 본격적으로 논리를 전개해 나갈 때 반드시 핵심 단어를 사용해 주시기 바랍니다. 이것은 글이 "산"으로 가는 것을 막기 위한 방편입니다. 그럼 다음의 예제 문제에서, 핵심 단어가 무엇인지 확인해 보도록 하겠습니다.

> **예제문제**
>
> **Q**: With all the problems in the world today, spending money on space exploration is a complete waste. The money could be better spent on other causes. To what extent do you agree or disagree?

주어진 Thesis는 "우주탐사에 돈을 소비하는 것은 완벽한 낭비이며, 돈은 다른 사회적 목표들을 위해서 더 잘 사용될 수 있다"고 언급합니다. 그리고, 그것에 동의하는지, 동의하지 않는지를 질문합니다. 주어진 지금의 Thesis에 대한 답변을 하기 위해, 여러분이 Thesis에서 뽑아내어 사용할 단어들은, "spending money on space exploration", "waste", "better spent on other causes" 임을 쉽게 확인할 수 있습니다. 이 단어들이 여러분이 Body에서 논리 전개 시 사용해야 할 핵심 단어들입니다.

**4)** 이제, Supporting idea 가 결정되고 핵심 단어들을 추출해 냈다면, Logical flow 를 따라서 Body 작성을 시작하면 됩니다.

### Logical flow A_배경 설명 →

경제적 윤택함(economic abundance. N) 속에서 어려움을 모르고 자란 현대의 아이들(children. N)은 극단적으로(extremely. Adv) 그들 자신만의 이익(benefit. N)을 추구합니다 (pursue. Vt).

**Grown** (P.P) up in economic abundance **and** (연결사) consequentially not **knowing** (V-ing) any hardships in life, modern **children** (N: S) extremely **pursue** (Vt) their own benefit (N: O).

- 지금의 경우는, 본동사가 일반동사가 돼야 합니다. 왜냐하면, 추구하고 있다는 행위에 관한 정보를 전달하고 있기 때문입니다.

- 또한, Day 1에서 학습한 5가지 완전한 문장의 모양 중, 어떤 모양을 사용할지를 결정해야 합니다. 저는 S + Vt + O 완전한 문장을 사용하도록 하겠습니다.

- 차후 Syntax 부분에서 학습하겠지만, 지금 같은 경우 Syntax를 사용하여, 좀 더 자연스럽게 의미를 전달할 수 있습니다. 문장 맨 앞에 P.P를 배치하여, P.P가 완전한 문장의 주어를 수식해 주는 구조를 사용하여 작문해 보도록 합시다.  P.P _____ , S + Vt + O

- 완전한 문장을 제외한 모든 것을 연결하는 것을 "연결사"라고 합니다. 주로 사용하는 연결사로는 and, but, or이 있습니다.
- 완전한 문장으로 S+Vt+O가 사용된 것을 확인해 주세요.

### Logical flow B_핵심 단어 + Thesis 언급 시작 →

그러한(those. Adj) 아이들의 개인적인(individualistic. Adj) 성향(tendency. N)은, 부모의 교육을 통해서(through. Prep)가 아니라, 학교 교육을 통해서만 교정(correct. Vt)되어질 수 있습니다.

Those **individualistic** (Adj) **tendencies** (N: S) of children would **be** (Be) **corrected** (P.P) only through school education, not through education by parents.

- Those를 사용하여, 바로 앞에서 언급한 A 문장과, 지금 언급하고 있는 B 문장 사이에, "내용상 Hook"을 걸 수 있다는 것을 반드시 기억해 주세요.
- 또한, 전달하려는 의미가, "되어 진다"라는 수동의 의미이므로, S + Be + P.P 완전한 문장을 사용하여, 의미를 전달할 수 있습니다. 주로 내용상 주가 되는, 즉 한국말 표현에서 "은", "는", "이", "가" 부분이 작문 시 문장의 주어(S)가 된다는 것을 명심해 주세요.
- "완전한 문장 + 전치사 1 + 목적어 1, not 전치사 2 + 목적어 2" → 해석상 "두 번째 전치사가 아닌, 첫 번째 전치사"라는 의미를 전달할 수 있습니다. 실전 Writing에서 빈번하게 사용되니, 반드시 암기 부탁드립니다.

### Logical flow C_Thesis 구체화 →

학교는 통제된(controlled. Adj) 환경(circumstance. N) 속에서, 훈련된(well-trained. Adj) 선생님들이 아이들에게 무엇이 올바른 것(righteous things. N)인지를 집중적으로(intensively. Adv) 교육시키는 교과 과정을 공급합니다.

**In** (Prep) a **controlled** (Adj) **circumstance** (N: O), a **school** (N: S) **provides** (Vt) **children** (N: O) with the education **curriculum** (N) **in which** (전치사 + 관계 대명사) well-trained **teachers** (N: S) can **intensively** (Adv) **instill** (Vt) a **concept** (N: O) of righteous things on children.

- [ "수식 1번", 즉 "전치사 + 목적어"를 문장 맨 앞에 배치한 경우, 전치사의 목적어가 끝나는 지점에 늘 "콤마"를 찍어 주세요. "수식 1번"의 종류 중 하나인, 부사를 문장 맨 앞에 배치한 경우도 늘 부사 뒤에 "콤마"를 찍어주세요.

- S + provide A with B → 주어가 공급하다 A에게 B를.

- 세부 정보 공급을 위한 "전치사 + 목적어", 즉 수식 1번은 가급적 문장의 맨 앞에 배치시켜 주세요.

- 차후 학습하게 되겠지만, 전치사 + 관계 대명사를 사용해서 앞에 있는 명사에 대한 보충설명을 해줄 경우 그 뒤는 "부수적인 완전한 문장"을 반드시 배치해야 합니다. 아래 문장의 경우처럼, 명사 뒤에 "전치사 + 관계 대명사"인 "in which"를 사용할 경우, "부수적인 완전한 문장"을 사용하여, 앞쪽에 있는 명사 curriculum에 대해 "세부 정보"를 공급할 수 있습니다.

- S + instill A on B → "주어가 주입시키다 A를 B에게".

- 명사 school을 주어로, 타동사 provide를 본동사로, 명사 children을 목적어로 사용한 S + Vt + O 완전한 문장을 사용한 것을 확인해 주세요.

### Logical flow D_This/These 사용하여 Supporting idea 끌어내기 →

이러한(this. Adj) 능률적인(efficacious. Adj) 학교의 교육 시스템은, 왜 학교들이 부모님들보다 더 많은 영향력을 가져야 하는지를 분명하게 증명합니다(prove. Vt).

This efficacious **school education system** (N: S) indubitably **proves** (Vt) **why the schools should have more influence than the parents** (why + full sentence: O).

- Body의 마지막 문장에서는, 늘 This 또는 These를 사용하여, Body에서 언급한 모든 내용을 Supporting idea와 연결시키는 것이 필수입니다. This 또는 These를 사용한 "내용상 Hook"을 걸어야만, Logical flow(A→B→C→D)가 완성됨을 반드시 명심해 주세요.

- "why + Full Sentence"가 "~을, 를 증명하다"라는 타동사 prove의 목적어로 사용됩니다.

- efficacious는 academic vocabulary로서 "능률적인"이란 형용사입니다. 암기 부탁드립니다.

- S + Vt + O 완전한 문장을 사용한 것을 확인해 주세요.

**5)** 자, 이제 그럼 Logical flow를 사용하여 완성하고 좀 더 내용을 첨가한 대략적인 Body 1을 확인해 보도록 합시다.

### [ Body 1 ]

    Efficacious school system clearly demonstrates the matter pertaining to this theme. Grown up in economic abundance and consequentially not knowing any hardships in life, modern children extremely pursue their own benefit. Those individualistic tendencies of children, inappropriate to mingle well with others, would be corrected only through school education, not through education by parents. Though some parents try to fix the individualistic tendencies of their children, children tend to consider their parents' discipline as just nagging, not placing much importance on it. However, in a controlled circumstance, a school provides children with the education curriculum in which well-trained teachers can intensively instill a concept of righteous things on children. This efficacious school education system indubitably proves why the schools should have more influence than the parents. (Words: 126)

What Extent / Agree / Disagree, Discuss Both Views, Advantage & Disadvantage, Advantage Outweighs Disadvantage, Cause & Solution 5가지 유형의 Essay에서 우리는 늘 일관되게 모든 Body 작성 시, 위에서 작성한 경우처럼 Logical flow(논리 흐름)를 따라 Body를 작성해야 한다는 것을 반드시 명심해 주세요.

**❷** 그렇다면, 이제 잘못된 Body 전개 방법에 대해서도 한번 학습해 보도록 합시다. 다음의 예시는 잘못된 논리 전개의 전형입니다. "Supporting idea"와 "나의 의견" 사이에 논리적 연결 고리가 존재하지 않기 때문입니다. 자세히 살펴보도록 합시다.

만약, "왜 우리는 환경을 보존해야 합니까?" 라는 Thesis가 주어졌다고 가정해 봅시다. 우리는 환경을 보존해야 하는 이유로 "이산화탄소 배출"이라는 "Supporting idea"를 사용하기로 합니다. 그리고, 작문을 시작합니다. 대략적인 논리는 다음와 같습니다.

─────────── [ Body 1 ] ───────────

이산화 탄소의 배출은 환경에 나쁜 영향을 끼칩니다. → 그러므로 우리는 환경을 보존해야 합니다.

위와 같은 논리 전개는 Supporting idea인 "이산화탄소 배출"과, 나의 의견인 "환경 보호" 사이에 아무런 논리적 연계성이 없기에, 망하는 Writing의 전형적인 예입니다. 그렇다면, 대체 어떻게 수정을 해야 할까요?

Supporting idea인 "이산화탄소 배출"과 나의 의견인 "환경 보호" 사이에 논리적 연계성을 만들어주기 위해, "인과관계"로 글을 끌고 가시면서 좀 더 "구체적" 설명을 더해 준다면, 논리적 연계성을 형성하는데 상당한 도움이 됩니다. Body 작성 시 이러한 역할을 하는 것이 Logical flow의 역할인 것입니다. 즉, 본격적인 Body 작성을 시작할 때, 늘 Logical flow를 따라, "인과관계"로 Body의 내용을 끌고 가신다면 상당히 논리적인 글이 만들어진다는 점을 명심해 주세요. 예시는 아래와 같습니다.

─────────── [ Body 1 ] ───────────

이산화탄소의 배출은 환경에 나쁜 영향을 끼칩니다. → 배출된 이산화탄소는 공기 중으로 흘러가 결국 바다에 녹습니다. → 이러한 결과는 지구 환경을 궁극적으로 변화시킵니다. → 그 결과, 지구 환경은 인간이 살 수 없는 환경으로 바뀔 수 있습니다. → 그러므로 우리는 환경을 보존해야 합니다.

위의 수정된 Body 1을 통해, Body에서 Logical flow를 사용해 어떻게 논리성을 확보하는지 확인할 수 있을 것입니다. 자 그럼, 다음의 예제를 통해 좀 더 Logical flow의 개념을 확인하기 전, 잠시 휴식의 시간을 가지시길 바랍니다.

❸ 자 이제 충분히 휴식을 취하셨을 것이니, 그럼 다음의 예제를 통해 Body의 Logical flow를 다시 학습해 보도록 합시다.

> **예제문제**
>
> **Q**: Racial discrimination has been widespread in spite of many efforts. <u>What extent do you agree or disagree?</u>

**1)** 만약 여러분이 주어진 Thesis에 동의한다면, "인종 차별은 널리 퍼져 있다."가 여러분이 선택한 의견인 것입니다. 만약, 여러분이 주어진 Thesis에 동의하지 않는다면, "인종 차별은 널리 퍼져 있지 않다."가 여러분이 선택한 의견이 되는 것입니다.

**2)** 이제, Thesis에서 핵심 단어를 추출해 냅니다. "racial discrimination", "widespread", 그리고 "efforts"가 내용상 핵심적인 의미를 전달하고 있음을 쉽게 확인할 수 있습니다.

**3)** 나의 의견을 뒷받침할 Supporting idea를 생각해 냅니다. 동시에, Template을 사용하여 Introduction을 작성하고, 아래처럼 Body 1의 첫 번째 문장을 완성합니다.

최근 미국의 정치적 변화는 이 주제와 관련된 문제를 분명히 보여줍니다.

A recent political **change** (N: S) in the U.S. indubitably **illustrates** (Vt) the **matter** (N: O) pertaining to this theme.

- 명사 change를 주어로, 타동사 illustrate를 본동사로, 명사 matter를 목적어로 사용한 S + Vt + O 완전한 문장이 사용된 것을 확인해 주세요.
- 주어로 사용한 명사 change가 단수이므로, 본동사인 타동사 illustrate에 s를 붙여서, "수의 일치"를 맞춰 준 것을 확인해 주세요.

**4)** Logical flow를 따라 Body 1을 작성합니다.

🔴 **Logical flow A_배경 설명 →**

많은 사람들은 늘(as ever. Adv) 극악무도한(nefarious. Adj), 뿌리 깊은(rooted. Adj) 인종차별은(racial discrimination. N) 절대 사라지지(disappear. Vi) 않을 것이라 생각하는 경향이(tend. Vt) 있습니다.

Many **people** (N: S) **tend** (Vt) **to believe** (To + V: O) that the deeply rooted racial **discrimination** (N: S), **nefarious** (Adj) as ever, will never **disappear** (Vi).

> 명사 people을 주어로, 타동사 tend를 본동사로, To + V인 to believe를 목적어로 사용한 S+Vt+O 완전한 문장이 사용된 것을 확인해 주세요.

> 완전한 문장에서 목적어로 사용한 To + V에서, V에 타동사인 believe를 사용하였으므로, 타동사의 성질로 인해 뒤에 "that + S + Vi 완전한 문장"이 타동사 believe의 목적어로 사용된 것을 확인해 주세요.

> Adj(형용사)를 사용해 명사 뒤에서 명사에 대한 세부 정보를 공급하는 수식 2번이, 타동사 believe의 목적어로 사용된 that + S + Vi 완전한 문장의 명사 주어인 discrimination에 대한 세부 정보를 공급하고 있음을 확인해 주세요. 즉, 형용사 nefarious가 명사 주어인 discrimination을 후치 수식해주고 있습니다. 수식 관련 부분은 Day 7에서 학습하게 될 것이지만, 미리 문장에서 어떻게 사용되는지 꾸준하게 눈에 익혀 두길 바랍니다.

> as ever은 "늘 그러듯이"라는 해석상 의미를 전달할 수 있으며, 부사처럼 언제든 문장의 어느 부분에서든 사용할 수 있으므로, 암기 후 의미전달을 위해 적재적소에 사용해 주세요.

🔴 **Logical flow B_핵심 단어 + Thesis 언급 시작 →**

그러나 예상치 못하게도(unexpectedly though. 삽입구), 과거에는 다소(somewhat. Adv) 불가능한 꿈이라고 여겨졌던(consider. Vt), 미국의 흑인 대통령 바락 오바마(Barack Obama)는 가장 강력한 권한(authority. N)을 전세계에 행사하였습니다(wield. Vt).

**However** (Adv), **unexpectedly though** (삽입구), having been considered somewhat an impossible dream in the past, the black **President** (N: S) of the U.S., Barack Obama, **wielded** (Vt) the most potent **authorities** (N: O) over the world.

- 부사를 문장 가장 앞에 사용할 경우, 반드시 콤마를 찍어야 함을 암기해 주세요.

- 명사 President를 주어로, 타동사 wiled를 본동사로, 명사인 authority를 목적어로 사용한 S + Vt + O 완전한 문장이 사용된 것을 확인해 주세요. 또한, 명사 President는 늘 정관사 the와 함께 사용되며, 첫 글자는 늘 대문자로 적어야 함을 반드시 암기해 주세요.

- 이번에도 역시 삽입구 unexpectedly though를 사용하여 논리전개 시 글의 맥락을 조절하고 있음을 확인해 주세요.

### Logical flow C_Thesis 구체화 →

정치 권력(political power. N)의 핵심에 발을 들여 놓은 그와 함께, 거의 대부분의 흑인(the black. N)들은 이제는 과거에는 꿈도 꾸지 못했던 수준의 자유(freedom. N)와 평등(equality. N)을 누리고 있습니다.

**With** (Prep) his **stepping** (V-ing: O) **into** (Prep) the **heart** (N: O) of the political power, almost all the **blacks** (N: S) in the U.S. now **enjoy** (Vt) the equivalent **level** (N: O) **of** (Prep) **freedom** (N1: O1) **and** (연결사) **equality** (N2: O2) **which** (주격 관계 대명사) even could not **be** (Be) **dreamed** (P.P) of in the past.

- 문장 가장 앞에 전치사를 배치할 경우, 전치사의 목적어가 끝나는 부분에 반드시 콤마를 찍어야 함을 암기해 주세요.

- 명사 black을 주어로, 타동사 enjoy를 본동사로, 명사인 level을 목적어로 사용한 S + Vt + O 완전한 문장이 사용된 것을 확인해 주세요.

- 또한, 전치사 of의 목적어로 사용된 명사 freedom과 equality는 Day 7에서 학습하게 될 수식의 종류 중 하나인, 주격 관계 대명사를 사용하여 세부 정보를 공급해 주었으며, 주격 관계 대명사 뒤는 주어가 생략된 Be + P.P 불완전한 문장이 사용된 것을 확인해 주세요.

---

비록 인종 차별이 완전히(entirely. Adv) 근절되지는(eradicate. Vt) 않았지만, 이제는 흑인 변호사, 흑인 의사 및 군대의 흑인 장성을 보는 것은 더 이상 드문 일이 아닙니다.

**Though** (접속사) racial **discrimination** (N: S) **is** (Be) not entirely **eradicated** (P.P), **it** (N: S) **is** (Be) **now** (Adv) not **uncommon** (Adj: C) anymore **to see** (To + Vt: 진주어) the black **lawyers** (N1: O1), **black doctors** (N2: O2), and (연결사) even black **admirals** (N3: O3) in the army.

> 명사 discrimination을 주어로, Be 동사 is를 본동사로, 과거분사인 eradicated를 P.P로 사용한 S + Be + P.P 완전한 문장과, 대명사 it을 가주어로, Be 동사 is를 본동사로, 형용사 uncommon을 보어로 사용한 S + Be + C 완전한 문장이 부사 접속사 though를 사용해서 연결돼 있는 것을 확인해 주세요. 가주어/진주어는 Day 12에서 자세하게 학습하게 될 것입니다.

> 진주어로 사용된 To + V의 V 자리에 타동사 see를 사용하였으므로, 이미 학습하신 대로 To + V 사용시의 규칙에 따라, 타동사의 성질이 남아있어 타동사 see의 목적어로 명사 lawyer, doctor, admiral를 사용한 것을 확인해 주세요.

### Logical flow D_This/These 사용하여 Supporting idea 끌어내기 →

이처럼(as shown. Adv), 미국의 최근 정치적 변화는 인종 차별이 수용 가능한 수준 또는 수용 가능한 수준 아래로 희미해(dim. Adj)졌음을 분명히(explicitly. Adj) 증명합니다(prove. Vt).

As shown, these recent political **changes** (N: S) in the U.S. explicitly **prove** (Vt) **that** racial **discrimination** (N: S) **becomes** (Vt) **dim** (Adj: C) **at** (Prep 1) **or** (연결사) **below** (Prep 2) some acceptable **level** (N: O).

> as shown은 본격적인 Essay 작성 학습 시 암기하게 되실 Logical flow D Template에서 사용하는 표현이므로, 미리 암기해 두시기 바랍니다. 늘 부사처럼 사용할 수 있으며, 해석상 "이처럼"이라는 의미를 전달할 수 있습니다.

> 명사 change를 주어로, 타동사 prove를 본동사로, that S + Vt + C 완전한 문장을 목적어로 사용한 S + Vt + O 완전한 문장이 사용된 것을 확인해 주세요.

> 또한, 전치사 at과 below를 연결사인 or이 연결하고 있음을 확인해 주세요.

**5)** 이제 아래의 완성된 Body 1을 확인해 보도록 하겠습니다.

## [ Body 1 ]

A recent political change in the U.S. indubitably illustrates the matter pertaining to this theme. Many people tend to believe that the deeply rooted racial discrimination, nefarious as ever, will never disappear. However, unexpectedly though, having been considered somewhat an impossible dream in the past, the black President of the U.S., Barack Obama, wielded the most potent authorities over the world. With his stepping into the heart of the political power, almost all the blacks in the U.S. now enjoy the equivalent level of freedom and equality which even could not be dreamed of in the past. Though racial discrimination is not entirely eradicated, it is now not uncommon anymore to see the black lawyers, black doctors, and even black admirals in the army. As shown, these recent political changes in the U.S. explicitly prove that racial discrimination becomes dim at or below some acceptable level. (Words: 146)

# 6 Day

## Conjunction
접속사

Nietzsche wrote, "The irrationality of a thing is not an argument against its existence, rather a condition of it."

# Day 6

## Conjunction

>>>>>>>>>>>>>>>>>>>>   - 접속사 -   <<<<<<<<<<<<<<<<<<<<

단도직입적으로 대체 접속사란 무엇일까요? 대답은 간단합니다. 영어에서 접속사란, 완전한 문장 2개를 연결할 때 반드시 사용해야 하는 것임을 기억해 주세요. 접속사는 수많은 이름을 가지고서 그 종류에 따라 분류되어 있지만, 이 책에서는 학습의 편의를 위해 크게 그 해석상, 문법상 고유의 성질에 따라, 등위 접속사(Conjunction 1), 부사 접속사(Conjunction 2), 그 밖의 접속사 (Conjunction 3), 즉 3가지로 분류합니다.

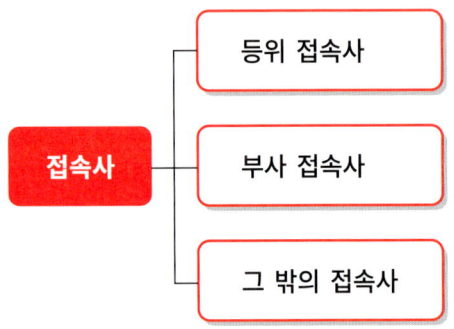

영작을 할 때, "접속사"마다 분명 다른 사용법과 성질이 있기에 처음 접속사를 학습하실 때 완벽하게 암기해 두시기 바랍니다. 기본적으로, 접속사는 위의 도식에서 확인할 수 있듯이 3가지, 즉, "등위", "부사", "그 밖의 접속사"로 분류되며, 3가지 접속사를 각 성질과 해석, 본인이 전달하려는 내용에 맞춰 적절하게 사용한다면, L1 수준의 Writing에서 볼 수 있는 자연스러운 의미 전달을 만들어 낼 수 있습니다.

**접속사 ➡ "완전한 문장 두 개"를 연결할 때 반드시 사용**

접속사는 사실 학생분들이 Writing을 하실 때 가장 많이 실수를 범하는 개념이기도 합니다. 그럼, 한 학생분이 첨삭을 위해 전송해 주신 Essay에서 접속사 부분에 오류가 있었던 문장을 다음에서 한번 확인해 보도록 하겠습니다.

Automated **machines** (N: S) taking over the positions of the workers have incontestably **advanced** (Vt) our living **standard** (N: O), as shown, not at all **effects** (N: S) **are** (Be) **positive** (Adj: C).

위의 문장은 명사 machine을 주어로 사용한 S + Vt + O 완전한 문장과, 명사 effect를 주어로 사용한 S + Be + C 완전한 문장이 접속사가 없이 연결돼 있는 경우입니다. 즉, 완전한 문장(Full Sentence) 2개를 연결하여 내용을 전달할 경우 반드시 접속사를 사용해야만 하는 것입니다. 접속사를 사용해야만, 아래와 같이 적어도 문법적으로 오류가 없는 문장이 되는 것입니다.

Automated **machines** (N: S) taking over the positions of workers have incontestably **advanced** (Vt) our living **standard** (N: O), **but** (접속사) as shown, not at all **effects** (N: S) **are** (Be) **positive** (Adj: C).

자, 그럼 이제 본격적으로 접속사를 학습해 보도록 합시다.

**❶** 먼저 "등위 접속사"부터 알아보도록 합시다. "등위 접속사"에는 대표적으로 and, but, or, so, for, yet 6가지가 존재합니다. 또한, 등위 접속사는 그 이름처럼 접속사 이기에, 두 개의 완전한 문장(Full Sentence)을 연결하는 데 사용합니다. 등위 접속사는 특히 완전한 문장들이 전달하려는 내용이 서로 독립적, 내지 대등한 경우 사용하는 접속사입니다.

완전한 문장들이 전달하려는 내용이 서로 "독립적", 내지 "대등"하다는 것은 무엇을 의미하는 것일까요? 아래의 예제를 통해서 자세히 알아보도록 하겠습니다.

**Society** (N: S) **is** (Be) **full** (Adj: C) of lies, **and** (등위 접속사) **people** (N: S) **prefer** (Vt) **to use** (To + V: O) private vehicles.

**해석** 세상은 거짓말로 가득 차 있으며, 사람들은 개인 차량을 선호합니다.

위의 예문에서 등위 접속사 and를 사용하여, 완전한 문장 2개를 연결하였습니다. 첫 번째 완전한 문장은, 문장분석을 통해 확인할 수 있는 것처럼 명사 society를 주어로 사용한 S + Be + C 완전한 문장이 사용되었으며, 두 번째 완전한 문장은 명사 people을 주어로 사용한 S + Vt + O 완전한 문장이 사용되었습니다. 일단 문법적인 요소는 논외로 하고, 위 예문의 해석을 바탕으로 여러분이 작문 시 언제 등위 접속사를 사용해야 하는지 학습해 보도록 합시다.

해석상 첫 번째 완전한 문장인 S + Be + C 완전한 문장은 "세상은 거짓말로 가득 차 있다"라는 의미를 전달합니다. 또한, 두 번째 완전한 문장인 S + Vt + O 완전한 문장은 "사람들은 개인 차량을 선호한다"라는 의미를 전달하고 있습니다. 여기서 중요한 것은, "세상은 거짓말로 가득 차 있다"라는 첫 번째 완전한 문장이 전달하는 내용과 "사람들은 개인 차량을 선호한다"라는 두 번째 완전한 문장이 전달하는 내용이 서로 대등한 정보란 점입니다. 즉, 어느 하나의 완전한 문장이 전달하는 내용이 다른 하나의 완전한 문장이 전달하는 내용에 종속되지 않는다는 점입니다.

이렇듯, 어느 하나의 완전한 문장이 전달하려는 내용이, 다른 하나의 완전한 문장이 전달하려는 내용과 서로 대등한 관계를 유지하고 있다면, 여러분은 완전한 문장 두 개를 사용하여 작문을 할 경우, 등위 접속사(Conjunction 1)를 사용해야 합니다.

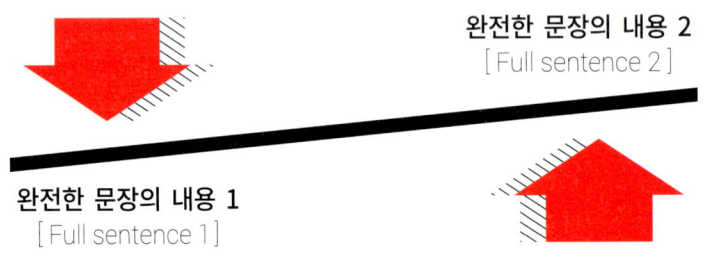

**완전한 문장의 내용 2**
[ Full sentence 2 ]

**완전한 문장의 내용 1**
[ Full sentence 1 ]

❷ 이제, 등위 접속사를 영작에 사용할 경우, 여러분이 사용할 수 있는 등위 접속사의 문법적 성질에 대해 알아보도록 하겠습니다. 등위 접속사는 첫 번째 완전한 문장의 주어와 두 번째 완전한 문장의 주어가 내용상 같다면, 등위 접속사 뒤의 주어를 생략할 수 있습니다. 이것은 선택적인 요소로서, 앞쪽의 주어와 등위 접속사 뒤쪽의 주어가 같다 하여 반드시 등위 접속사 뒤쪽의 주어를 생략해야 하는 것은 아닙니다. 다만, 영어는 같은 의미가 반복되는 것을 그리 좋아하는 언어가 아니라서, 등위 접속사를 사용하여 완전한 문장 두 개를 연결할 경우, 만약 앞쪽 완전한 문장의 주어와 등위 접속사 뒤쪽 완전한 문장의 주어가 같다면, 등위 접속사 뒤쪽의 주어를 생략해 주는 것이 합리적인 선택입니다.

S + Be + C, **and** (S ← 생략 가능) + Vt + O

다음의 예문을 통해서 확인해 보도록 하겠습니다.

**Environmental pollution** (N: S) **is** (Be) **one** (N: C) of the most urgent and severe problems, **and** (등위 접속사) **environmental pollution** (N: S) **makes** (Vt) the life **quality** (N: O) of people much worsened.

**해석** 환경 오염은 가장 시급하고 심각한 문제 중 하나이며, 환경 오염은 사람들의 삶의 질을 더욱 악화시킵니다.

위의 예문은 등위접속사 and를 사용하여 "S + Be + C 완전한 문장"과 "S+ Vt + O 완전한 문장"을 연결한 경우로, 앞쪽 완전한 문장의 주어 environmental pollution과 등위 접속사 뒤쪽 완전한 문장의 주어 environmental pollution이 해석상 같은 경우입니다. 이런 경우, 등위 접속사 뒤쪽의 주어를 생략해 줄 수 있으며, 결과는 아래와 같습니다.

**Environmental pollution** (N: S) **is** (Be) **one** (N: C) of the most urgent and severe problems, **and** (등위 접속사) **makes** (Vt) the life **quality** (N: O) of people much worsened.

**❸** 이제 등위 접속사 사용시의 콤마 사용법에 대해서 학습해 보도록 합시다. 많은 학생분께서 영작을 할 때 도대체 콤마를 어떻게 사용해야 할지 제대로 학습할 방법이 없어 난감해하시는 경우를 자주 보았습니다. 사실 콤마는 실전 Writing에서 사용할 몇 가지 규칙들만 학습하시면 됩니다. 그 중 한가지가 지금부터 다룰 등위 접속사 사용시의 콤마 사용법입니다.

**A)** 등위 접속사를 사용하여 아래처럼 완전한 문장 두 개를 연결할 경우, 즉 등위 접속사를 두 개의 완전한 문장 사이에 배치하여 두 개의 완전한 문장들을 연결할 경우, 전달하려는 "내용상 의미"에 따라 콤마를 찍고, 찍지 않고를 결정해야 합니다.

만약, 앞쪽 완전한 문장이 전달하는 내용상 의미와 뒤쪽 완전한 문장이 전달하는 내용상 의미가 서로 연속성, 즉 상관관계를 가질 경우, 콤마를 찍지 않아야 합니다.

> 완전한 문장(Full Sentence) **등위 접속사** 완전한 문장(Full Sentence).
> 예문: 나는 매일 밤 야식을 먹었습니다 **and** 점점 체중이 증가하게 되었습니다.

앞의 예문에서 확인할 수 있듯이, 앞쪽 완전한 문장이 전달하는 내용인 "매일 밤 야식을 먹었다"는 뒤쪽 완전한 문장이 전달하는 내용인 "점점 체중이 증가하게 되었다"와 내용상 연속성, 즉 상관관계를 가지게 됩니다. 다시 말해, 매일 밤 야식을 먹은 것과 증가하게 된 체중은 내용상 연속성을 가지게 되는 것입니다. 이처럼, 전달하는 내용에서 연속성, 즉 상관관계를 가지게 된다면, 등위 접속사 사용시 콤마를 사용하지 않아야 합니다.

하지만, 만약 앞쪽 완전한 문장이 전달하는 내용상 의미와 뒤쪽 완전한 문장이 전달하는 내용상 의미가 서로 연속성을 가지지 않는다면, 즉 그 내용들이 서로 상관관계를 가지지 않고 서로 완전히 독립적일 경우에는 등위 접속사 사용시 콤마를 찍어야 합니다.

> 완전한 문장(Full Sentence) **,** **등위 접속사** 완전한 문장(Full Sentence).
> 예문: 나는 매일 밤 야식을 먹었습니다 **, and** 늘 Mazeltov 작문책을 저녁에 공부하였습니다.

위의 예문에서 확인할 수 있듯이, 앞쪽 완전한 문장이 전달하는 내용인 "매일 밤 야식을 먹었습니다"는 뒤쪽 완전한 문장이 전달하는 내용인 "늘 Mazeltov 작문책을 저녁에 공부하였습니다"와 내용상 연속성을 가지지 않습니다. 즉, 매일 밤 야식을 먹은 것과 저녁에 늘 Mazeltov 작문책을 공부한 것은 내용상 상관관계를 가지지 않습니다. 이처럼, 아무런 상관 관계가 없는, 즉 연속성이 전혀 없는 내용들을 등위 접속사를 사용하여 전달할 경우, 등위 접속사 앞에 콤마를 찍어야만 합니다.

또한, 등위 접속사는 아래의 경우처럼 절대로 문장 가장 앞에 배치하여 사용할 수 없다는 것을 반드시 암기해 주세요.

> **등위 접속사** 완전한 문장(Full Sentence) **,** 완전한 문장(Full Sentence)
> ⇒ 등위 접속사 사용시 대표적 틀린 사용법

**B)** 그럼 이제, 실전 Writing에서 가장 혼동되는 등위 접속사 관련 콤마 사용법의 한가지 경우를 학습해 보도록 합시다. 만약, 여러분께서 Day 4에서 학습하신 "that + 완전한

문장(Full Sentence)"을 본동사인 타동사(Vt)의 목적어(O)로 사용하여, S + Vt + O 완전한 문장을 사용하였다면, 가장 흔한 문장 구조는 다음과 같은 모습을 띠게 됩니다.

> S + Vt + **that 완전한 문장**

하지만, 만약 타동사(Vt)의 목적어로 사용한 "that + 완전한 문장"을 아래의 경우처럼 등위 접속사를 사용하여 두 개의 완전한 문장으로 구성한다면 콤마를 찍어야 할까요? 찍지 말아야 할까요?

> S + Vt + **that 완전한 문장** 등위 접속사 **완전한 문장**

위의 경우처럼, 타동사의 목적어로 "that 완전한 문장"을 사용하였고, that 완전한 문장에서 등위 접속사를 사용하여 두 개의 완전한 문장을 사용한다면, 등위 접속사 앞에 콤마를 찍지 않는 것을 원칙으로 함을 반드시 암기해 주세요.

**④** 그럼 이제, 몇 가지의 등위 접속사를 사용한 예문들을 확인해 보도록 합시다.

> 등위 접속사 ➜ **and** (그리고), **but** (그러나), **or** (또는), **so** (그래서), **for** (왜냐면), **yet** (그러나)

길은 어두웠지만, 리드는 천천히 길을 발견했다.

The **path** (N: S) **was** (Be) **dark** (Adj: C), **yet** (등위 접속사) **Reid** (N: S) slowly **found** (Vt) his **way** (N: O).

- 첫 번째 완전한 문장으로 S + Be + C 완전한 문장이, 두 번째 완전한 문장으로 S + Vt + O 완전한 문장이 사용된 것을 확인해 주세요.
- 두 개의 완전한 문장이 등위 접속사 yet를 사용해서 연결된 것을 확인해 주세요.

- 첫 번째 완전한 문장의 주어와 두 번째 완전한 문장의 주어가 각각 path와 Reid 로서, 해석상 같지 않으므로 등위 접속사 뒤쪽의 주어인 Reid를 생략할 수 없다는 것을 확인해 주세요.

---

대중교통(public transportation. N) 시스템은 대개 매일(on a daily basis. N) 오전 12시경에 운행을 중단하므로, 다른 수단(option. N)들이 없는 일반 대중은 집에 돌아가기 위해 개인 차량(private vehicle. N)을 이용할 것입니다.

The public transportation **system** (N: S) usually **stops** (Vt) its **operation** (N: O) around 12 am on a daily basis, **so** (등위 접속사) **the public** (N: S) with no options will **use** (Vt) their private **vehicles** (N: O) to get back home.

- 첫 번째 완전한 문장으로 명사 system을 주어로 사용한 S + Vt + O 완전한 문장이, 두 번째 완전한 문장으로 명사 the public을 주어로 사용한 S + Vt + O 완전한 문장이 사용된 것을 확인해 주세요.
- 두 개의 완전한 문장이 등위 접속사 so를 사용해 연결된 것을 확인해 주세요.
- 첫 번째 완전한 문장의 주어와 두 번째 완전한 문장의 주어가 각각 system과 the pubic으로, 해석상 같지 않아 등위 접속사 뒤쪽의 주어인 the public을 생략할 수 없다는 것을 확인해 주세요.
- 작문 시 문장 가장 끝에 To + V를 사용한다면 해석상 "~하기 위해서"라는 의미를 전달할 수 있다는 것을 암기해 주세요.

---

선택의 여지 없이 스마트 폰을 사용하는 사람들은 전자기파(electromagnetic wave. N)에 취약(susceptible. Adj)해지고, 결과적으로 많은 사람들이 암(cancer. N)이나 치매(dementia. N)와 같은 다양한 유형의 질병(disease. N)을 앓고 있습니다(suffer. Vt).

**People** (N: S), **having** (Vt-ing) no choice but to use smartphones, **become** (Vt) **susceptible** (Adj: C) **to** (Prep) those electromagnetic **waves** (N: O), **and** (등위 접속사) **consequently** (Adv) have been **suffering** (Vt) various types of **diseases** (N: O) **such as** (Prep) **cancer** (N1: O1) **or** (연결사) **dementia** (N2: O2).

- 첫 번째 완전한 문장으로 명사 people을 주어로 사용한 S + Vt + C 완전한 문장이, 두 번째 완전한 문장으로 S + Vt + O 완전한 문장이 사용된 것을 확인해 주세요.

- 두 개의 완전한 문장이 등위 접속사 and를 사용해 연결된 것을 확인해 주세요.

- 첫 번째 완전한 문장의 주어와 두 번째 완전한 문장의 주어가 각각 people이므로, 해석상 같아 등위 접속사 뒤쪽의 주어를 생략해 준 것을 확인해 주세요.

- 첫 번째 완전한 문장의 주어인 명사 people에, 수식 2번 V-ing 모양(having)을 사용해 내용상 세부 정보를 공급해준 것을 확인해 주세요. 수식 2번은 다음 장에서 학습하게 되지만, 명사 뒤에서 명사에 대한 세부 정보를 공급하는 방법이 수식 2번이라는 것을 미리 알아 두도록 합시다.

---

소셜 미디어(social media. N)가 잊혀 짐에 대한 두려움(fear. N)의 상승(rise. N)에 기여(contribute. Vi)하고 있다고 오랫동안 제안(suggest. Vt)되어 왔지만, 일부 전문가(expert. N)는 문제가 더욱 심각(serious. Adj)할 수 있다고 경고(warn. Vt)합니다.

**It** (N: S) has long **been** (Be) **suggested** (P.P) that social media is contributing to the rise in fear of missing out, **but** (등위 접속사) some **experts** (N: S) **warn** (Vt) the **problem** (N: S) may **be** (Be) more **serious** (Adj: C).

- 첫 번째 완전한 문장으로 대명사 it을 가주어로 사용한 S + Be + P.P 완전한 문장이, 두 번째 완전한 문장으로 명사 expert를 주어로 사용한 S + Vt + O 완전한 문장이 사용된 것을 확인해 주세요.

- 두 번째 완전한 문장에서 본동사인 타동사 warn의 목적어로 "that + S + Be + C 완전한 문장" 이 사용되었으며, "that + 완전한 문장"이 목적어로 사용될 경우 that을 생략할 수 있으므로, 지금 같은 경우 "that"이 생략되고 "the problem may be more serious"가 타동사 warn의 목적어 역할을 하고 있다는 것을 확인해 주세요.

- 두 개의 완전한 문장이 등위 접속사 but을 사용해 연결된 것을 확인해 주세요.

- 첫 번째 완전한 문장의 주어와 두번째 완전한 문장의 주어가 각각 가주어 it과 expert로서, 해석상 같지 않으므로 등위 접속사 뒤쪽의 주어인 expert를 생략할 수 없다는 것을 확인해 주세요.

**❺** 이제 부사 접속사에 대해 학습해 보도록 합시다.

"부사 접속사"는 앞에서 학습한 등위 접속사와 달리, "두 개의 완전한 문장"이 전달하는 내용상 의미가 서로 대등하지 않을 경우 사용하는 접속사입니다. 다시 말해, 하나의 완전한 문장이 전달하는 내용상 의미가, 다른 하나의 완전한 문장이 전달하는 내용상 의미에 종속되는 경우에 사용하는 접속사인 것입니다. 즉, 어느 하나의 완전한 문장이 전달하는 내용 또는 의미가, 다른 하나의 완전한 문장이 전달하는 내용 또는 의미에 종속되거나, 또는 어느 하나의 완전한 문장이 전달하는 내용상 의미가, 다른 하나의 완전한 문장이 전달하는 내용상 의미에 대한 보충 설명의 역할을 하는 경우, 여러분께서는 부사 접속사(Conjunction 2)를 사용하여 완전한 문장을 연결해야 하는 것입니다.

여기서 잠시, 여러분께서 앞쪽에서 학습하신 "수식 1번"에 대해 복기해 보도록 하겠습니다. 영어에서 "수식"이란 것은 "세부 정보"를 공급하기 위한 수단이며, 수식 1번에는 부사(Adv)와 전치사(Prep)가 존재하였습니다. 즉, 영어에서 "부사(Adv)"라 함은 늘 세부 정보를 공급하는 역할을 합니다. "부사 접속사" 역시 그 이름에서 명확하게 알 수 있듯이, 2개의 완전한 문장을 사용하여 작문을 할 경우, 하나의 완전한 문장이 다른 나머지 하나의 완전한 문장에 대한 내용상 "세부 정보 공급" 또는 "보충 설명"을 목적으로 쓰여질 경우, 여러분께서는 부사 접속사를 사용해야 하며, 보충 설명을 하는 역할을 하는 완전한 문장을 부사 접속사 뒤에 배치해야 하는 것입니다. 아래의 도식을 통해 확인할 수 있듯이, 부사 접속사는 어느 하나의 완전한 문장이 전달하는 내용상 의미가, 다른 하나의 완전한 문장이 전달하는 내용상 의미에 대한 세부 정보 공급을 목적으로 할 경우 사용되어 집니다.

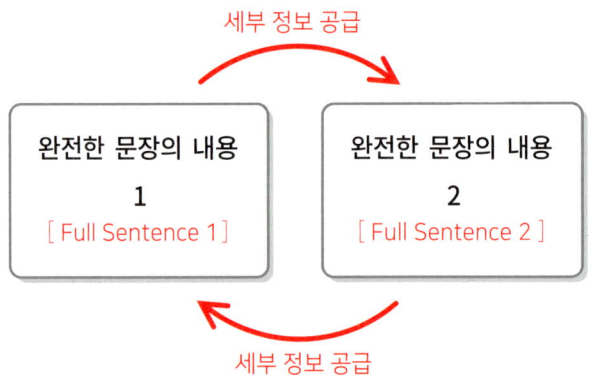

**❻** 이제, 부사 접속사를 작문에 사용할 경우, 여러분이 사용할 수 있는 부사 접속사의 문법적 성질에 대해 알아보도록 하겠습니다. 부사 접속사의 종류를 암기하기 이전에 부사 접속사의 성질부터 먼저 학습해야만 문법적으로 올바르게 부사 접속사를 사용할 수 있습니다.

부사 접속사는 첫 번째 완전한 문장의 주어와 두 번째 완전한 문장의 주어가 해석상 같다면, 부사 접속사 뒤의 주어를 생략할 수 있습니다. 이 부분까지는 등위 접속사와 부사 접속사의 문법적 성질이 같습니다. 하지만, 부사 접속사를 사용하여 완전한 문장 두 개를 연결할 경우, 만약 첫 번째 완전한 문장의 주어와 두 번째 완전한 문장의 주어가 해석상 같아서, 부사 접속사 뒤의 주어를 생략해 준다면, 반드시 생략된 주어가 포함된 완전한 문장의 본동사를 -ing로 바꾸어 줘야만 합니다. 즉, 완전한 문장 2개의 주어가 해석상 같아서 부사 접속사 뒤의 주어를 생략한다면, 생략된 주어가 포함된 완전한 문장의 본동사의 모양 또한 -ing로 바꿔줘야만 하는 것입니다. 본동사의 모양을 -ing로 변형시키는 것은 선택적인 요소가 아닌 필수적인 요소입니다. 아래의 도식을 통해 좀 더 명확하게 확인해 보도록 합시다.

A) 부사 접속사 뒤 완전한 문장의 본동사가 일반 동사인 경우.
도식에 나타나 있는 완전한 문장은 편의상 여러분께서 이미 이전에 학습하신 5가지의 완전한 문장, S + Be, S + Be + C, S + Vt + O/C, S +Vi, S + Vi + Prep + O 중 제가 선택한 것입니다.

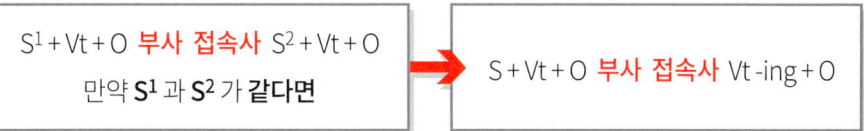

B) 부사 접속사 뒤 완전한 문장의 본동사가 Be 동사인 경우.

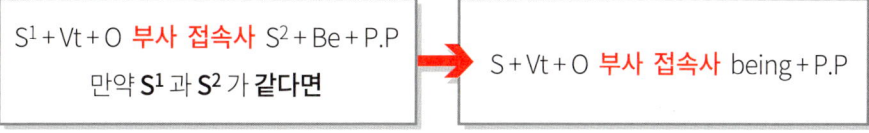

위의 경우에서 확인할 수 있듯이, 만약 부사 접속사 뒤 완전한 문장의 본동사가 Be 동사인 경우, 완전한 문장 두 개의 주어가 해석상 같아서, 부사 접속사 뒤의 주어를 생략해 준다면, 생략된 주어가 포함된 완전한 문장의 본동사인 Be 동사를 -ing로 만들어 줘야 합니다. 다소 어색하게 보이겠지만, 최종적으로 "S + Vt + O 부사 접속사 being + P.P"의 형태가 만들어집니다. 여기서 만약 P.P를 내용상 강조해 주고 싶다면, being을 생략시키지 않고 남겨두면 되고, 만약 P.P를 내용상 강조해 주고 싶지 않다면, being을 생략시켜 최종적인 모양은 "S + Vt + O 부사 접속사 P.P"의 형태가 만들어집니다.

여기서 잠시, being과 관련된 중요한 영작기술 한 가지를 학습해 보도록 하겠습니다. 여러분께서 영작을 하실 때, S + Be + C 완전한 문장을 사용하는 경우, 만약 보어(C)를 해석상 강조해 주고 싶다면, 본동사인 Be 동사와 보어(C) 사이에 being을 사용할 수 있다는 점입니다. 장차 많은 예문들에서 다루게 될 영작 기술이므로, 지금 반드시 암기해 두시기 바랍니다.

> S + Be + C 완전한 문장의 강조 ➡ S + Be + **being** + C

**❼** 이제 부사 접속사 사용시의 콤마 사용법에 대해서 학습해 보도록 합시다.

**A)** 부사 접속사를 문장 맨 앞에 배치하여 두 개의 완전한 문장을 연결할 경우, 첫 번째 완전한 문장, 즉 부사 접속사 뒤의 완전한 문장이 끝나는 지점에는 반드시 아래처럼 콤마를 찍어야만 합니다.

> **부사 접속사** 완전한 문장(Full Sentence)**,** 완전한 문장(Full Sentence).

**B)** 부사 접속사를 사용하여 아래처럼 완전한 문장 두 개를 연결할 경우, 즉 부사 접속사를 두 개의 완전한 문장 사이에 배치하여 완전한 문장들을 연결하려고 하는 경우, 부사 접속사 앞에는 콤마를 찍어도 되고 찍지 않아도 됩니다. 이런 경우는, 콤마를 찍고 찍지 않고는 철저하게 글의 맥락으로 판단하시면 됩니다. 글의 맥락, 즉 의미 전달상 쉬어 가는 포인트를 만들고 싶다면 콤마를 찍어 주시면 되고, 쉬어 가는 포인트를 만들 필요가 없다면 콤마를 찍지 않아도 됩니다. 즉, 부사 접속사를 두 개의 완전한 문장 사이에 배치한 경우는 콤마를 찍든 찍지 않든 문법적으로 오류가 없으니, 편하게 생각하시면 됩니다.

> 완전한 문장(Full Sentence) **, 부사 접속사** 완전한 문장(Full Sentence).
> 완전한 문장(Full Sentence) **부사 접속사** 완전한 문장(Full Sentence).

❽ 그럼 이제, 몇 가지 부사 접속사를 사용한 예문들을 확인해 보도록 합시다. IELTS Writing 시험을 위해 영문법에 존재하는 모든 부사 접속사를 암기할 필요는 없으므로, 여러분이 실전 Writing 시험에서 사용할 아래의 부사 접속사 몇 개 정도만 반드시 암기해 두도록 합시다.

### 부사 접속사

| | | | | | |
|---|---|---|---|---|---|
| when | ~할 때 | whereas | 반면에 | since | ~이기 때문에 |
| while | ~하는 동안, 반면에 | if | 만약 ~라면 | because | ~이기 때문에 |
| though | ~라도, ~인데도 불구하고 | unless | 만약 ~가 아니라면 | as | ~함으로써, ~하는 동안 |
| although | ~라도, ~인데도 불구하고 | until | ~할 때까지 | once | 일단 ~하기만 하면 |
| even though | 심지어 ~라도 | after | ~후에 | now that | 이제 ~이니까 |
| by the time | ~할 때까지 | before | ~전에 | in that | ~라는 측면에 있어서 |

대부분의(most. Adj) 학생들이 가족과 함께 살 때 다른 가족 구성원이 항상 집안일(chore. N)을 돌봐주기 때문에 가사일(household chore. N) 부담(burdensome. Adj)이 얼마나 되는지 알지 못합니다.

**When** (부사 접속사) **living** (Vi-ing) **with** (Prep) their **family** (N: O), most **students** (N: S) do not **know** (Vt) how much burdensome household **chores** (N: S) **are** (Be) **because** (부사 접속사) other family **members** (N: S) always **care** (Vi) **about** (Prep) **chores** (N: O).

- 첫 번째 완전한 문장으로 S + Vi+ Prep + O 완전한 문장이, 두 번째 완전한 문장으로 명사 student를 주어로 하는 S + Vt + O 완전한 문장이, 세 번째 완전한 문장으로 명사 member을 주어로 하는 S + Vi + Prep + O 완전한 문장이 사용된 것을 확인해 주세요.

- "how + 완전한 문장"을 타동사의 목적어로 사용하고, 특히나 "얼마나 ~ 한지"라는 의미를 전달하고 싶을 때, "how much C(Adj: C) + S + Be"의 모양을 실전 Writing에서 가장 많이 사용한다는 것을 암기해 주세요. 지금 같은 경우, 정상 어순의 "how + 완전한 문장"이라면 "how much S + Be + C 완전한 문장"이 되어야 하지만, 보어(C)를 앞으로 배치시켜, "how much C(Adj: C) + S + Be", 즉 일종의 도치가 이루어져 타동사의 목적어로 사용될 수 있다는 것을 반드시 암기해 주세요.

- 세 개의 완전한 문장이 부사 접속사 when, because를 사용해서 연결된 것을 확인해 주세요.

- 첫 번째 완전한 문장의 주어와 두 번째 완전한 문장의 주어가 각각 student로 해석상 같아, 부사 접속사 뒤쪽의 주어를 생략하고 생략된 주어가 포함된 완전한 문장의 본동사인 live를 -ing 모양인 living으로 변형시킨 것을 확인해 주세요.
- 부사 접속사가 문장 가장 앞에 사용되었으므로, 부사 접속사 뒤의 완전한 문장이 끝나는 지점에 콤마를 사용한 것을 확인해 주세요.
- 또한, 부사 접속사 "because" 앞에는 절대로 콤마를 찍을 수 없다는 것을 암기해 주세요.

---

이러한 추세(trend. N)는 모든 학교 과목(school subject. N)의 우수한 성적(grade. N)이 명문 대학(prestigious school. N)에 입학하거나(get acceptance) 나중에(in later life) 고임금 직업을 얻는 데 필수적(required. Adj)이기 때문에 그 어느 때 보다 훨씬 강해졌습니다.

Such a **trend** (N: S) even has **become** (Vt) much **stronger** (Adj: C) than ever before **because** (부사 접속사) good **grades** (N: S) on all school subjects **are** (Be) **required** (P.P) to get acceptance from prestigious universities or high-paying jobs in later life.

- 첫 번째 완전한 문장으로 명사 trend를 주어로 하는 S + Vt + C 완전한 문장이, 두 번째 완전한 문장으로 명사 grade를 주어로 하는 S + Be + P.P 완전한 문장이 사용된 것을 확인해 주세요.
- 두 개의 완전한 문장이 부사 접속사 because를 사용해 연결된 것을 확인해 주세요.
- 첫 번째 완전한 문장의 주어와 두 번째 완전한 문장의 주어가 각각 trend와 grade로 해석상 같지 않아, 부사 접속사 뒤쪽의 주어를 생략할 수 없다는 것을 확인해 주세요.
- 부사 접속사 "because" 앞에는 절대로 콤마를 찍을 수 없다는 것을 암기해 주세요.

---

세상이 발전함에 따라 불가능(impossible. Adj)한 것으로 여겨졌던 것이 성취(fulfill. Vt) 되었습니다.

**As** (부사 접속사) the **world** (N: S) has **developed** (Vi), **what was once considered impossible** (what + 불완전한 문장: S) has **been** (Be) **fulfilled** (P.P).

- 첫 번째 완전한 문장으로 명사 world를 주어로 사용한 S + Vi 완전한 문장이, 두 번째 완전한 문장으로 "what+ 불완전한 문장"을 주어로 사용한 S + Be + P.P 완전한 문장이 사용된 것을 확인해 주세요.

- 두 개의 완전한 문장이 부사 접속사 as를 사용해 연결된 것을 확인해 주세요.

- develop은 타동사, 자동사 둘 다로 사용이 가능하며, 자동사로 사용될 경우 "발전 되어지다"라는 수동의 의미전달이 가능함을 기억해 주세요.

- 첫 번째 완전한 문장의 주어와 두 번째 완전한 문장의 주어가 각각 "world"와 "what + 불완전한 문장"으로 해석상 같지 않아, 부사 접속사 뒤쪽의 주어를 생략해 줄 수 없다는 것을 확인해 주세요.

- 부사 접속사가 문장 가장 앞에 사용되었으므로, 부사 접속사 뒤의 S + Vi 완전한 문장이 끝나는 지점에 콤마를 사용한 것을 확인해 주세요.

---

모든 해로운(harmful. Adj) 알코올 및 담배 광고(advertisement. N)는 전적으로(entirely. Adv) 없어질 수는 없겠지만, 그러한(such. Adj) 유해한 광고(commercials. N)는 정부 개입(government intervention. N)으로 효율적으로(efficiently. Adv) 통제(control. Vt)될 수 있습니다.

**Though** (부사 접속사) all harmful alcohol and tobacco **advertisements** (N: S) cannot **be** (Be) **eradicated** (P.P) **entirely** (Adv), such harmful **commercials** (N: S) can **be** (Be) efficiently **controlled** (P.P) by the government intervention.

- 첫 번째 완전한 문장으로 명사 advertisement를 주어로 사용한 S + Be + P.P 완전한 문장이, 두 번째 완전한 문장으로 명사 commercial을 주어로 사용한 S + Be + P.P 완전한 문장이 사용된 것을 확인해 주세요.

- 두 개의 완전한 문장이 부사 접속사 though를 사용해서 연결된 것을 확인해 주세요.

- 첫 번째 완전한 문장의 주어와 두 번째 완전한 문장의 주어가 각각 advertisement와 commercial로 해석상 같지만, 의미 전달상 굳이 부사 접속사 뒤의 주어를 생략하고 싶지 않다면, 부사 접속사 뒤의 주어를 지금처럼 생략하지 않고 남겨두어도 상관없다는 것을 확인해 주세요.

- 부사 접속사가 문장 가장 앞에 사용되었으므로, 부사 접속사 바로 뒤의 S + Be + P.P 완전한 문장이 끝나는 지점에 콤마를 사용한 것을 확인해 주세요.

---

우주여행(space travel. N)의 예산(budget. N)이 우리의 상상을 초월하기 때문에 겉보기에 (seemingly. Adv) 긍정적인(positive. Adj) 우주여행은 전례가 없는(unprecedented. Adj) 부정적인(negative. Adj) 문제(issue. N)들을 만들고 있습니다.

This seemingly positive space **travel** (N: S) has been **making** (Vt) unprecedented negative **issues** (N: O) **because** (부사 접속사) the **budget** (N: S) of space travel **is** (Be) **way** (N: C) beyond our imagination.

- 첫 번째 완전한 문장으로 명사 travel을 주어로 사용한 S + Vt + O 완전한 문장이, 두 번째 완전한 문장으로 명사 budget을 주어로 사용한 S + Be + C 완전한 문장이 사용된 것을 확인해 주세요.
- 두 개의 완전한 문장이 부사 접속사 because를 사용해 연결된 것을 확인해 주세요. 또한, 부사 접속사 "because" 앞에는 절대로 콤마를 찍을 수 없다는 것을 암기해 주세요.
- 첫 번째 완전한 문장의 주어와 두 번째 완전한 문장의 주어가 각각 travel과 budget으로 해석상 같지 않아, 부사 접속사 뒤의 주어를 생략해 줄 수 없다는 것을 확인해 주세요.

---

폐기물 재활용과 같은 사소한(trivial. Adj) 활동을 정기적으로 수행(implement. Vt)할 수 있다면 이러한(such. Adj) 오해(misunderstanding. N)는 점차 해소될 수 있습니다.

**If** (부사 접속사) trivial **activities** (N: S) **like** (Prep) **recycling** (Vt-ing) **waste** (N: O) can **be** (Be) regularly **implemented** (P.P), such **misunderstanding** (N: S) can **be** (Be) gradually **broken** (P.P).

- 첫 번째 완전한 문장으로 명사 activity를 주어로 하는 S + Be + P.P 완전한 문장이, 두 번째 완전한 문장으로 명사 misunderstanding을 주어로 하는 S + Be + P.P 완전한 문장이 사용된 것을 확인해 주세요.
- 두 개의 완전한 문장이 부사 접속사 if 를 사용해 연결된 것을 확인해 주세요.

- 첫 번째 완전한 문장의 주어와 두 번째 완전한 문장의 주어가 각각 activity와 misunderstanding으로 해석상 같지 않아, 부사 접속사 뒤쪽의 주어를 생략할 수 없다는 것을 확인해 주세요.

- like는 영작을 할 때 "~와 같은"이란 의미의 전치사로 사용할 수 있다는 것을 확인해 주세요.

- 부사 접속사가 문장 가장 앞에 사용되었으므로, 부사 접속사 뒤의 S + Be + P.P 완전한 문장이 끝나는 지점에 콤마를 사용한 것을 확인해 주세요.

**9** 이제 "그 밖의 접속사"로 분류된 접속사를 학습해 보도록 합시다. 그 밖의 접속사는 여러 다양한 이름으로 알려져 있지만, 학습의 편의성을 위해 이 책에서는 그 밖의 접속사로 분류해 놓았습니다. 또한, 모든 "그 밖의 접속사"를 암기할 필요는 없기에, 실전에서 자주 사용할 몇 가지의 "그 밖의 접속사"만 암기해 두도록 합시다. 또한, "그 밖의 접속사"는 실전 IELTS Writing에서 빈번히 사용하는 접속사로서 그 중요성이 작다 할 수 없기에 최선을 다해서 아래의 접속사 종류와 그 의미를 암기해 주시기 바랍니다.

| 그 밖의 접속사 | | | |
|---|---|---|---|
| as soon as | ~하자마자 | in case | ~의 경우에 |
| as long as | ~하는 한 | so that | ~할 수 있도록 |
| providing that | ~하다면, ~한다면 | so/such~that | 너무 ~해서, ~ 하다 |
| provided that | ~하다면, ~한다면 | as if | 마치 ~인 것처럼 |
| given that | ~을 고려하면 | except that | ~을 제외하고 |
| much like | ~처럼 | lest | ~하지 않기 위하여 |

모든 광고 회사가 정부 규정(regulation. N)을 준수(comply. Vi)해야 한다면, 모든 도발적(provocative. Adj)이고 해로운(harmful. Adj) 광고 내용(content. N)들은 철저히(thoroughly. Adv) 검열(censor. Vt)될 수 있습니다.

Any provocative and harmful **contents** (N: S) in the advertising can **be** (Be) thoroughly **censored** (P.P) **provided that** (그 밖의 접속사) all the advertising **companies** (N: S) must **comply** (Vi) **with** (Prep) the government **regulations** (N: O).

- 첫 번째 완전한 문장으로 명사 content가 주어로 사용된 S + Be + P.P 완전한 문장이, 두 번째 완전한 문장으로 명사 company가 주어로 사용된 S + Vi + Prep + O 완전한 문장이 사용된 것을 확인해 주세요.
- 두 개의 완전한 문장이 그 밖의 접속사 provided that을 사용해 연결된 것을 확인해 주세요.

---

지금까지(until now) 사람들이 끊임없이 환경을 보존(conserve. Vt)하려고 노력해 왔다는 것을 고려했을 때(given that. Conj 3), 나는 환경을 이전처럼 깨끗하게 되돌리는 것이 아직 늦지 않다고 주장합니다(state. Vt).

**Given that** (그 밖의 접속사) **people** (N: S) have been ceaselessly **trying** (Vt) **to conserve** (To + V: O) our environment until now, **I** (N: S) **state** (Vt) that **it** (N: S) **is** (Be) still not **late** (Adj: C) to return our environment as clean as before.

- 첫 번째 완전한 문장으로 명사 people을 주어로 사용한 S + Vt + O 완전한 문장이, 두 번째 완전한 문장으로 명사 I 를 주어로 사용한 S + Vt + O 완전한 문장이 사용된 것을 확인해 주세요.
- 두 번째 완전한 문장에서, 본동사인 타동사 state의 목적어로 "that + S + Be + C 완전한 문장"이 사용된 것을 확인해 주세요.
- 타동사 state의 목적어로 사용된 "that + S + Be + C 완전한 문장"에서 Day 12에서 학습하게 될, 가주어 it이 주어(S)로 사용된 것을 확인해 주세요.
- 두 개의 완전한 문장이 그 밖의 접속사 given that을 사용해 연결된 것을 확인해 주세요.

---

정부(government. N)는 보다 효과적인(effective. Adj) 정책(policy. N)을 준비(prepare. Vi)하고 시작(initiate. Vt)할 수 있도록 각 요소를 세부적으로(in details) 개별적(separately. Adv)으로 정의(define. Vt)하고 설명(describe. Vt)해야 합니다.

The **government** (N: S) must **define** (Vt1) **and** (연결사) **describe** (Vt2) **each** (N: O) of those elements separately in details **so that** (그 밖의 접속사) **it** (N: S) could **prepare** (Vi) **for** (Prep) **and** (연결사) **initiate** (Vt) more effective **policies** (N: O).

- 첫 번째 완전한 문장으로 명사 government를 주어로 사용한 S + Vt + O 완전한 문장이, 두 번째 완전한 문장으로 대명사 it을 주어로 사용한 완전한 문장이 사용된 것을 확인해 주세요.

- government를 주어로 하는 첫 번째 완전한 문장에서 연결사 and를 사용하여 타동사 define과 타동사 describe, 즉 본동사를 2개 사용하고 있다는 것을 확인해 주세요. 또한, 정부를 의미하는 명사인 government를 사용할 때는 늘 정관사 the를 사용해야 함을 반드시 암기해 주세요.

- 또한, it을 주어로 하는 두 번째 완전한 문장에서 자동사 prepare과 타동사 initiate를 연결사인 and로 연결하여, 본동사를 2개 사용하고 있다는 것을 확인해 주세요.

- 비교급 more는 than이 없이 독립적으로 사용될 수 있다는 것을 암기해 주세요.

- 두 개의 완전한 문장이 그 밖의 접속사 so that을 사용해서 연결된 것을 확인해 주세요.

---

생물 다양성(biodiversity. N)은 그러한(such. Adj) 놀라운(alarming. Adj) 속도로 침식(erode. Vt)되어, 우리는 우리 행성의 생태계(web of life. N)를 지원(support. Vt)하는 많은 자연 보물(natural treasure. N)을 잃어버리게 됩니다.

**Biodiversity** (N: S) **is** (Be) being **eroded** (P.P) at **such** an alarming rate **that we** (N: S) **stand** (불완전 Vi) **to lose** (To + Vt: C) many of our natural treasures **that** (주격 관계대명사) **support** (Vt) the **web** (N: O) of life on our planet.

- 첫 번째 완전한 문장으로 명사 biodiversity를 주어로 사용한 S + Be + P.P 완전한 문장이, 두 번째로 대명사 we를 주어로 사용한 S + 불완전 Vi + C 완전한 문장이 사용되었으며 또한, 두 개의 완전한 문장이 접속사(such~ that)를 사용하여 연결되어 있는 것을 확인해 주세요.

- biodiversity를 주어(S)로 사용한 첫 번째 완전한 문장 S + Be + P.P에서 P.P를 강조하기 위해서 본동사인 Be 동사와 P.P 사이에 being을 사용한 것을 확인해 주세요.

- 또한, 대명사 we를 주어로 하는 두 번째 완전한 문장의 본동사인 stand는 "불완전 자동사"로서 뒤에 보어(C)를 가져올 수 있음을 반드시 암기해 주세요.

- Day 8에서 학습하게 될, 주격 관계 대명사 that을 사용하여 명사 natural treasure에 대한 세부 정보를 공급해준 것을 확인해 주세요.

- 두 개의 완전한 문장이 그 밖의 접속사 "such that"을 사용해 연결된 것을 확인해 주세요.

---

전 세계(around the world)의 많은 사람들은 "기분 좋음을 느끼는 것"이 불법(illegal. Adj)이지만, 전 세계 많은 사람들이 취하기(get drunk) 위해서 술(alcoholic beverage. N)을 마시고 니코틴을 섭취(take in)하기 위해서 담배(cigarette. N)를 피우는 것처럼, 광범위하게(extensively. Adv) 대마초(cannabis. N)를 사용합니다.

Many **people** (N: S) around the world **use** (Vt) **cannabis** (N: O) extensively **though** (부사 접속사) **it** (N: S) **is** (Be) **illegal** (Adj: C) "to feel good," **much like** (그 밖의 접속사) many **people** (N: S) around the world **consume** (Vt) alcoholic **beverage** (N: O) to get drunk **and** (등위 접속사) **smoke** (Vt) **cigarette** (N: O) to take in nicotine.

- 첫 번째 완전한 문장으로 명사 people을 주어로 사용한 S + Vt + O 완전한 문장이, 두 번째 완전한 문장으로 가주어 it을 주어로 사용한 S + Be + C 완전한 문장이, 세 번째 완전한 문장으로 다시 명사 people을 주어로 사용한 S + Vt + O 완전한 문장이, 네 번째 완전한 문장으로 S + Vt + O 완전한 문장이 사용된 것을 확인해 주세요.

- people을 주어로, 타동사 use를 본동사로 사용한 첫 번째 완전한 문장 S + Vt + O와 가주어 it을 주어로 하는 두 번째 완전한 문장 S + Be + C가 부사 접속사 though를 사용해 연결된 것을 확인해 주세요. 또한, 명사 people을 주어로, 타동사 consume을 본동사로 사용한 세 번째 완전한 문장 S + Vt + O가 그 밖의 접속사 much like를 사용하여 연결되어 있으며, 타동사 smoke를 본동사로 사용한 네 번째 완전한 문장 S + Vt + O가 등위 접속사 and 로 연결되어 있는 것을 확인해 주세요.

- 위의 예문처럼 접속사 3개를 사용하여 문장을 작성하는 경우는 최대한 간결하게 문장을 작성해야 함을 명심해 주세요. 자칫 문장이 redundant해 질 수 있기 때문입니다.

**⑩** 이제 다음 장으로 넘어가기 전, 다시 한번 Body의 Logical flow 작성법을 학습해 보도록 하겠습니다. 본격적인 IELTS 실전 Essay 작성 연습으로 들어가기 전 여러분께서는 최대한 매일마다 학습하고 계신 문법내용을 바탕으로 Body의 Logical flow 작성을 연습해야만 합니다.

다시한번 복기해 본다면 Body의 첫 문장은 늘 "Template"을 사용하여 쉽게 작성할 수 있습니다. 교재 뒤쪽에 각각의 Essay 유형에 따른 개별 Template들이 존재하니, Body의 첫 문장은 어떤 유형의 Essay가 출제되더라도 언제든 쉽게 작성할 수가 있습니다. 또한, Body의 Logical flow 작성 시, Logical flow A에서는 배경 설명을, Logical flow B에서는 Thesis에서 추출한 핵심 단어 및 Thesis 언급을, Logical flow C에서는 Thesis 구체화와 함께 자신의 의견을 확장하여 피력해야 하며, 마지막으로 Logical flow D에서는 This 또는 These를 사용하여 Supporting idea를 끌어내야 한다는 것을 반드시 암기해 주세요.

그럼, 아래의 What Extent / Agree / Disagree 예제를 통해 다시 한번 Body 작성을 연습해 보도록 하겠습니다.

**예제문제**

> Q: Nowadays, employers tend to think social skills are more important than good qualifications. To what extent do you agree or disagree?

**A)** 먼저 주어진 Thesis에 대해서 동의할 것인지? 동의하지 않을 것인지? 자신의 의견을 정해야 합니다. 그 뒤, 자신의 의견을 뒷받침할 "Supporting idea"를 생각해 내야 합니다. Supporting idea는 늘 Body의 명확성을 위해 "형용사 + 명사" 형태 등으로 최대한 간결한 모양과 적절한 단어선택을 하여 표현해야 합니다.

**B)** Template을 따라서 Introduction을 작성한 후 아래처럼, Body의 첫 번째 문장을 완성합니다.

　　Strategic operation clearly demonstrates the matter pertaining to this theme.

**C)** 이제 Body의 Logical flow 작성을 시작합니다.

**Logical flow A_배경 설명 →**

심각한 경기침체(economic recession. N) 아래에서, 매출 극대화(profit maximization. N)는 단지 교과서의 이론적인 교훈이 아니라, 이제 회사의 생존을 위한 목표가 되었습니다.

**Under** (Prep) severe economic **recession** (N: O), profit **maximization** (N: S) has **become** (Vt) a **purpose** (N1: C1) of the companies for survival, not a mere theoretical **lesson** (N1: C2) on textbook anymore.

> "전치사(Prep) + 목적어(O)"를 문장 가장 앞에 배치하여, 명사 maximization을 주어로 사용한 "S + Vt + C 완전한 문장"으로 내용상 의미를 전달하기 전, 최대한 세부 정보를 먼저 공급해 주고 있음을 확인해 주세요. 위와 같은 문장처럼, 가급적 수식 1번 "전치사"를 완전한 문장이 시작하기 전, 미리 문장 앞에 사용한다면, 내용 전달에 필요한 세부 정보를 미리 공급할 수 있기에, 글의 가독성을 높여주는 효과가 있다는 것을 반드시 기억해 주시기 바랍니다.

> S + Vt + O/C 1, not O/C 2 구조를 사용하면, "O/C 2가 아닌 O/C 1을 Vt 한다"라는 내용상 의미를 전달할 수 있습니다. 즉, 해석상, "주어가, Vt 합니다, O/C 1을, O/C 2가 아닌."이란 의미를 전달할 수 있습니다. 실전 Writing에서 빈번히 사용되니, 그 사용법을 반드시 암기해 주세요.

> anymore은 완전한 문장에서 부정 어구인 "not" 또는 "never"를 사용한 경우, 부사처럼 문장 가장 마지막에 배치하여, "더 이상 ~하지 않는다"라는 의미를 전달할 수 있습니다. 즉, "anymore"은 맥락상 의미전달에 있어서, 일종의 강조 효과를 가질 수 있습니다.

### Logical flow B_핵심 단어 + Thesis 언급 시작 →

심지어(even. Adv), 수많은 지원자(applicant. N)들로 가득(full of)한 침울한(gloomy. Adj) 취업 시장(job market. N)은 사원을 뽑는 과정을 더욱 섬세(complicated. Adj)하고 복잡(complex. Adj)하게 만들었습니다.

**Even** (Adv), the gloomy **job market** (N: S) **full** (Adj) of applicants **makes** (Vt) the employee-selection **process** (N: O) more **complicated** (Adj1: C1) **and** (연결사) **complex** (Adj2: C2).

> 명사 job market을 주어로, 타동사 make를 본동사로, 명사 process를 목적어로 사용한 "S + Vt + O 완전한 문장"이 사용된 것을 확인해 주세요.

- S + make + O + C → "주어가 만들다 목적어(O)를 보어(C) 하게."라는 내용상 의미를 전달할 수 있습니다. 실전 Writing에서 빈번하게 사용되니 반드시 암기 부탁드립니다.

- 주어로 사용된 명사 job market에 세부 정보를 공급하기 위해, Day 7에서 학습할 수식 2번, 즉 "명사 후치 수식"을 사용하고 있습니다. 아직 학습하진 않았지만, 명사 뒤에 형용사(Adj)를 배치할 경우, 명사(N)에 대한 세부 정보를 공급해 줄 수 있음을 미리 암기해 주세요.

- 또한, 연결사 and를 사용하여, 타동사 make의 보어(C)인 형용사 complicated와 complex를 연결해 주고 있음을 확인해 주세요.

### Logical flow C_Thesis 구체화 →

매출 극대화(profit maximization. N)를 통해(through. Prep) 생존(survive. Vt)하기 위해(To + V: ~하기 위해서. Adv), 회사들은 이전 보다 더 정교한(sophisticated. Adj) 운영 전략(management strategy. N)이 필요해졌고, 그러한 전략은 오로지 전문 자격증(certification. N)을 가진(hold. Vt) 사람들만이 완수(complete. Vt)할 수 있습니다.

**To survive** (To + V) through the profit maximization, the **companies** (N: S) **need** (Vt) more sophisticated **management strategies** (N: O) than ever before **that** (목적격 관계 대명사) **employees** (N: S) **holding** (Vt-ing) **certifications** (N: O) can only **complete** (Vt).

- 문장 가장 앞에 To + V를 배치하여, "~하기 위해서"라는 내용상 의미를 전달하고 있음을 확인해 주세요.

- 명사 company를 주어로, 타동사 need를 본동사로, 명사 management strategy를 목적어로 사용한 "S + Vt + O 완전한 문장"이 사용된 것을 확인해 주세요.

- S + Vt + O 완전한 문장에서 목적어(O)로 사용된 명사 management strategy에 대한 세부 정보를 공급하기 위해, Day 7에서 학습하게 될 수식 2번 관계 대명사를 사용한 것을 확인해 주세요. 관계 대명사는 반드시 뒤에 "불완전한 문장"이 와야 하는바, 지금 같은 경우, 명사 employee를 주어로 사용한, 목적어(O)가 생략된 S + Vt 불완전한 문장이 사용된 것을 확인해 주세요.

- 또한, "S + Vt 불완전한 문장"에서, 주어(S)로 사용된 명사 employee에 대한 세부 정보를 공급해 주기 위해, 수식 2번 "V-ing"를 사용해 준 것을 확인해 주세요. 수식 2번에 관한 모든 내용은 Day 7에서 학습할 것이니, 지금은 수식의 모양을 눈여겨 확인만 해주시면 됩니다.

슬프게도(sadly though. 삽입구), 사교 기술(social skill. N)은 단지 숫자와 지식(knowledge. N)만이 필요한 전략 활동(strategic operation. N)에 별다른 영향을 발휘(exert. Vt)하지 못합니다.

**Sadly though** (삽입구), social **skills** (N: S) cannot **exert** (Vt) any **effects** (N: O) **on** (Prep) **those** (Adj) strategic **operations** (N: O) **for which** (전치사 + 관계 대명사) only **math** (N1: S1) **and** (연결사) **knowledge** (N2: S2) **are** (Be) **required** (P.P).

- "sadly though"는 "슬프게도"라는 의미를 전달하며, "삽입구"로서, 늘 "부사"처럼 사용해 줄 수 있으며, 실전 작문에서 글의 맥락을 조절하기 위해, "문장 가장 앞" 내지 "주어와 본동사 사이"에 가장 자주 사용됨을 반드시 암기해 주세요.

- 명사 skill을 주어로, 타동사 exert를 본동사로, 명사 effect을 목적어로 사용한 "S + Vt + O 완전한 문장"이 사용된 것을 확인해 주세요.

- 앞 문장에서 언급한 "management strategies"를, 내용상 아래로 받아 내려오기 위해 형용사 "those"를 사용하여 앞 문장과 지금의 문장 사이에 "내용상 Hook"을 만들어 준 것을 확인해 주세요.

- 전치사 "on"의 목적어로 사용된 명사 operation에 대한 세부 정보를 공급해 주기 위해, 수식 2번 "전치사 + 관계 대명사"를 사용해 준 것을 확인해 주세요. 전치사 + 관계 대명사는 늘 뒤에 "완전한 문장"이 와야 함을 반드시 암기해 주세요. 지금 같은 경우, 전치사 + 관계 대명사 for which 뒤에 명사 math와 knowledge가 주어로 사용된 "S + Be + P.P 완전한 문장"이 사용된 것을 확인해 주세요.

### Logical flow D_This/These 사용하여 Supporting idea 끌어내기 →

이러한(this. Adj) 실무(real business. N)에 있어서 전략 기획(strategic operation. N)의 필요성(necessity. N)은 왜 자격요건(qualification. N)이 직원 선택에 있어서 더 중요(quintessential. Adj)한지 나타냅니다(indicate. Vt).

This **necessity** (N: S) of the strategic operation in real business indubitably **indicates** (Vt) why **qualification** (N: S) **is** (Be) the most **quintessential** (Adj: C) in selecting employees.

- this를 사용하여 Body의 Supporting idea인 strategic operation을 다시 언급해 준 것을 확인해 주세요. 지금처럼, "Logical flow D"에서는 늘 this 또는 these를 사용하여 Supporting idea를 다시 언급해야만 한다는 것을 반드시 암기해 주세요.

- 명사 necessity를 주어로, 타동사 indicate를 본동사로, "why + S + Be + C 완전한 문장"을 목적어로 사용한 "S + Vt + O 완전한 문장"이 사용된 것을 확인해 주세요.

**11** 이제 완성된 Body 1을 확인해 보도록 하겠습니다.

[ Body 1 ]

Strategic operation clearly demonstrates the matter pertaining to this theme. Under severe economic recession, profit maximization has become a purpose of the companies for survival, not a mere theoretical lesson on textbook anymore. Even, the gloomy job market full of applicants makes the employee-selection process more complicated and complex. To survive through the profit maximization, the companies need more sophisticated management strategies than ever before that employees holding certifications can only complete. Sadly though, social skills cannot exert any effects on those strategic operations for which only math and knowledge are required. This necessity of the strategic operation in real business indubitably ascertains why qualification is the most quintessential in selecting employees. (Words: 112)

**해석** 전략적 운영은, 이 주제와 관련된 문제를 분명히 보여줍니다. 심한 경제적 불황 속에서, 이윤 극대화는 더 이상 교과서에 적힌 이론적 교훈이 아니라, 생존을 위한 회사의 목적이 되었습니다. 심지어, 지원자로 가득 찬 우울한 구직 시장은, 직원 선택 과정을 더욱 복잡하게 만듭니다. 이윤 극대화를 통해 생존하기 위해서, 회사는 자격증을 가진 직원들만이 완료할 수 있는, 보다 정교한 전략을 필요로 합니다. 슬프게도, 사회적 기술은, 수학과 지식이 필요한 전략적 운영에, 그 어떤 영향도 미치지 못합니다. 이러한, 실제 비즈니스에서의 전략적 운영의 필요성은, 왜 자격이 직원을 선택하는 데 있어, 가장 기본적인 것인지를 확증합니다.

# 7 Day

## Modification
수식

Robert Oxton Bolt once wrote, "A belief is not merely an idea the mind possesses; it is an idea that possesses the mind."

# Day 7

## Modification

>>>>>>>>>>>>>>>>>>>>>>> - 수식 - <<<<<<<<<<<<<<<<<<<<<

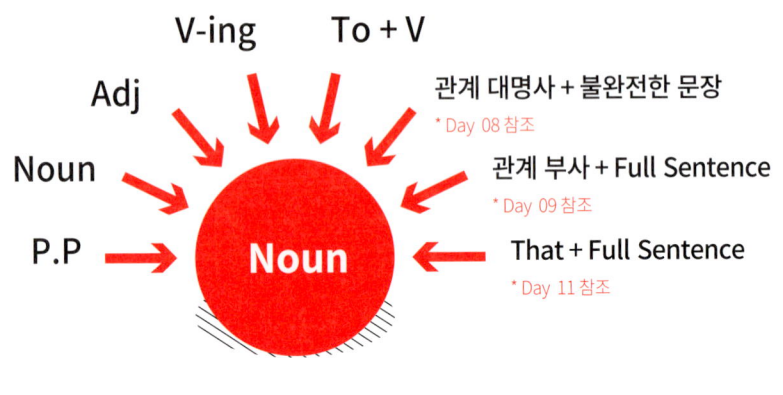

[명사 후치 수식]

오늘은 수식에 대해 학습해 보겠습니다. 수식은 겉보기와는 다르게 정말 쉬운 개념입니다. 늘 학생 분들께 말씀드리지만, 수식은 실전 Writing에서 사용하는 몇 가지만을 학습하면 충분합니다. 자, 그럼 대체 수식이란 무엇일까요? 만약 여러분이 지난 6일 동안 열심히 이 교재를 학습하고 계신다면 언뜻 수식 1번이 기억날 것입니다. 그렇습니다. 수식 1번은 "부사" 또는 "전치사"를 이용하여 문장에 내용상 세부 정보를 공급하는 방법입니다. 영문법 학습에 있어서 거의 절반 이상을 차지한다고 해도 과언이 아닌 수식이란 것은 대체 무엇일까요?

대답은 간단합니다. 수식이라 함은 영문법에서 세부 정보를 공급하는 방법을 의미합니다. 여러분께서 이미 학습하신 완전한 문장의 주어(S), 목적어(O), 보어(C) 자리에 배치할 수 있는 명사에 대한 세부 정보 공급뿐 만 아니라, 문장 전체에 대한 내용상 세부 정보 공급에 이르기까지 수식의 역할은 광범위하며, 그만큼 광범위하기에 영문법에는 정말 다양한 수식의 방법이 존재합니다. 이 교재에서는 학습의 편의를 위해 영문법에 존재하는 수식의 방법을 크게 3가지로 분류하도록 하겠습니다. 다음의 도식을 통해 이전에 여러분께서 학습하신 수식 1번과, 오늘 학습하게 될 명사 후치 수식, 즉 수식 2번, 그리고 앞으로 학습하게 될 수식 3번에 대해서 간략하게 알아보도록 하겠습니다.

[ 수식의 분류 ]

위의 도식에서 확인할 수 있듯이, 완전한 문장에 대한 세부 정보 공급 방법 중에서 가장 바닥을 이루고 있는 것은 "수식 1번" 입니다. 즉, Essay 작성 시 완전한 문장을 사용해 내용상 의미 전달을 할 경우, 가장 기본적으로 세부 정보 공급을 위해 사용해야 하는 수식이 바로 수식 1번 "전치사"와 "부사" 입니다. 그다음, 수식 1번을 사용해 의도한 만큼의 충분한 세부 정보를 완전한 문장에 공급해 줄 수 없다면, 수식 2번, 즉 "명사 후치 수식"을 사용해 완전한 문장에 세부 정보를 공급해 줄 수 있습니다. 만약, 수식 1번 또는 수식 2번을 사용해 완전한 문장에 여러분께서 의도한 만큼의 세부 정보를 공급할 수 없다면, 마지막으로 수식 3번을 사용해 세부 정보를 공급해 줄 수 있습니다. 책의 진도에 따라서 점진적으로 학습하게 될 것이지만 수식 3번을 사용해 세부 정보를 공급할 경우, 이유야 어쨌든 문장의 길이가 길어지게 되는 결과가 발생합니다. 문장을 길게 적는다고 하여 반드시 나쁜 것은 아닙니다. 하지만, Essay 작성 시 전달하고자 하는 정보를 최대한 간결하게 적는 것이 이상적이므로 문장이 길어지는 수식의 방법을 사용할 경우, 즉 수식 3번을 사용할 경우, 너무 lengthy(길이가 불필요하게 긴)하고 redundant(장황한)한 표현을 하고 있지는 않은지 늘 주의해야만 합니다.

다시 전체적인 정리를 하자면, 수식이란, 완전한 문장이란 영문법의 기본 골격에 내용상 세부 정보를 공급하는 것을 의미합니다. 영작에서는 기본 골격에 해당하는 완전한 문장만으로는 글을 읽는 독자에게 내가 전달하고자 하는 의미와 내용을 충분히 전달할 수 없기에, 대부분 세부 정보를 공급하여 글을 완성할 수밖에 없습니다. 그때의 내용상 세부 정보 공급 방법을 "수식"이라고 지칭하는 것입니다.

특히, 오늘 학습하게 될 "명사 후치 수식", 즉 "수식 2번"은 영작에 있어 거의 절반을 차지한다 해도 과언이 아니므로, 반드시 반복 학습을 통해 그 개념을 완벽하게 암기 또는 이해해 주길 바랍니다. 수식 2번의 핵심은 1) 명사 뒤에서 명사에 대한 세부 정보를 공급한다는 것, 2) 수식의 "시작 부분"과 "끝 부분"에서의 "콤마" 사용법, 3) 마지막으로, 하나의 완전한 문장에 "수식 2번"을 여러 번 연달아 사용할 경우 자칫 문장이 redundant(장황한. Adj)해질 위험성이 존재한다는 3가지입니다. 그럼, 아래의 예제 문장들을 통해서 다양한 수식 2번의 모양들을 학습해 보도록 하겠습니다.

### ❶ N ← P.P

명사(N) 뒤에 과거분사 P.P를 배치해 명사에 대한 세부 정보를 공급해 줄 경우, 해석상 "~되어진" 명사라는 의미를 전달할 수 있습니다. 또한, 수식 2번 중에서 특히나 P.P를 사용해 앞의 명사를 수식해 주는 경우, 아래에서 확인할 수 있는 것처럼 대부분 수식 1번인 "부사" 또는 "전치사"를 P.P의 앞뒤로 같이 배치하여 사용해 준다는 것을 반드시 기억해 두도록 합시다.

> **명사 (N) + 부사 (Adv) + 과거분사 (P.P) + 전치사 (Prep) + 목적어 (O)**

과거분사 P.P를 사용한 명사 후치 수식은 실전 Writing에서 가장 빈번하게 사용되는 수식의 방법이므로 아래의 예문들을 통해 완벽히 학습하는 시간을 가지시길 바랍니다.

현대인들(modern people. N)은 끊임없는(ceaseless. Adj) 환경 파괴(environmental pollution. N)로 인해 좌절감을 느끼고(frustrate. Vt), 그들은 무언가를 하기에는 너무 늦었다고 생각합니다.

Modern **people** (N: S) **are** (Be) **frustrated** (P.P) with ceaseless environmental pollution, **and** (등위 접속사) **they** (N: S) **think** (Vt) **it** (N: S) **is** (Be) too **late** (Adj: C) to do something.

- 명사 people를 주어로 사용한 "S + Be + P.P 완전한 문장"과 대명사 they를 주어로 사용한 "S + Vt + O 완전한 문장"이 등위 접속사 and를 사용하여 연결된 것을 확인해 주세요.

- 등위 접속사를 사용하여 완전한 문장 2개를 연결할 경우, 각각의 완전한 문장이 전달하는 내용상 의미가 서로 대등하고 독립적인 경우, 등위 접속사 앞에 콤마를 찍어야 한다는 것을 확인해 주세요.

- 주어가 they인 "S + Vt + O 완전한 문장"에서 본동사인 타동사 think의 목적어로 "that + S + Be + C 완전한 문장"이 사용된 것을 확인해 주세요. 또한, "that + 완전한 문장"이 목적어로 사용될 경우, "that"을 생략할 수 있다는 것을 반드시 암기해 주세요.

앞의 문장은, 등위 접속사 and를 사용하여 두 개의 완전한 문장(Full Sentence)을 연결하여 내용상 의미를 전달하였습니다. 지금 같은 경우, 만약 수식 2번 P.P(과거분사)를 사용하여, "S + Be + P.P 완전한 문장"의 주어인 명사 people을 뒤에서 수식해 줄 경우, 원래의 내용과 동일한 해석상 내용을 전달하지만, 아래와 같이 접속사 and가 숨겨진 완전한 문장의 모양이 탄생하게 됩니다. 문장 분석을 통해, 아래 완전한 문장의 구조들을 분석해 보도록 합시다.

---

끊임없는(ceaseless. Adj) 환경오염(environmental pollution. N)으로 인해 너무 큰 좌절을 (frustrate. Vt) 한 현대인들은 무언가를 하기에는 너무 늦었다고 생각합니다.

Modern **people** (N: S), **substantially** (Adv) **frustrated** (P.P) **with** (Prep) ceaseless environmental **pollution** (N: O), **think** (Vt) **it** (N: S) **is** (Be) too **late** (Adj: C) to do something.

- 수식 2번 P.P, 즉 frustrated를, 주어로 사용된 명사 people 뒤에 배치하여 명사 people에 대한 세부 정보를 공급해 주고 있음을 확인해 주세요.

- 또한, 수식 2번 P.P를 사용하여 앞의 명사에 대한 세부 정보를 공급해 줄 경우, 대부분 P.P 앞에는 부사(Adv)를, P.P 뒤에는 전치사(Prep)를 배치하여, 즉 수식 1번(전치사, 부사)과 함께 사용하여 최대한 앞의 명사에 대한 세부 정보를 공급함을 암기해 주세요.

- 수식 2번 P.P를 사용하여 앞의 명사를 수식해 줄 경우, 지금처럼 수식의 시작점과 끝점에 콤마를 찍어줘도 되고, 콤마를 찍지 않아도 된다는 것을 반드시 암기해 주세요.

- 명사 people을 주어로, 타동사 think를 본동사로, "that + S + Be + C"를 목적어로 사용한, "S + Vt + O 완전한 문장"이 사용된 것을 확인해 주세요.

인터넷에 중독된(addict. Vt) 많은 사람들은 서로서로(one another. N) 대면 대화(face-to-face conversation. N)를 하지 않습니다. 그것은 사회에 심각한(substantial. Adj) 피해(damage. N)를 가져올 수 있는 위협(threat. N)입니다.

Many **people** (N: S), **addicted** (P.P) to the Internet, do not **have** (Vt) a face-to-face **conversation** (N: O) with one another, a substantial **threat** (N) **that** (주격 관계 대명사) would **bring** (Vt) considerable **damages** (N: O) to society.

- 수식 2번 P.P, 즉 addicted를 주어인 명사 people 뒤에 배치하여 명사 people에 대한 세부 정보를 공급해 주고 있음을 확인해 주세요. 해석상 "중독 되어진"이라는 의미를 전달합니다.

- 또한, 수식 2번 P.P를 사용하여 앞의 명사 people에 대한 세부 정보를 공급하면서, 수식 1번 전치사(Prep)를 사용해 "인터넷에 대한 중독"이라는, 세부 정보를 공급해 준 것을 확인해 주세요.

- 수식 2번 P.P를 사용하여 앞의 명사를 수식해 줄 경우, 지금처럼 수식의 시작점과 끝점에 콤마를 찍어줘도 되고, 콤마를 찍지 않아도 된다는 것을 반드시 암기해 주세요.

- 명사 people을 주어로, 타동사 have를 본동사로, 명사 conversation을 목적어로 사용한, "S + Vt + O 완전한 문장"이 사용된 것을 확인해 주세요.

- 또한, Day 15에서 학습하게 될 "**Full Sentence, a(an) 단수 명사 + 관계 대명사 + 불완전한 문장**" Syntax를 사용하여, 접속사를 숨긴 모양으로 간결하게 의미 전달을 하고 있음을 확인해 주세요.

- 예측과 관련된 정보를 전달할 때는 조동사 would를 사용한다는 것을 기억해 주세요.

---

가정(households. N)에서 매일마다(every day. Adv) 배출되는(released. Adj) 쓰레기(waste. N)의 양(amount. N)은 급격하게(drastically. Adv) 증가하고 있습니다.

The **amount** (N: S) of waste **released** (P.P) **from** (Prep) **households** (N: O) every day drastically **increases** (Vi).

- 수식 2번 P.P, 즉 released를 명사 waste 뒤에 배치하여, 명사 waste에 대한 세부 정보를 공급해 주고 있음을 확인해 주세요.

- 또한, P.P인 released 뒤에 전치사 from을 배치하여, 즉 수식 1번과 수식 2번을 함께 사용하여 최대한 앞의 명사 waste에 세부 정보를 공급해 주고 있음을 확인해 주세요.

- 수식 2번 P.P를 사용하여 앞의 명사를 수식해 줄 경우, 지금처럼 수식의 시작점과 끝점에 콤마를 찍지 않아도 된다는 것을 확인해 주세요.

- 명사 amount를 주어로, 자동사 increase를 본동사로 사용한, "S + Vi 완전한 문장"이 사용된 것을 확인해 주세요.

---

정부(government. N)에 의해 시행(implement. Vt)된 모든 정책(policies. N)들은 지금까지(so far. Adv) 사람들을 실망시켰습니다(disappoint. Vt).

All the **policies** (N: S), **implemented** (P.P) **by** (Prep) the **government** (N: O), **disappointed** (Vt) **the public** (N: O) **so far** (Adv).

- 수식 2번 P.P, 즉 implemented를 명사 policy 뒤에 배치하여 명사 policy에 대한 세부 정보를 공급하고 있음을 확인해 주세요.

- S + Vt + O 완전한 문장이 사용되었음을 확인해 주세요.

- 또한, P.P인 implemented 뒤에 전치사 by를 배치하여, 즉 수식 2번을 수식 1번과 함께 사용하여, 앞의 명사 policy에 대해 최대한 세부 정보를 공급해 주고 있음을 확인해 주세요. 지금 같은 경우, 만약 "전치사 + 목적어"인, by the government가 문장에서 존재하지 않는다면, 해석상 누가 정책을 실행한 것인지 알 수 없기에 내용 전달상 불명확한 글이 된다는 것을 명심해 주세요.

- 수식 2번 P.P를 사용하여, 앞의 명사를 수식해 줄 경우, 지금처럼 수식의 시작점과 끝점에 콤마를 찍어줘도 괜찮다는 것을 확인해 주세요.

- 명사 policy를 주어로, 타동사 disappoint을 본동사로, 명사 the public을 목적어로 사용한, S + Vt + O 완전한 문장이 사용된 것을 확인해 주세요.

암(cancer. N)과 당뇨병(diabetes. N)을 해결(tackle. Vt)하기 위해서 고안(design. Vt)된 신약(new drug. N)은 과학기술의 진보에 의해서 발견되었습니다.

A new **drug** (N: S) **designed** (P.P) for tackling cancer and diabetes has **been** (Be) **found** (P.P) by the scientific advance.

- 수식 2번 P.P, 즉 designed를 명사 drug 뒤에 배치하여, 명사 drug에 대한 세부 정보를 공급하고 있음을 확인해 주세요.

- 명사 drug를 주어로, Be 동사를 본동사로, 과거 분사 found를 보어로 사용한, "S + Be + P.P 완전한 문장"이 사용되었음을 확인해 주세요.

- 또한, P.P인 designed 뒤에 전치사 for를 배치하여, 즉 수식 2번을 수식 1번과 함께 사용하여, 앞의 명사 drug에 대해 최대한 세부 정보를 공급하고 있음을 확인해 주세요. 만약, 지금 같은 경우 "전치사 + 목적어"인 for tackling이 P.P 뒤에 존재하지 않는다면 해석상 "무엇을 위해 디자인되어진 것인지" 내용 전달상 불명확한 글이 됨을 확인해 주세요.

- 수식 2번 P.P를 사용하여 앞의 명사를 수식해 줄 경우, 지금처럼 수식의 시작점과 끝점에 콤마를 찍지 않아도 괜찮다는 것을 확인해 주세요.

---

여성들에 대한 그릇된(misguided. Adj) 고정관념(stereotype. N)을 바로잡는(rectify. Vt) 것을 특히나(specifically. Adv) 목표로(aim. Vt) 하는 공익 광고(public commercials. N)나 선전(propaganda. N)을 정부는 이용해야만 합니다.

The **government** (N: S) should **use** (Vt) public **commercials** (N1: O1) **and** (연결사) **propaganda** (N2: O2) **specifically** (Adv) **aimed** (P.P) **at** (Prep) **rectifying** (Vt-ing) the misguided **stereotype** (N: O) of the women.

- 수식 2번 P.P, 즉 aimed를 명사 commercials and propaganda 뒤에 배치하여 명사 commercials and propaganda에 대한 세부 정보를 공급하고 있음을 확인해 주세요. P.P인 aimed는 해석상 "목표 되어진"이라는 의미를 전달합니다.

- 명사 government를 주어로, 타동사 use를 본동사로, 명사 commercial과 propaganda를 목적어로 사용한, "S + Vt + O 완전한 문장"이 사용되었음을 확인해 주세요.

- 또한, P.P인 aimed 앞에 부사 specifically와 전치사 at을 배치하여, 즉 수식 2번을 수식 1번과 함께 사용하여, 앞의 명사 commercials and propaganda에 대해 최대한 세부 정보를 공급하고 있음을 확인해 주세요. 만약, 지금 같은 경우 "전치사 + 목적어"인 at rectifying이 문장에서 존재하지 않는다면 해석상 "무엇을 목표로 하는 것인지" 내용 전달상 불명확한 글이 됨을 확인해 주세요.

- 수식 2번 P.P를 사용하여 앞의 명사를 수식해 줄 경우, 지금처럼 수식의 시작점에 콤마를 찍지 않아도 괜찮다는 것을 확인해 주세요.

---

너무나 개인화된(individualized. Adj) 현대인들은 팀에 적응(adapt. Vi) 하는데 어려운 시간(tough time. N)을 가집니다.

Modern **people** (N: S), **too much** (Adv) **individualized** (P.P), **have** (Vt) the tough **time** (N: O) to adapt to team works.

- 수식 2번 P.P, 즉 individualized를 명사 people 뒤에 배치하여 명사 people에 대한 세부 정보를 공급하고 있음을 확인해 주세요. P.P인 individualized는 해석상 "개인화된"이라는 의미를 전달합니다.

- 명사 people을 주어로, 타동사 have를 본동사로, 명사 time을 목적어로 사용한 "S + Vt + O 완전한 문장"이 사용되었음을 확인해 주세요.

- 수식 2번 P.P를 사용하여 앞의 명사를 수식해 줄 경우, 지금처럼 수식의 시작점과 끝점에 콤마를 찍어도 괜찮다는 것을 확인해 주세요.

## ❷ N ← N

명사 뒤에 다시 명사를 배치하여 앞쪽 명사를 좀 더 구체화시키는 방법이 수식 2번에 속하는 동격 명사의 개념입니다. 아래의 예문을 통해서 학습해 보도록 하겠습니다.

세계 경제와 사회의 점진적 통합(integration. N)이라는 세계화(globalization. N)는 지난 몇 년 동안(over the past few years) 전 세계적으로 가장 뜨거운(hotly-debated. Adj) 논쟁을 불러일으킨 주제(topic. N)중 하나였습니다.

**Globalization** (N: S), the growing **integration** (N) of economies and societies around the world, has **been** (Be) **one** (N: C) of the most hotly-debated topics in the world over the past few years.

- 수식 2번 동격 명사, 즉 명사 integration을 명사 globalization 뒤에 배치하여, 해석상 "세계 경제와 사회의 점진적 통합"이, 명사 globalization의 "정의"임을 알려주고 있습니다. 즉 명사 globalization에 대한, 세부 정보를 공급해 주고 있음을 확인해 주세요.

- 명사 globalization을 주어로, Be 동사를 본동사로 하는 "S + Be + C 완전한 문장"이 사용되었음을 확인해 주세요.

- 수식 2번 동격 명사를 사용하여 앞의 명사를 수식해 줄 경우, 지금처럼 수식의 시작점과 끝점에 콤마를 찍어줘야 한다는 것을 확인해 주세요. 간혹 수식 2번 동격 명사를 사용할 경우 콤마를 사용하지 않은 문장들도 있지만, 원칙적으로는 동격 명사를 사용할 경우 콤마를 찍어 줘야 한다는 점을 명심해 주세요.

- one of the 최상급 복수명사 → "복수명사 중 하나." 실전 Writing에서 빈번히 사용하는 숙어이므로 반드시 암기하도록 합시다.

### ❸ N ← Adj

명사 뒤에 형용사를 배치하여 세부 정보를 공급하는 방법은 정보 전달상 약간의 포인트를 만들어 줄 때 사용하는 방법입니다. 정상 어순대로 형용사를 명사 앞에 배치시켜도 되지만 영어에서는 정상 어순을 벗어나는 즉시 강조 효과가 발생하므로, 의도적으로 형용사를 명사 뒤에 배치하여 내용상 약간의 강조하는 느낌을 전달하고 싶을 때 주로 형용사를 명사 뒤에 배치해 줍니다. 아래의 예문을 통해서 확인해 보도록 하겠습니다.

겉으로 보기에(seemingly. Adv) 유익한(beneficial. Adj) 인터넷을 사용하려는 이(this. Adj) 순수한(pure. Adj) 의도(intention. N)는 신뢰할 수 없고 부정확한(unauthentic. Adj) 정보로 인해 심하게 학대(abuse. Vt) 되었습니다.

This pure **intention** (N: S) to use the **Internet** (N) **seemingly** (Adv) **beneficial** (Adj) **gets** (Vt) severely **abused** (P.P: C) by both unreliable and unauthentic information.

- 명사 Internet 뒤에 형용사 beneficial을 배치하여, 그냥 인터넷이 아닌 "겉으로 보았을 때 유익한" 인터넷이라는 내용상 세부 정보를 공급하고 있음을 확인해 주세요. 또한, 인터넷은 영작을 할 때 늘 첫 글자를 대문자로 적어야 하며, 정관사 the와 함께 사용해야 한다는 것을 반드시 암기해 주세요.

- 명사 intention을 주어(S)로, 타동사 get을 본동사로, 과거분사 abused를 보어(C)로 사용한 "S + Vt + C 완전한 문장"이 사용되었음을 확인해 주세요. "S + Vt + C 완전한 문장"은 수동태 모양의 완전한 문장은 아니지만, 해석상 수동의 의미를 전달할 때 사용할 수 있음을 기억해 주세요.

- 형용사를 명사 뒤에 배치하여 세부 정보를 공급해 줄 경우, 수식의 시작점과 끝점에 콤마를 찍지 않아도 된다는 것을 확인해 주세요. 간혹 형용사 수식의 시작점과 끝점에 콤마를 찍어 주기도 하지만, 콤마를 찍지 않아도 문법적으로 틀린 것은 아닙니다.

### ❹ N ← V-ing

명사 뒤에 V-ing를 배치하여 명사에 대한 세부 정보를 공급해 줄 경우 한가지 유의할 점은, 특수한 몇 가지 경우에서만 이 방법을 사용한 수식이 가능하다는 것입니다. 이유는 간단합니다. 문법적으로 가능하다 하여 실전 Writing에서도 늘 사용되는 것은 아니기 때문입니다. 특히나, 명사 뒤에 V-ing를 배치하여 명사에 대한 세부 정보를 공급하는 방법은 언뜻 보기에 본인이 원하는 정보를 늘 정확하게 글을 읽는 사람에게 전달할 것 같지만, 그 사용법에 있어 많은 제약이 있어, 특정한 조건 속에서만 사용할 수 있다는 것을 미리 알려 드립니다. 제가 추천해 드리는 것은, 가능하다면 지금부터 학습하게 될 몇 가지 경우를 제외하고는 명사 뒤에 V-ing를 배치하여 세부 정보를 공급하는 방법을 실전 Writing에서는 가급적 사용하지 않는 것입니다. 자세한 설명은 이 책의 범위를 벗어나기에 나중에 기회가 있다면 좀 더 깊게 학습해 보시기 바랍니다. 그럼 아래의 예제를 통해서 "N + V-ing" 세부 정보 공급 방법을 학습해 보도록 하겠습니다.

이미(already. Adv) 바쁜 라이프 스타일에 적응한(adapt. Vi) 현대인들은 최대한의(ultimate. Adj) 편의(convenience. N)를 추구(pursue. Vt)하는 경향이 있습니다(tend. Vt).

Modern **people** (N: S), already **adapting** (V-ing) to the hectic lifestyles, **tend** (Vt) **to pursue** (To + Vt: O) ultimate **convenience** (N: O) over the most.

- 명사 people 뒤에 V-ing 모양인 adapting을 배치하여, 그냥 현대인들이 아닌 "바쁜 라이프 스타일에 적응한 현대인들"이라는 내용상 세부 정보를 공급하고 있습니다. 또한, 자동사 Vi는 형용사로 만들 때 수동의 모양인 P.P 모양으로 만들 수 없으므로 늘 현재 분사의 모양인 V-ing 모양의 형용사로 만들어야 함을 반드시 암기해 두도록 합시다.

- 명사 people을 주어로, 타동사 tend를 본동사로, To + V를 목적어로 사용한, "S + Vt + O 완전한 문장"이 사용되었음을 확인해 주세요. 또한, 목적어로 사용된 To + V의 동사(V) 자리에 타동사 pursue를 사용하였으므로, to pursue는 타동사의 성질을 가지고 되므로, 뒤에 목적어로 명사 convenience를 배치해 준 것을 확인해 주세요.

- 현재 분사인 V-ing를 명사 뒤에 배치하여 명사에 대한 세부 정보를 공급해 줄 경우, 수식의 시작점과 끝점에 지금처럼 콤마를 찍어도 되고 찍지 않아도 된다는 것을 확인해 주세요.

## ❺ N ← To + V

명사 뒤에 To + V를 배치하여 명사에 대한 보충 설명을 공급해 주는 방법은 특정한 명사일 경우에만 사용할 수 있으므로 To + V 수식이 가능한 실전 Writing에서 가장 많이 사용하는 명사들을 미리 암기한 후 적재적소에 사용해야 합니다. 아래의 명사들은 대표적으로 To + V 수식을 받는 명사이므로 반드시 암기해 주시기 바랍니다.

| To + V 수식을 받는 명사 | | | | | |
|---|---|---|---|---|---|
| ability | 능력 | way | 방법 | will | 의지 |
| means | 수단 | prospect | 전망 | criteria | 평가 기준 |
| desire | 바람 | capacity | 능력 | tendency | 경향 |
| method | 방법 | intention | 의도 | inclination | 성향 |

다른(other. Adv) 행성(planet. N)을 찾는 것이 인류(humanity. N)를 보호(protect. Vt)하는 유일한 방법으로 고려(consider. Vt)됩니다.

**Finding** (Vt-ing: S) other **planets** (N: O) **is** (Be) **considered** (P.P) the only **way** (N: C) **to protect** (To + Vt) **humanity** (N: O).

- 명사 way 뒤에 To + V를 배치하여, 그냥 유일한 방법이 아닌 "인류를 보호하는 유일한 방법"이라는 내용상 세부 정보를 공급하고 있습니다. 또한, considered는 특정 P.P로 뒤에 C(보어)를 가져올 수 있으므로, 지금 같은 경우 명사 To + V의 수식을 받는 명사 way가 특정 P.P인 considered의 보어(C)로 사용된 것을 확인해 주세요.

- V-ing인 finding을 주어로 하는 S + Be + P.P 완전한 문장이 사용되었음을 확인해 주세요. 또한, V-ing에 사용된 동사(V)가 타동사이므로, 뒤에 명사 planet을 목적어(O)로 배치해 준것을 확인해 주세요.

## ❻ Logical flow 작성법

내일 관계 대명사를 학습하기 전, 이전 시간부터 학습해 오고 있는 Body의 Logical flow 작성법을 아래의 예제 문제를 통해 다시 한번 학습해 보도록 합시다.

### 예제연습

> **Q**: With all the problems in the world today, spending money on space exploration is a complete waste. The money could be better spent on other causes. To what extent do you agree with this view?

**A)** 먼저 여러분은 자신의 의견을 결정해야 합니다. 의견 결정은 굉장히 쉽습니다. 동의할 것인가? 부동의 할 것인가? 한쪽을 택하여 결정하면 됩니다. 지금 같은 경우 저는 우주개발에 사용하는 돈은 완벽한 낭비라는 의견에 동의하도록 하겠습니다. 자, 이제 의견을 결정하였다면,

**B)** 나의 의견을 뒷받침할 Supporting idea를 떠올려야 합니다. Supporting idea는 Body의 내용을 집약해서 보여줄 수 있는 "형용사(Adj) + 명사(N)" 또는 "Vt-ing + N" 형태로 만들어 내는 것이 가장 이상적입니다.

**C)** 그다음, 여러분은 주어진 Thesis에서 핵심 단어를 추출해 내야 합니다. 그럼 Thesis에서 주어진 핵심 단어란 대체 무엇인가? 다시 한 번 학습해 보도록 하겠습니다.

주어진 Thesis는 우주탐사에 돈을 소비하는 것은 완벽한 낭비이며 돈은 다른 사회적 목표들을 위해서 더 잘 사용될 수 있다고 언급합니다. 그리고, 그것에 동의하는지, 동의하지 않는지를 질문합니다.

주어진 Thesis에 대한 답변을 하기 위해서 여러분이 Thesis에서 뽑아내어 사용할 단어들은, "spending money on space exploration", "waste", "better spent on other causes"임을 쉽게 확인할 수 있습니다. 이 단어들이 여러분이 Body에서 논리 전개 시 사용해야 할 핵심 단어들입니다.

**D)** 이제, Supporting idea를 결정하고 핵심 단어들을 추출해 냈다면, Logical flow에 따라서 Body 작성을 시작하면 됩니다.

**E)** 먼저 주어진 Template을 사용하여 아래와 같은 Body의 첫 번째 문장을 작성할 수 있습니다.

Irrelevance with life-quality coherently demonstrates the matter pertaining to this theme.

**F)** 이제 Logical flow를 따라서 Body 작성을 시작합니다.

### Logical flow A_배경 설명 →

과학 기술이 엄청나게(substantially. Adv) 발달한 오늘날 현대 사회에서, 우주(universe. N)에 대한 호기심(curiosity. N)은 점점 (gradually. Adv) 커지게 되었습니다.

**In** (Prep) a modern **society** (N: O) in which the **technology** (N: S) has **been** (Be) substantially **progressed** (P.P), **curiosity** (N: S) on the universe **becomes** (Vt) gradually **increased** (P.P: C).

- Logical flow A의 배경설명 부분에서는 "In a modern society in which 완전한 문장, 완전한 문장." 구조를 사용하여 본격적인 논리전개 이전에 쉽게 배경 설명을 해줄 수 있습니다.

- 전치사 In의 목적어로 사용된 명사 society에 대한 세부 정보를 공급하기 위해서 "전치사 + 관계 대명사"를 사용하고 있습니다. 교재 뒤편의 관계 부사 부분에서 자세하게 학습하게 될 것입니다. 하지만 미리 "In a modern society in which 완전한 문장, 완전한 문장." 구조를 암기해 두도록 합시다.

- 수식을 위해 사용하는 완전한 문장은 부가적인 완전한 문장으로서, 지금 같은 경우 명사인 technology를 주어로 하는 S + Be + P.P 완전한 문장이 수식을 위해 사용된 부가적인 완전한 문장입니다.

> 명사인 curiosity를 주어로 하는 S + Vt + C 완전한 문장이 주가 되는 완전한 문장임을 확인해 주세요. S + Vt + C 완전한 문장은 수동태의 모양은 아니지만, 보어인 C의 자리에 과거 분사인 P.P가 사용될 경우 수동의 의미를 전달할 수 있음을 암기해 주세요.

### Logical flow B_핵심 단어 + Thesis 언급 시작 →

그러한(such. Adj) 호기심은 정부(government. N)가 엄청난 양의 돈(massive amounts of money. N)을 매년마다(annually. Adv) 우주 탐사에 사용하도록 이끌었습니다(lead. Vt).

**Such** (Adj) **curiosity** (N: S) **leads** (Vt) the **government** (N: O) to spend massive amounts of money annually on space exploration.

> 명사인 curiosity를 주어로 하는 S + Vt + O 완전한 문장이 사용된 것을 확인해 주세요.
>
> 주어가 단수이므로 수의 일치를 맞춰 주기 위해서 본동사인 lead에 s를 붙여준 것을 확인해 주세요. 실전 Writing에서 수의 일치는 언제나 신경 써야 한다는 것을 명심해 주시기 바랍니다.
>
> Logical flow A에서 언급한 호기심을 맥락상 아래 문장으로 받아서 내려오기 위해 즉, 위 문장과 아래 문장사이에 내용상 Hook을 만들어 주기 위해 such를 사용한 것을 확인해 주세요.
>
> Thesis에서 추출한 핵심단어 "spending money on space exploration"이 내용상 사용된 것을 확인해 주세요.

### Logical flow C_Thesis 구체화 →

그러나(however. Adv), 슬프게도(sadly though. 삽입구), 우주 탐사의 결과는(outcome. N) 가난한(destitute. Adj) 사람들의 삶을 전혀 향상시키지(improve. Vt) 못했으며, 동시에 우주탐사를 위한 지나친(excessive. Adj) 세금 부과(tax imposed)로 인해서, 사람들의 삶은 극단적(extremely. Adv)으로 피폐해지게(devastated/dilapidated/ravaged. Adj) 되었습니다.

**However** (Adv), the **outcome** (N: S) from the space exploration, **sadly though** (삽입구), **fails** (Vt) **to improve** (To + Vt: O) the **life quality** (N: O) of the destitute people, **and** (등위 접속사) the human **lives** (N: S) **are** (Be) extremely **devastated** (P.P) **by** (Prep) the excessive **taxes** (N: O) **imposed** (P.P) **for** (Prep) the space **exploration** (N: O).

- 명사 outcome을 주어로 하는 S + Vt + O 완전한 문장과, 명사 human life를 주어로 하는 S + Be + P.P 완전한 문장이 등위 접속사 and를 사용하여 연결되어 있는 것을 확인해 주세요.

- 또한, 주어와 본동사 사이에 "삽입구"를 집어넣어 글의 내용상 맥락을 조절할 수 있음을 확인해 주세요. 아래는 IELTS 실전 Body 작성에서 자주 사용되는 삽입구이므로 반드시 암기 후 적재적소에 사용하도록 합시다.
  sadly though → 슬프게도, ironically though → 모순적으로도, unfortunately though → 불운하게도, unexpectedly though → 예상치 못하게도, luckily though → 운 좋게도

- 전치사 by의 목적어로 사용된 명사 tax에 대한 세부 정보를 공급하기 위해, 수식 2번을 사용해, 과거 분사(P.P)인 imposed와 수식 1번 전치사 "for"가 함께 사용된 것을 확인해 주세요.

### Logical flow D_This/These 사용하여 Supporting idea 끌어내기 →

따라서(thus. Adv), 이 삶의 질(life-quality. N)과의 무관함(irrelevance. N)은 왜 우주 탐사에 돈을 쓰는 것이 완벽한(complete. Adj) 낭비(waste. N)인지에 대한 전형(epitome. N)을 명확하게 (obviously. Adv) 확인(ascertain. Vt)시켜줍니다.

**Thus** (Adv), this **irrelevance** (N: S) with the life-quality obviously **ascertains** (Vt) an **epitome** (N: O) of why spending money on space exploration is a complete waste.

### ❼ What extent / Agree / Disagree의 완성된 Body 1 확인

[ Body 1 ]

Irrelevance with life-quality coherently demonstrates the matter pertaining to this theme. In a modern society in which the technology has been substantially progressed, curiosity on the universe becomes increased. Such curiosity leads the government to spend massive amounts of money annually on space exploration. However, the outcome from the space exploration, sadly though, fails to improve the life quality of the destitute people, and the human lives are extremely devastated by the excessive taxes imposed for the space exploration. Thus, this irrelevance with the life-quality obviously ascertains an epitome of why spending money on space exploration is a complete waste. (Words: 100)

# 8 Day

## Relative Pronoun
### 관계 대명사

Playwright Eugene Ionesco said,
"Ideology separates us. Dreams and anguish bring us together."

# Day 8

## Relative Pronoun
>>>>>>>>>>>>>>>>>>  - 관계 대명사 -  <<<<<<<<<<<<<<<<<<

이 책을 학습하고 있는 학생분들이라면 영어공부를 하면서 적어도 관계 대명사를 단 한 번도 들어본 적이 없는 분은 없을 것이라 생각합니다. 그럼 대체 관계 대명사는 무엇일까요? 본론부터 말씀드리자면, 관계 대명사는 바로 앞에 배치되어 있는 명사에 대한 보충설명을 하기 위해 사용하는 수식의 방법입니다. 수식이란, 다시 한번 말씀드리자면 영작에 있어서 본인들이 작성하고 있는 문장 내지 어떤 특정한 명사에 대해 세부 정보를 공급하는 영문법을 총칭하는 말입니다. 그럼 이제, 관계 대명사에 대해 본격적으로 살펴보도록 합시다. 관계 대명사에는 크게 "주격 관계 대명사", "목적격 관계 대명사", 그리고 "소유격 관계 대명사"가 존재합니다. 이 3가지의 관계 대명사 중에서, IELTS Writing Task 2에서 잘 사용하지 않는 "소유격 관계 대명사"는 제외하고, 우리는 주격 관계 대명사와 목적격 관계 대명사에 대해서만 학습해 보도록 하겠습니다.

### ❶ 주격 관계 대명사

먼저 주격 관계 대명사에 대해서 학습해 보도록 하겠습니다. 주격 관계 대명사는 명사(N)를 수식해 줄 때, 명사 뒤에 주격 관계 대명사를 배치한 후 바로 그 뒤에 Day 3에서 학습한 "주어가 생략된 불완전한 문장"을 배치하여 명사(N)에 대한 세부 정보(details) 내지 보충 설명을 공급할 때 사용합니다. 주격 관계 대명사는 앞에 수식해 주는 명사가, 즉 흔히 선행사라 불리워지는 명사가, "사람"인지 "사물"인지에 따라, 각각 who 또는 which를 사용해야 합니다.

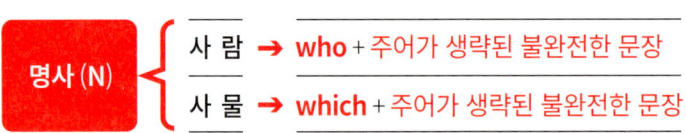

다음의 예문을 통해서 좀 더 자세히 알아보도록 하겠습니다.

우리 사회는 자연재해(natural disaster. N)를 겪은 굶주린(starving. Adj) 어린이와 이웃을 충분히 도울 수 있습니다.

Our **society** (N: S) can **help** (Vt) the enough **number** (N: O) **of** (Prep) starving **children** (N1: O1) **and** (연결사) **neighbors** (N2: O2) **who** (주격 관계 대명사) **suffered** (Vt) natural **disasters** (N: O).

위의 예문에서 children이란 명사와 neighbors란 명사에 대해 좀 더 세부 정보를 공급하기 위해 사용한 방법이 주격 관계 대명사의 사용입니다. 여러분이 관계 대명사를 사용하여 children이란 명사와 neighbors란 명사에 대해서 보충설명을 해주고 싶다면 선택할 수 있는 방법은 단 두 가지 입니다. children이란 명사와 neighbors란 명사 뒤에 주어가 생략된 불완전한 문장을 사용하여 보충 설명을 해줄 것인가 아니면, 목적어가 생략된 불완전한 문장을 사용하여 보충 설명을 해줄 것 인가의 선택입니다. 주어가 생략된 불완전한 문장을 사용하던 목적어가 생략된 불완전한 문장을 사용하던 그 선택은 글을 적고 있는 여러분에게 달려있습니다. 다만, 여러분이 수식해줄 명사가 사람이라면 주격 관계 대명사 who를 사용해야 하고, 사물이라면 또 다른 주격 관계 대명사인 which를 사용해야 합니다. 아래의 예문을 통해서 주격 관계 대명사에 대해서 좀 더 자세히 확인해 보도록 합시다.

---

외국에 거주하는 학생들은 다양한(various. Adj) 문화들을 보다 쉽게 이해할 수 있습니다.

**Students** (N: S) **who** (주격 관계 대명사) **live** (Vi) **in** (Prep) foreign **countries** (N: O) can **understand** (Vt) various **cultures** (N: O) more easily.

- 사람 명사인 student를 주어로, 타동사 understand를 본동사로, 명사인 culture를 목적어로 사용한 "S + Vt + O 완전한 문장"을 이용한 작문이란 것을 확인해 주세요.

- 사람 명사 student에 대한 보충 설명을 공급하기 위해 주격 관계 대명사 who를 사용한 다음 그 뒤에 주어가 생략된 "Vi + Prep + O 불완전한 문장"을 배치하였다는 것을 확인해 주세요. 만약 여기서 불완전한 문장에 대한 개념이 잘 기억나지 않는다면, 다시 Day 3으로 돌아가서 충분한 복습을 한 후 다시 이 지점으로 돌아와서 학습을 진행하시기 바랍니다.

사람들은 최대한 많은 봉급(salary. N)을 제공하는 직업을 찾습니다(seek. Vt).

**People** (N: S) **seek** (Vt) **jobs** (N: O) **which** (주격 관계 대명사) **provide** (Vt) **them** (N: O) with as much salary as possible.

- 명사인 people을 주어로, 타동사 seek를 본동사로, 다시 목적어로 명사인 jobs를 사용한 "S + Vt + O 완전한 문장"을 이용한 작문이란 것을 확인해 주세요.
- 사물 명사인 jobs에 대한 보충 설명을 공급하기 위해 주격 관계 대명사 which를 사용한 다음, 그 뒤에 주어가 생략된 "Vt + O 불완전한 문장"을 배치하였다는 것을 확인해 주세요.
- 명사 중에서 사람을 의미하는 것을 제외한 모든 명사는 사물 명사입니다.

### ❷ 목적격 관계 대명사

목적격 관계 대명사는, 앞에 있는 명사(N)를 수식해 줄 때, 명사 뒤에 목적격 관계 대명사를 배치한 후 바로 그 뒤에 Day 3에서 학습한 "목적어가 생략된 불완전한 문장"을 배치하여 명사(N)에 대한 세부 정보(details) 내지 보충 설명을 공급할 때 사용합니다. 목적격 관계 대명사는 주격 관계 대명사와는 달리, 문장에서 생략이 가능하지만, 목적격 관계 대명사를 사용할 때마다 무조건 생략을 해 줘야 하는 것은 아닙니다. 즉, 목적격 관계 대명사를 생략해 줄지, 아니면 생략하지 말지는 전적으로 글을 적는 여러분의 결정이며, 여러분이 목적격 관계 대명사를 생략해 주고 싶지 않다면, 생략하지 않아도 아무런 문제가 없다는 것을 명심해 주세요. 하지만, 영작은 늘 간결한 문장을 미덕으로 삼기에, 영문법상 문장에서 생략해 줄 수 있는 것들은 가능하면 생략해 주는 것이 좋다는 것이 저자의 견해입니다. 그럼 아래의 도식을 통해 목적격 관계 대명사 사용시의 모양을 확인해 보도록 하겠습니다.

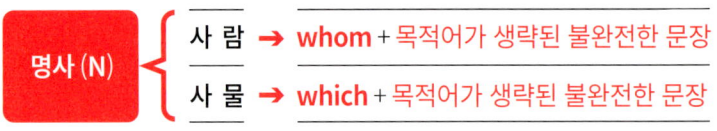

그럼 이제, 다음의 예문들을 통해 좀 더 자세히 관계 대명사에 대해 학습해 보도록 하겠습니다.

현대인들은 많은 전문가(expert. N)들이 찬양(acclaim. Vt)하는 역사적으로 중요한(historic. Adj) 인물(figure. N)들을 무시(ignore. Vt)하는 경향(tend Vt)이 있습니다.

Modern **people** (N: S) **tend** (Vt) **to ignore** (To + Vt: O) the historic **figures** (N: O) **whom** (목적격 관계 대명사) many **experts** (N: S) **acclaim** (Vt).

- 명사인 people을 주어로, 타동사 tend를 본동사로, 그 뒤에 목적어로 To + V를 사용한 S + Vt + O 완전한 문장을 사용한 것을 확인해 주세요. 또한, 목적어로 사용된 to ignore에서 타동사 ignore의 목적어로 명사인 figure를 사용한 것을 확인해 주세요.

- 사람 명사인 figure에 대한 보충 설명을 공급하기 위해 목적격 관계 대명사 whom을 사용한 다음 그 뒤에 목적어가 생략된 S + Vt 불완전한 문장을 배치하였다는 것을 확인해 주세요.

- 명사 figure은 언뜻 보아 사물 명사인 것 같지만, "인물" 내지 "사람"을 의미하는 사람 명사로 사용될 수 있다는 것을 반드시 암기해 주세요.

---

사람들은 산업화(industrialization. N)로 인한 경제적 풍요(economic affluence. N)를 누릴 수 있습니다.

**People** (N: S) can **enjoy** (Vt) economic **affluence** (N: O) **which** (목적격 관계 대명사) the **industrialization** (N: S) **brings** (Vt) **us** (N: I.O).

- 명사인 people을 주어로, 타동사 enjoy를 본동사로, 그 뒤에 목적어로 명사인 affluence을 사용한 S + Vt + O 완전한 문장이 사용된 것을 확인해 주세요.

- 또한 목적어로 사용된 사물 명사 affluence에 보충 설명을 공급하기 위해, 목적격 관계 대명사 which를 사용한 다음, 그 뒤에 목적어가 생략된 S + Vt + I.O 불완전한 문장을 배치하였다는 것을 확인해 주세요. 또한, 타동사 bring같은 경우, S + Vt + I.O(간접 목적어) + D.O(직접 목적어) 완전한 문장의 형태를 가진다는 것을 반드시 암기해 주세요. 만약 "간접 목적어" 또는 "직접 목적어" 둘 중 하나가 생략된다면 "목적어가 생략된 불완전한 문장"이 된다는 것을 또한 암기해 주세요.

- 목적격 관계 대명사는 문법적으로 문장에서 생략해 줄 수 있습니다. 하지만, 목적격 관계 대명사를 생략하고 말고는 전적으로 글을 적는 사람인 우리의 결정임을 기억해 두도록 합시다. 즉, 목적격 관계 대명사는 생략해도 그뿐, 생략하지 않아도 그뿐인 것입니다.

### ❸ 소유격 관계 대명사

소유격 관계 대명사는 사실 Body 작성에 있어 요긴하게 사용할 수 있는 영문법이지만, 설령 소유격 관계 대명사가 무엇인지 몰라도 IELTS Writing에서 9.0을 받는 데 크게 지장이 없을 정도로 실전 Body 작성에 크게 중요한 영문법은 아닙니다. 하지만, 글을 적을 때 사용할 수 있는 도구는 많으면 많을수록 좋으므로, 간단히 학습해 보도록 하겠습니다.

소유격 관계 대명사는 주격 관계 대명사 또는 목적격 관계 대명사와는 달리 정반대의 다른 특징을 한가지 가집니다. 바로 이 특징이 소유격 관계 대명사의 가장 중요한 성질이라고 해도 과언이 아닙니다. 다른 관계 대명사와는 다른 소유격 관계 대명사만의 특징이란, 소유격 관계 대명사 뒤에는 다른 관계 대명사들이 뒤에 불완전한 문장을 가져오는 것과는 다르게 완전한 문장을 사용해야 한다는 점입니다.

> **N (명사) + 소유격 관계 대명사 + N (S) + 본동사**

아래의 예문들을 통해 좀 더 자세하게 학습해 보도록 하겠습니다.

집이 불에 타버린(burn. Vi) 가족은 즉각적으로(immediately. Adv) 호텔의 무료(complimentary. Adj) 방이 주어졌었습니다.

The **family** (N: S) **whose** (소유격 관계 대명사) **house** (N: S) **burnt** (vi) **in** (Prep) the **fire** (N: O) **was** (Be) **immediately** (Adv) **given** (P.P) a complimentary **suite** (N: C) in a hotel.

- 명사 family를 주어로, Be 동사를 본동사로, 과거 분사 given을 보어로 사용한 수동태 "S + Be + P.P 완전한 문장"이 사용된 것을 확인해 주세요. 또한, S + Be + P.P 완전한 문장에서 사용된 과거 분사 given은 "특정 P.P"로서 뒤에 보어인 C를 가져올 수 있어, 지금 given 뒤에 보어(C)로서 명사 suite이 사용된 것을 확인해 주세요.

- 주가 되는 완전한 문장은 명사 family를 주어로 하는 S + Be + P.P 완전한 문장이며, 수식을 위해 사용된, 즉 소유격 관계 대명사 whose 뒤에 나온 부수적인 완전한 문장은 명사 house를 주어로, 자동사 burn을 본동사로 사용한 S + Vi + Prep + O 완전한 문장임을 확인해 주세요.

- 부수적인 완전한 문장이라 함은, 오로지 수식을 위해 사용되는 완전한 문장으로, 주가 되는 완전한 문장과 구분하여 생각해야만 합니다. 즉, 만약 영작을 할 때, 주가 되는 완전한 문장이 없이, 오로지 수식을 위해 존재하는 부수적인 완전한 문장만 존재한다면, 그 문장은 문법적으로 틀린 문장이 되는 것입니다. 수식을 위해서만 존재하는 부수적인 완전한 문장은, 절대로 해석상 주가 되는 완전한 문장의 역할을 대신 할 수 없음을 반드시 암기해 두도록 합시다.

---

저자가 퓰리처 상(Pulitzer. N)을 수상한(win. Vt) 책은 베스트셀러(bestseller. N)가 되었습니다.

The **book** (N: S) **whose** (소유격 관계 대명사) **author** (N: S) **won** (Vt) a **Pulitzer** (N: O) has **become** (Vt) a **bestseller** (N: C).

- 명사 book을 주어로, 타동사 become을 본동사로, 명사 bestseller를 보어로 사용한 S + Vt + C 완전한 문장이 사용된 것을 확인해 주세요. 또한, S + Vt + C 완전한 문장에서 사용된 본동사인 타동사 become은 주로 뒤에 보어(C)를 가져온다는 것을 암기해 주세요.

- 주가 되는 완전한 문장은 명사 book을 주어로 하는 S + Vt + C 완전한 문장이며, 수식을 위해 사용된, 즉 소유격 관계 대명사 whose 뒤에 나온 부수적인 완전한 문장은 명사 author을 주어로, 타동사 win을 본동사로, 명사 bestseller를 목적어로 사용한 S + Vt + O 완전한 문장임을 확인해 주세요.

---

논문(paper. N)이 성공적(successful. Adj)이였던 과학자는 한국인입니다.

The **scientist** (N: S) **whose** (소유격 관계 대명사) **paper** (N: S) has **been** (Be) **successful** (Adj: C) **is** (Be) **Korean** (N: C).

- 명사 scientist를 주어로, Be 동사를 본동사로, 명사 Korean을 보어로 사용한, S + Be + C 완전한 문장이 사용된 것을 확인해 주세요.

- 주가 되는 완전한 문장은 명사인 scientist를 주어로 하는 S + Be + C 완전한 문장이며, 수식을 위해 사용된, 즉 소유격 관계 대명사 whose 뒤에 나온 부수적인 완전한 문장은 명사인 paper를 주어로, Be 동사를 본동사로, 형용사 successful을 보어로 사용한 S + Be + C 완전한 문장임을 확인해 주세요.

### ❹ 관계 대명사 사용

이제 장차 Day 15에서 학습하게 될 구조론(Syntax)에서, 관계 대명사가 어떻게 사용되는지 미리 학습하는 시간을 가져보도록 하겠습니다. 본격적인 학습 이전에 아래의 모양을 먼저 정확하게 암기해 주시기 바랍니다. 영문법 학습의 핵심은 결국 모양을 먼저 암기한 뒤 실전 Writing에서 암기한 모양을 적용시켜 사용하는 것입니다.

> **Full Sentence, which (주격 관계 대명사) + Vt + O**

"Full Sentence, which + Vt + O"는 주가 되는 완전한 문장이 전달하는 내용에 부가적인 설명을 하고 싶은 경우, 주격 관계 대명사 which를 사용하여 주가 되는 완전한 문장이 전달하는 해석상 내용 전부를 which가 함축하도록 만드는 것이 핵심입니다. 또한, 주격 관계 대명사를 사용하였기에 그 뒤는 주어가 생략된 불완전한 문장을 사용하여 문장을 마무리하면 됩니다.

이제 아래의 예문에서 위에서 암기한 모양을 찾아보도록 하겠습니다.

관광객(tourist. N)들은 종종(often. Adv) 물건을 구매하도록 괴롭힘(hassle. Vt)을 당하며, 그것은 휴가(holiday. N)를 망치게(ruin. Vt) 합니다.

**Tourists** (N: S) **are** (Be) often **hassled** (P.P) to buy goods, **which** (주격 관계 대명사) can **ruin** (Vt) a **holiday** (N: O).

- 주가 되는 완전한 문장은, 명사 tourist를 주어로, Be 동사를 본동사로, 과거 분사인 hassled를 보어로 사용한 S + Be + P.P 완전한 문장임을 확인해 주세요.

- 주가 되는 완전한 문장의 해석상 의미가 주격 관계 대명사 which로 함축되어 해석상 "그것은"이라는 내용상 의미를 전달할 수 있다는 것을 반드시 암기해 주세요. 또한, "Full Sentence, which + Vt + O"를 사용할 경우, 반드시 주격 관계 대명사 which 앞에 콤마를 찍어야 한다는 것을 암기해 주세요.

- 주격 관계 대명사 which 뒤에 주어가 생략된 불완전한 문장이 사용되었으며, 주어가 생략된 불완전한 문장의 본동사인 타동사 ruin의 목적어로 명사인 holiday가 사용된 것을 확인해 주세요.

## ⑤ Body 작성 연습

이제 오늘 학습의 마지막으로 아래의 예제문제를 통해 다시 Body 작성 연습을 해보도록 합시다. Body 작성 연습은 아무리 많이 한다 해도 고득점을 받기 위해서는 과하지 않으니 조금만 더 힘을 내서 오늘의 학습분량을 반드시 마무리하시기 바랍니다.

> **예제문제**
>
> **Q**: Once children start to go to school, schools influence them on their intellectual and social development more than parents. <u>To what extent do you agree or disagree?</u>

만약, 문제가 위와 같이 주어진다면,

**1)** 먼저 여러분은 자신의 의견을 결정해야 합니다. 의견 결정은 굉장히 쉽습니다. 동의할 것인가? 부동의할 것인가? 한쪽을 택해서 결정하면 됩니다. 지금 같은 경우, 저는 아이들이 학교에 다니기 시작하면 학교들이 부모님들 보다 아이들의 지적, 사회적 발전에 더 큰 영향력을 가진다는 의견에 동의하도록 하겠습니다. 자, 이제 여러분의 의견을 결정하였다면,

**2)** 자신의 의견을 뒷받침할 Supporting idea를 떠올려야 합니다. Supporting idea를 Body의 내용을 집약해서 보여줄 수 있는 "형용사(Adj) + 명사(N)" 또는 "V-ing + N" 형태로 만들어 내는 것이 가장 이상적입니다. 하지만, 아래와 같은 명사 형태도 충분히 효과적인 Supporting idea가 될 수 있습니다.

Body 1 Supporting Idea ⇒ The professionalism of teachers

**3)** 그다음, 여러분은 주어진 Thesis에서 아래에 나열해 놓은 핵심단어를 추출해 내야 합니다.

schools influence, on intellectual and social development, more than parents

**4)** 이제, Supporting idea가 결정되고 Thesis에서 핵심 단어들을 추출해 냈다면, Logical flow를 따라 Body 작성을 시작하면 됩니다. Body의 첫 번째 문장은 늘 주어진 Template을 이용하여 아래와 같은 문장을 작성할 수 있습니다.

 The professionalism of teachers lucidly demonstrates the matter pertaining to this theme.

**5)** 이제 본격적으로 Body의 Logical flow를 작성해 보도록 하겠습니다.

> **Logical flow A_배경 설명 →**

사회가 점점(more and more. Adv) 더 발전함에 따라, 대규모 재정적 지원(financial support. N)을 받는 학교 시스템도 그 어느때 보다 현저하게(significantly. Adv) 발전해 왔습니다.

**As** (접속사) **society** (N: S) **develops** (Vi) more and more, the school **systems** (N: S) with massive financial support have also **been** (Be) significantly **developed** (P.P) more than ever.

> "Logical flow"의 "A" 부분은, 제가 즐겨 사용하는 "In a modern society in which Full Sentence, Full Sentence."의 모양으로 시작해도 되고, 작문에 어느 정도 자신감이 생긴다면, 여러분이 직접 영작을 하여 배경설명을 해도 됩니다. 배경설명은 한 문장에서 두 문장 정도면 충분하니, Body 전개에 있어 배경 설명에 할당할 분량 역시 기억하고 계시길 바랍니다.

> 부사 접속사 as를 사용하여, 명사 society를 주어로 하는 "S + Vi 완전한 문장"과 명사 system을 주어로 하는 "S + Be + P.P 완전한 문장"을 내용상 의미 전달을 위해 연결해 놓은 것을 확인해 주세요. 특히나, develop은 흔히 타동사로 사용되지만, 여기서는 자동사로 사용되고 있음을 확인해 주세요.

> more than ever은 암기 후, 부사처럼 문장 끝에 배치하여 해석상 비교의 의미를 전달하고 싶을 때 사용하도록 합시다.

> **Logical flow B_핵심 단어 + Thesis 언급 시작 →**

그러한(such. Adj) 지원의 결과(consequence. N) 중 하나는 훌륭한 선생님을 양성(foster. Vt)하는 것입니다.

**One** (N: S) of the consequences from such support **is** (Be) **to foster** (To + V: C) a good **teacher** (N: O).

> 우선, 명사 one을 주어로, Be 동사를 본동사로, To + V인 to foster를 보어로 사용한, S + Be + C 완전한 문장이 사용된 것을 확인해 주세요. 보어로 사용한 To + V의 동사(V) 자리에 타동

- 사인 foster를 사용하였으므로, 타동사의 성질상 to foster 뒤에는 목적어가 와야 하므로, 명사 teacher이 to foster의 목적어 역할을 하고 있음을 확인해 주세요.

- "one of the 복수 명사"는 영작에서 굳이 "one of the 최상급 복수명사"가 아니더라도 빈번하게 사용되니 반드시 암기한 후 사용해 주세요.

- 또한, 위 문장에서 언급한 "금융적 지원"에 관한 내용을 아래 문장으로 받아 내려오기 위해, 즉, 위 문장과 아래 문장 사이에 내용상 Hook을 걸어 주기 위해 형용사 such를 사용한 것을 확인해 주세요. Body의 논리 전개 시 내용상 Hook은 글의 맥락을 형성하는 역할을 하므로, 반드시 적재적소에 사용해 주길 바랍니다.

---

학교에서 적어도 4년 동안 교육학(pedagogy. N)을 공부하고 심지어 최신 전문지식(expertise. N)으로 무장한(armed. P.P) 학교 교사들은 이제 아이들의 지식과 사회 기술을 가르치는 데 없어서는 안 될(indispensable. Adj) 존재로 생각되어 집니다.

**Studying** (Vt-ing) **pedagogy** (N: O) at least for four years in the colleges **and** (연결사) even **armed** (P.P) **with** (Prep) the latest **expertise** (N: O), the school **teachers** (N: S) now have **been** (Be) **thought** (P.P) as indispensable in teaching the knowledge and social skills of the children.

- 우선, 명사 teacher를 주어로, Be 동사를 본동사로, 과거 분사인 thought를 보어(C)로 사용한 S + Be + P.P 완전한 문장이 사용된 것을 확인해 주세요.

- 현재 완료 Have + P.P, 과거 완료 Had + P.P를 사용할 경우, 늘 완전한 문장의 본동사는 P.P에 있다는 점을 반드시 기억해 두도록 합시다.

- Day 15에서 학습하게 될 Syntax(구조론)를 사용한 문장으로, 문장 맨 앞에 V-ing와 P.P를 배치하여, 완전한 문장의 주어(teacher)에 세부 정보를 공급하고 있습니다. 해석상 "교육학을 공부하고 최신 전문지식으로 무장한 선생님들"이라는 내용상 의미를 전달하고 있습니다.

- S + think + A as B → "주어가 생각하다 A를 B라고." B의 자리에는 명사와 형용사가 모두 사용될 수 있다는 것을 반드시 암기해 주길 바랍니다.

🔴 **Logical flow C_Thesis 구체화 →**

학교 선생님의 그러한 전문화된(specialized. Adj) 도움(help. N)으로, 아이들은 부모가 결코 제공할 수 없는 복잡(complicated. Adj)하고 중요한(crucial. Adj) 과학적, 수학적 지식(knowledge. N)을 모두 습득(master. Vt)할 수 있습니다.

<u>**With**</u> (Prep) **that** (Adj) specialized <u>**help**</u> (N: O) from the school teachers, the <u>**children**</u> (N: S) can even <u>**master**</u> (Vt) all the complicated and crucial scientific and mathematical <u>**knowledge**</u> (N: O) **that** (목적격 관계 대명사) the <u>**parents**</u> (N: S) can never <u>**provide**</u> (Vt) <u>**them**</u> (N: O) with.

- 위 문장에서 언급한 "선생님들"과 관련된 내용을 아래 문장으로 받아 내려오기 위해, 즉 위 문장과 아래 문장 사이에 "내용상 Hook"을 걸어 주기 위해 형용사 that을 사용한 것을 확인해 주세요. 형용사 that은 "내용상 Hook"을 걸어 줄 때 사용할 수 있는 형용사로서 늘 단수 명사를 수식해 줍니다.

- 명사 children을 주어로, 타동사 master를 본동사로, 명사 knowledge를 목적어로 사용한, S+Vt+O 완전한 문장이 사용된 것을 확인해 주세요.

- 또한, 목적어 자리에 배치한 명사 knowledge에 대한 세부 정보를 공급하기 위해 목적격 관계 대명사 that을 사용하고, 뒤에 "목적어가 생략된 불완전한 문장"을 사용한 것을 확인해 주세요. 지금 같은 경우, 목적어가 생략된 불완전한 문장으로 전치사 with의 목적어가 생략된 불완전한 문장이 사용되었습니다.

- S + provide + A with B → "주어가 공급하다 A에게 B를." 자주 사용하는 구문이니 반드시 암기해야만 합니다.

🔴 **Logical flow D_This/These 사용하여 Supporting idea 끌어내기 →**

교사의 이러한 전문성(professionalism. N)은 왜 학교 교사가 부모보다 자녀를 가르치는 데 더 많은 영향을 미치는지에 대한 전형(epitome. N)을 확증합니다(ascertain. Vt).

**This** (Adj) **professionalism** (N: S) of teachers clearly **ascertains** (Vt) an **epitome** (N: O) **of** (Prep) **why** the school **teachers** (N: S) **have** (Vt) more **influence** (N: O) on teaching children than the parents.

> this는 형용사로 사용된다면 Body에서 언급한 모든 내용을 아래로 받아 내려오는 기능이 있습니다. 즉, 마지막으로 Logical flow D에서 내용상 Hook을 만들어 주기 위해 this를 사용하는 것입니다.

> 명사 professionalism을 주어로, 타동사 ascertain을 본동사로, 명사 epitome를 목적어로 사용한, S + Vt + O 완전한 문장이 사용된 것을 확인해 주세요.

> 전치사 of의 목적어로 "why + S + Vt + O 완전한 문장"이 사용된 것을 확인해 주세요. "why + S + Vt + O 완전한 문장"은 해석상 이유에 관한 정보를 전달할 때 주로 사용됩니다.

**❻** 이제 완성된 Body 1을 확인해 보도록 합시다.

### [ Body 1 ]

The professionalism of teachers lucidly demonstrates the matter pertaining to this theme. As society develops more and more, the school systems with massive financial support have also been significantly developed more than ever. One of the consequences from such support is to foster a good teacher. Studying pedagogy at least for four years in the colleges and even armed with the latest expertise, the school teachers now have been thought as indispensable in teaching the knowledge and social skills of the children. With that specialized help from the school teachers, the children can even master all the complicated and crucial scientific and mathematical knowledge that the parents can never provide them with. This professionalism of teachers clearly ascertains an epitome of why the school teachers have more influence on teaching children than the parents. (Words: 134)

# 9 Day

## Relative Adverb
관계 부사

Robert Kennedy once said, "Tragedy
is a tool for the living to gain wisdom, not a guide by which to live."

# Day 9

## Relative Adverb

>>>>>>>>>>>>>>>>>>>> - 关系 副词 - <<<<<<<<<<<<<<<<<<<<

오늘 학습하게 될 관계 부사는 이전에 학습하신 관계 대명사와 흡사한 역할을 합니다. 관계 대명사가 그러하듯, 관계 부사 역시 앞쪽에 배치되어 있는 "명사"에 세부 정보를 공급해 주고 싶을 경우 사용할 수 있습니다. 다만, 관계 대명사와 관계 부사의 차이점은, 관계 부사는 뒤에 "불완전한 문장"이 아닌 "완전한 문장"을 배치해야만 한다는 것입니다. 관계 대명사를 사용하든, 관계 부사를 사용하든 세부 정보만 공급해 줄 수 있다면 상관없다 생각하는 분들도 계실 것입니다. 하지만 L1 수준 (모국어를 영어로 사용하는 사람들의 영어구사 수준)의 Writing을 적고자 하시는 분들이라면, 모국어를 영어로 사용하는 사람들이 주로 사용하는 방식으로 관계 부사를 사용해야 한다는 것을 명심해 주세요.

> **N (명사) + 관계 부사 + 완전한 문장**

자 그럼, 여기서 중요한 점 한가지를 짚고 넘어가도록 하겠습니다. 관계 부사 뒤에 세부 정보 공급, 즉 수식을 위해 사용하는 완전한 문장은 "주"가 되는 완전한 문장이 아닌, "수식을 위한" 완전한 문장이란 점입니다. 다시 말해, 여러분께서 이미 학습을 하셨듯, Writing을 할 때는 반드시 "완전한 문장"으로 글을 표현해야만 합니다. 그때의 완전한 문장은 "주"가 되는 완전한 문장이며, 관계 부사 뒤에 적어야 하는 완전한 문장은 단지 수식을 위해 적어야만 하는 "부수"적인 완전한 문장인 것입니다.

영어에서 수식의 개념은 부가적인 요소로서, 문장에서 수식 부분을 모두 제거한다 해도 반드시 Writing의 뼈대에 해당하는 "주"가 되는 완전한 문장은 존재하고 있어야만 하는 것입니다. 즉, 관계 부사를 사용하여 앞쪽에 배치된 명사에 보충 설명을 공급하고 싶을 때, 부수적인 완전한 문장을 적은 후, 여러분은 반드시 "주"가 되는 완전한 문장 역시 적어야만 한다는 것을 명심해 주길 바랍니다. 많은 학생분께서 이 부분에서 실수를 하여, Writing 작성 시 문법적 오류를 범하고 계십니다. 아래의 예제는 IELTS Writing 세 번의 시험에서 5.5를 받으시고, 제 수업을 등록하신 학생분이 첫 수업 날 제출한 Essay의 한 문장입니다. 문장 분석을 통해 자세히 살펴보도록 하겠습니다.

**In** (Prep) a modern **society** (N: O) **where** (관계 부사) many **people** (N: S) have **been** (Be) **able** (Adj: C) to relish life much better due to industrial development.

위의 문장의 문제점은 아주 간단합니다. "주"가 되는 완전한 문장이 존재하지 않는 것입니다. "many people have been able"에서 확인되는 "S + Be + C 완전한 문장"은 주가 되는 완전한 문장이 아닌, 단지 society라는 명사에 세부 정보를 공급하기 위해 사용한 관계 부사 where 뒤에 배치한 "부수적인 완전한 문장"일 뿐이기에, 위의 문장은 완전한 문장이 존재하지 않는, 문법적으로 오류가 있는 문장이 된 것입니다. 즉, 관계 부사를 사용할 경우 여러분은 반드시 "주"가 되는 완전한 문장과 "부수적인" 완전한 문장을 구분할 수 있어야 한다는 것을 명심해 주세요.

자, 그럼 관계 부사의 기본적인 모양부터 다시 알아보도록 하겠습니다. 다시 한번 말씀드리지만, 영어의 시작과 끝은 결국 모양임을 명심해 주세요.

아래와 같이 관계 부사는 크게 when, where, why, how 4가지가 존재합니다. 그럼 어떤 경우에 when을 사용하고, 또 어떤 경우에 where, why, 내지 how를 사용해서 앞쪽에 있는 명사에 세부 정보를 공급해 줄 수 있을까요? 방법은 간단합니다. 아래의 도식을 통해 자세하게 알아보도록 하겠습니다.

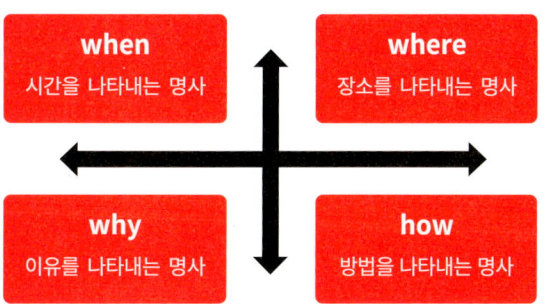

① 시간을 나타내는 명사

시간 명사 (the time) + when + 완전한 문장

만약 여러분이 Writing에서 시간을 나타내는 명사를 사용하였으며, 그 명사에 대해 세부 정보를 공급하고 싶을 때는 관계부사 when을 사용해야 합니다. 시간을 나타내는 명사로 가장 흔하게 사용되는 명사는 time, past, present, future, period, interval등이 있습니다. 그럼, 아래의 예제를 통해 관계 부사 when을 사용한 경우를 확인해 보도록 하겠습니다.

가부장제(patriarchy. N)가 일반적(prevalent. Adj)이였던 과거에는 오로지(solely. Adv) 성별차이(gender difference. N)로 지정된(designated. Adj) 일방적인(unilateral. Adj) 책임들이 당연하게 받아들여졌습니다.

**In** (Prep) the **past** (N: O) **when** (관계 부사) **patriarchy** (N: S) **was** (Be) **prevalent** (Adj: C), a unilateral **responsibility** (N: S), solely **designated** (P.P) by the gender difference, **was** (Be) **taken** (P.P) for granted.

- 시간을 나타내는 명사 past에 대한 세부 정보를 공급해 주기 위해, 관계 부사 "when"을 사용해 준 것을 확인해 주세요.

- 관계 부사 "when" 뒤에 "부수적인 완전한 문장"으로 명사 patriarchy를 주어로, Be 동사를 본동사로, 형용사 prevalent를 보어로 사용한 "S + Be + C 완전한 문장"이 사용된 것을 확인해 주세요.

- S + take + 목적어 + for granted → "주어가 받아들이다 목적어를 당연하게." 실전 영작에서 빈번하게 사용하는 구문이니, 반드시 암기해 두시기 바랍니다.

- 주가 되는 완전한 문장은 명사 responsibility를 주어로, Be 동사를 본동사로, 과거분사 taken을 보어로 사용한 "S + Be + P.P 완전한 문장"임을 확인해 주세요.

- 명사 responsibility에 내용상 세부 정보를 공급해 주기 위해, 명사 후치 수식인 수식 2번 중 과거분사(P.P)인 designated를 사용해 준 것을 확인해 주세요. 또한, 수식 2번 중 과거분사(P.P)를 사용해 앞에 배치된 명사에 세부 정보를 공급해 줄 경우, 콤마를 찍지 않아도 문법적으로 오류가 없음을 반드시 기억해주세요.

- 또한, 관계 부사를 사용한 경우, 명사 뒤에 콤마를 찍지 않는다는 것을 반드시 암기해 주세요.

## ② 장소를 나타내는 명사

> 장소 명사 (the place) + where + 완전한 문장

만약 여러분이 Writing에서 장소를 나타내는 명사를 사용하였으며, 그 명사에 대해 세부 정보를 공급하고 싶을 때는 관계부사 where을 사용해야 합니다. 장소를 나타내는 명사로 가장 흔히 사용되는 명사는 place, location, position, area, region, locale 등이 있습니다. 여기서 한가지 확인하고 가야 할 점은, "물리적으로 존재하는 장소"와 "개념상으로 존재하는 장소"를 구분해 주는 것이 좋다는 점입니다.

그럼 대체, "물리적으로 존재하는 장소"와 "개념상 존재하는 장소"란 무엇을 의미하는 것일까요? 물리적으로 존재하는 장소는 간단히 설명해서, 물리적인 촉감을 느낄 수 있는 장소입니다. 좀 더 쉽게 설명을 한다면, 손으로 만질 수 있는 벽이 존재하는, 즉 촉감을 느낄 수 있는 장소는 물리적으로 존재하는 장소입니다. 레스토랑, 운동장, 주차장, 집, 아파트 등은 모두 우리가 촉감을 느낄 수 있는 장소인 것입니다. 물론, 레스토랑에서 무슨 촉감을 느낄 수 있는지 의아하게 생각하는 학생분들도 있을 것입니다. 레스토랑에 가서서 벽을 손으로 만져 보시기 바랍니다. "손"으로 만질 수 있는 어떤 구조물이 있다면, 또는 "발"을 디딜 수 있는 딱딱한 바닥이 있다면, "물리적으로 존재하는 장소"인 것입니다. 이와는 다르게, 세상, 영역, 환경 등의 명사들은 사실 손으로 만질 수 있거나, 발을 디딜 바닥이 있는 그런 장소 라기보다는, "개념상 존재하는 장소"인 것입니다.

그렇다면, "물리적으로 존재하는 장소"와 "개념상 존재하는 장소"에 대해 보충 설명을 해주고 싶다면, 그 둘을 구분하지 않고 그냥 관계부사 where을 사용해 줘도 괜찮은 것일까요? 간단하게 대답을 해 드린다면, 정말 정확하게 Writing을 하고 싶으시다면, "개념상 존재하는 장소"에 대해 보충 설명을 공급해 주고 싶다면 관계부사 where 대신에 "전치사 + 관계 대명사"인 "in which"를 사용해야 합니다. 그럼 먼저, 아래의 예제를 통해 "개념상 존재하는 장소"에 세부 정보를 공급해 주고 싶을 때 "in which"를 사용한 경우를 확인해 보도록 하겠습니다.

생존(survival. N)을 위한 경쟁이(competition. N) 치열한(competitive. Adj) 현대 사회에서, 많은 사람들은 다른 궁핍한(destitute. Adj) 사람들을(people. N) 돌볼 정도로(look after) 경제적으로(economically. Adj) 풍족하지 않습니다.

In the modern **society** (장소 명사) **in which** (전치사 + 관계 대명사) the **competition** (N: S) **is** (Be) highly **competitive** (Adj: C) for survival, many **people** (N: S) do not **afford** (Vi) economically, **enough to** (Adv) look after the destitute people.

- 장소 명사 society는 "개념상 존재하는 장소"로서, "전치사 + 관계대명사"인 "in which"를 사용해 세부 정보를 공급해 주고 있습니다.

- "in which" 뒤에는, 앞쪽에 배치된 장소 명사 society에 대한 세부 정보를 공급해 주기 위해, 명사 competition을 주어로, Be 동사를 본동사로, 형용사 competitive를 보어로 사용해준 "부수적인 S + Be + C 완전한 문장"이 사용된 것을 확인해 주세요.

- 주가 되는 완전한 문장은 명사 people을 주어로, 자동사 afford를 본동사로, enough to를 부사로 사용한 S + Vi 완전한 문장이란 것을 확인해 주세요.

- 전치사 + 관계 대명사를 사용한 경우, 세부 정보를 공급해 주는 명사 뒤에 콤마를 찍지 않는다는 것을 반드시 기억해 주세요.

---

또한, 아래의 예제를 통해 "물리적으로 존재하는 장소"에 대해 세부 정보를 공급해 주고 싶을 때, 관계 부사 where을 사용해 준 경우를 확인해 보도록 하겠습니다.

법규(statutory regulation. N)에 의거하여(based on. Prep), 필요에 따라(if necessary. Adv) 일반 시민들이 시청에 모여(gather. Vi), 공청회(public hearings. N)가 개최(hold. Vt)되어 전반적인 도시 개발 계획을 논의(discuss. Vt) 합니다.

**Based on** (Prep) statutory **regulations** (N: O), if necessary, ordinary **people** (N: S) usually **gather** (Vi) **in** (Prep) the **city hall** (장소 명사) **where** (관계 부사) the public **hearings** (N: S) **are** (Be) **held** (P.P) **to discuss** (To + Vt) the overall city development **plans** (N: O).

- 물리적으로 존재하는 장소명사인 city hall에 대해 세부 정보를 공급해 주기 위해, 관계 부사 where 뒤에 부수적인 완전한 문장으로 명사 public hearing을 주어로, Be 동사를 본동사로, 과거분사 held를 보어로 사용한 S + Be + P.P 완전한 문장이 사용된 것을 확인해 주세요. 또한, 모든 형용사에 대한 보충 설명은 기본적으로 바로 뒤에 To + V를 사용하여

해 줄 수 있다는 것을 반드시 암기해 주세요. 지금 같은 경우, 과거 분사 held에 대한 보충 설명을 위해, 바로 뒤에 To + V인 "to discuss"를 사용해 준 것을 확인해 주세요.

- 주가 되는 완전한 문장으로 명사 people을 주어로, 자동사 gather을 본동사로 사용한, S + Vi + Prep + O 완전한 문장이 사용된 것을 확인해 주세요.

- 문장 가장 앞, 또는 가장 끝에 To + V를 배치하면 "~하기 위해서"라는 내용상 의미를 전달할 수 있다는 것을 반드시 암기해 주세요.

- 관계 부사를 사용한 경우, 수식해 주는 명사 뒤에 절대로 콤마를 찍지 않는다는 것을 반드시 암기해 주세요.

### ③ 이유를 나타내는 명사

이유 명사 (the reason) + why + 완전한 문장

만약 여러분이 Writing에서 이유를 나타내는 명사를 사용하였으며, 그 명사에 대해 세부 정보를 공급해 주고 싶을 때는, 관계부사 why를 사용해야 합니다. 이유를 나타내는 명사로 가장 흔히 사용되는 명사는 reason이 있습니다. 그럼, 아래의 예제를 통해 관계 부사 why를 사용한 경우를 확인해 보도록 하겠습니다.

생활 수준(standard of living. N)이 크게 개선된 이유는, 더 이상 수수께끼(mystery. N)가 아닙니다.

The **reason** (N: S) **why** (관계 부사) the **standard** (N: S) of living has **been** (Be) drastically **improved** (P.P) **is** (Be) not a **mystery** (N: C) anymore.

- 이유를 나타내는 명사 reason에 세부 정보를 공급해 주기 위해, 관계 부사 why를 사용하였으며, why 뒤에는 부수적인 완전한 문장으로, 명사 standard를 주어로, Be 동사를 본동사로, 과거분사 improved를 보어로 사용한, S + Be + P.P 완전한 문장이 사용된 것을 확인해 주세요.

- 주가 되는 완전한 문장으로 명사 reason을 주어로, Be 동사를 본동사로, 명사 mystery를 보어로 사용한 S + Be + C 완전한 문장이 사용된 것을 확인해 주세요.

- 관계 부사를 사용한 경우, 수식을 해주는 명사 뒤에는 콤마를 찍지 않는다는 것을 반드시 기억해 주세요.

---

자 이제, 여기서 잠시 여전히 영문법에서 논란의 여지가 있는 부분을 확인해 보도록 하겠습니다. 아래의 예문들은 앞에 배치된 명사에 대해 세부 정보를 공급해 주기 위해 사용할 수 있는 다양한 영문법으로, 같은 내용상 의미를 전달하는 문장들을 작성한 것입니다.

**A** I (N: S) **want** (Vt) **to know** (To + Vt: O) the reason **why** (관계 부사) **you** (N: S) **took** (Vt) my **book** (N: O).

위의 예문은 "관계 부사"를 사용하여 명사 reason에 세부 정보를 공급해 준 것입니다.

부수적인 완전한 문장으로, 명사 you를 주어로, 타동사 take를 본동사로, 명사 book을 목적어로 사용한 S + Vt + O 완전한 문장이 사용된 것을 확인해 주세요.

주가 되는 완전한 문장으로, 명사 I를 주어로, 타동사 want를 본동사로, To + V인 to know를 목적어로 사용한 S + Vt + O 완전한 문장이 사용된 것을 확인해 주세요.

**B** I want to know the **reason** (N) that **you** (S) **took** (Vt) my **book** (N: O).

위의 예문은 앞으로 Day 11에서 학습하게 될, "that + Full Sentence"를 사용하여 명사 reason에 세부 정보를 공급해 준 것입니다.

**C** I (N: S) **want** (Vt) **to know** (To + Vt: O) **why you took my book**.

위의 예문은 여러분께서 Day 4 품사 부분에서 학습하신, "why + Full Sentence"를 "To + V"에 사용된 타동사인 know의 목적어로 사용한 경우입니다.

**D** I (N: S) **want** (Vt) **to know** (To + V: O) your **reason** (N: O) for taking my book.

위의 예문은 일반적인 작문법으로 작성한 문장입니다.

위의 네 가지 예문들은 각기 다른 영문법을 사용하여 내용상 같은 의미를 전달하고 있습니다. 위의 경우처럼, 어떤 영문법을 사용한 경우가 좀 더 나은 선택인지, 또한 어떤 문장이 좀 더 나은 문장인지는 지금 현재도 많은 전문가분께서 활발하게 논쟁을 진행 중입니다. 다만, 제가 말씀드리고 싶은 것은, 위의 네 가지 예문 중 어떤 문장으로 글을 적는다 할지라도, 점수에는 전혀 지장이 없을 것이란 점입니다. 왜냐하면, 위의 네 가지 예문 모두 문법적으로 옳은 표현이고 해석상 명확한 의미를 전달하기 때문입니다. 여러분께서는 이 책을 끝까지 학습하신 후, 문법적으로 옳은 동시에 주어진 Thesis에 대해 명확하고 구체적인 답변만 하실 수 있다면, IELTS Writing에서 좋은 점수를 받으실 수 있습니다.

### ④ 방법을 나타내는 명사

> 방법 명사 (the way) + how + 완전한 문장

만약 여러분이 Writing에서 방법을 나타내는 명사를 사용하였으며, 그 명사에 대해 세부 정보를 공급해 주고 싶을 때는, 관계부사 how를 사용해야 합니다. 방법을 나타내는 명사로 가장 흔하게 사용되는 명사는 way, means, manual, technique, process, method, measure 등이 있습니다. 그럼, 아래의 예제를 통해 관계 부사 how를 사용한 경우를 확인해 보도록 하겠습니다.

더 많은(further. Adj) 자연재해(natural disaster. N)를 방지(prevent. Vt)하기 위해, 사람들이 손상된(damaged. Adj) 환경(environment. N)을 복원(restore. Vt)하는 방법(way. N)에 대해 활발히 (actively. Adv) 논의하고 있습니다.

The **way** (N: S) **how** (관계 부사) **people** (N: S) **restore** (Vt) the damaged **environment** (N: O) **is** (Be) being **actively** (Adv) **discussed** (P.P) to prevent further natural disasters.

- 방법을 나타내는 명사 way에 세부 정보를 공급해 주기 위해, 관계 부사 how를 사용하였으며, 관계 부사 how 뒤에 부수적인 완전한 문장으로, 명사 people을 주어로, 타동사 restore을 본동사로, 명사 environment를 목적어로 사용한 S + Vt + O 완전한 문장이 사용된 것을 확인해 주세요.

- 주가 되는 완전한 문장으로 명사 way를 주어로, Be 동사를 본동사로, 과거분사 discussed를 보어로 사용한, S + Be + P.P 완전한 문장이 사용된 것을 확인해 주세요.

- 관계 부사를 사용한 경우, 세부 정보를 공급해 주는 명사 뒤에는 콤마를 찍지 않는다는 것을 반드시 기억해 주세요.

- 또한, 완전한 문장을 작성할 때마다 주어와 동사의 "수의 일치"를 늘 확인해 주세요.

- S + Be + P.P 완전한 문장을 사용할 경우, Be 동사와 P.P 사이에 being을 넣으면 "강조의 효과"가 발생한다는 것을 기억해 주세요.

### 5 전치사 + 관계 대명사

위에서 간략하게, "물리적으로 존재하는 장소"와 "개념상 존재하는 장소"에 대한 보충 설명을 해 주는 방법 부분에서 언급하였듯이, 모든 관계 부사는 "전치사 + 관계 대명사"로 사용이 가능합니다. 하지만, 각각의 관계 부사에 대한 "전치사 + 관계 대명사" 모양을 전부 암기하는 것은 완전한 시간 낭비이며, 또한 실전 IELTS Writing에서 거의 사용할 일이 없기에, 간략하게 이해 정도만 하신다면 시험대비에 충분할듯 합니다. 하지만, 아래의 모양은 적어도 반드시 암기 부탁드립니다.

> 물리적으로 존재하는 장소 명사 + **where** + 완전한 문장
> 개념상으로 존재하는 장소 명사 + **in which** + 완전한 문장

### 6 그럼 몇 가지 실전 예문을 통해 관계 부사를 좀더 학습해 보도록 하겠습니다.

경제(economy. N)가 잘 발달된 현대 사회에서 사람들은 최고의 물질적 풍요(material affluence. N)를 즐기고 있습니다.

**In** (Prep) a modern **society** (장소 명사) in which the **economy** (N: S) **is** (Be) so well **developed** (P.P), **people** (N: S) have been **relishing** (Vt) the best material **affluence** (N: O).

- "개념상 장소 명사"인 society에 세부 정보를 공급해 주기 위해, "전치사 + 관계 대명사"인 in which 뒤에 부수적인 완전한 문장으로, 명사 economy를 주어로, Be 동사를 본동사로, 과거 분사인 developed를 보어로 사용한, S + Be + P.P 완전한 문장이 사용된 것을 확인해 주세요

- 문장 가장 앞에 전치사를 배치하면, 좀 더 가독성 있는 글을 작성할 수 있다는 것을 확인해 주세요.
- 주가 되는 완전한 문장으로, 명사 people을 주어로, 타동사 relish를 본동사로, 명사 affluence를 목적어로 사용한, S + Vt + O 완전한 문장이 사용된 것을 확인해 주세요.

---

누구나(anyone. N) 다양한(various. Adj) 스포츠를 즐길 수 있는 공공 스포츠 단지(sports complex. N)를 건설하는 것은 우울증(depression. N)이나 당뇨병(diabetes. N)과 같은 성인병(adult disease. N)을 해결(resolve. Vt)할 수 있는 옵션 중 하나가 될 것입니다.

**Constructing** (Vt-ing: S) the public **sports complex** (장소 명사) **where** (관계 부사) **anyone** (N: S) can **enjoy** (Vt) various **sports** (N: O) would **be** (Be) **one** (N: C) of the options to resolve adult diseases such as depression and diabetes.

- 주가 되는 완전한 문장으로, V-ing인 constructing을 주어로, Be 동사를 본동사로, 명사 one을 보어로 사용한 S + Be + C 완전한 문장이 사용된 것을 확인해 주세요.
- "물리적 장소 명사"인 sports complex에 대한 세부 정보를 공급해 주기 위해, 관계 부사 where이 사용되었으며, 관계 부사 뒤는 명사 anyone을 주어로, 타동사 enjoy를 본동사로, 명사 sports를 목적어로 사용한 S + Vt + O 완전한 문장이 부수적인 완전한 문장으로 사용된 것을 확인해 주세요.
- "~가 될 것 같다"는 예측은 늘 조동사 would를 사용해 주세요.

# 10 Day

## Compound Relative Pronoun / Adverb
### 복합 관계 대명사 / 복합 관계 부사

"I choose my friends for their good looks, my acquaintances for their good characters, and my enemies for their good intellect." Oscar Wilde.

# Day 10

## Compound Relative Pronoun / Adverb
\>\>\>\>\>\>\>\>\>\>\>\>\>   - 복합 관계 대명사 / 복합 관계 부사 -   <<<<<<<<<<<<

오늘은 복합 관계 대명사와 복합 관계 부사에 대해 학습해 보도록 합시다. 물론 복합 관계 대명사와 복합 관계 부사에 대해 정말 자세하게 모든 것을 다루면 좋겠지만, IELTS Writing 시험을 위해 굳이 그렇게까지 깊이 있게 복합 관계 대명사와 복합 관계 부사를 학습할 필요는 없다는 것이 저자의 생각입니다. 그러므로 우리는 Body 작성 시 한 문장 정도에서 복합 관계 대명사 또는 복합 관계 부사를 사용하기 위해, 빈번하게 사용하는 복합 관계 대명사와 복합 관계 부사만을 학습하도록 하겠습니다. 영문법 학습 시 가장 중요한 것은 실전에서 사용할 영문법만을 학습하는 것입니다. 그것이 이 책을 학습하시는 여러분의 목적인 것입니다.

### ❶ 복합 관계 대명사

그럼 먼저, 복합 관계 대명사란 대체 무엇일까요? 대답은 간단합니다. 복합 관계 대명사는 문장 작성 시 우리가 지금까지 학습해온 5개의 완전한 문장에서 각각 주어, 목적어, 보어 자리에 사용할 수 있는 모양입니다. 또한, 복합 관계 대명사는 부사로서도 사용될 수 있습니다. 또한, 복합 관계 대명사는 늘 "관계 대명사 + ever"의 모양을 가진다는 것을 반드시 암기해 주세요. 우리는 학습의 효율성을 위해 복합 관계 대명사가 부사로서 사용되는 방법만을 학습할 것입니다. 복합 관계 대명사가 물론 주어, 목적어, 보어 자리에 사용될 수가 있지만, 실전 IELTS Writing에서는 주로 부사로 사용하는 경우가 많기에, 우리는 철저히 복합 관계 대명사가 부사로 사용되는 경우만 학습해 보도록 하겠습니다.

먼저, 복합 관계 대명사가 부사로 사용된다면, 일반적으로 "~ 하더라도" 또는 "~ 할지라도"라는 내용상 의미를 전달합니다. 또한, 복합 관계 대명사는 늘 뒤에 불완전한 문장을 사용해야 합니다. 가장 자주 사용되는 복합 관계 대명사의 모양은 다음과 같습니다.

> **복합 관계 대명사** + 불완전한 문장
>
> 해석 : ~하더라도
>
> 모양 : **whoever**, **whomever**, **whichever**, **whatever**
>
> 성질 : 주어 (**S**), 목적어 (**O**), 보어 (**C**), 부사 (**Adv**) 로 사용

어떠한 가치 있는(invaluable. Adj) 지역 예술품(local artwork. N)들을 지역 박물관이 매주마다 (every week. Adv) 전시한다(exhibit. Vt) **할지라도**, 사람들이 관심이 없다면 예술품(artwork. N)은 아무 가치도 가지지 못할 것입니다.

**Whatever** (복합 관계 대명사) invaluable local **artworks** (N) the **museums** (N: S) **exhibit** (Vt) every week, the **artworks** (N: S) would not **have** (Vt) any **values** (N: O) if people are not interested in them.

- 부사는 주로 문장 가장 앞에 사용하듯이, 복합 관계 대명사 whatever를 문장 가장 앞에 배치하여 "전시하더라도~"라는 내용상 의미를 전달하고 있음을 확인해 주세요.

- 전체적인 문장 구조가, "복합 관계 대명사 + 불완전한 문장(~하더라도: 부사로 사용), Full Sentence."임을 확인해 주세요.

- 복합 관계 대명사 whatever 뒤에, 명사 artwork밖에 없으므로, 불완전한 문장이 사용된 것입니다. 또한, 명사 artwork는, 생략된 "목적적 관계 대명사"에 의해, 명사 museum을 주어로, 타동사 exhibit을 본동사로 사용한, 목적어가 생략된 불완전한 문장인 "S + Vt 불완전한 문장"의 수식을 받고 있음을 확인해 주세요.

- 명사 artwork를 주어로, 타동사인 have를 본동사로, 명사 value를 목적어로 사용한, S + Vt + O 완전한 문장이 사용된 것을 확인해 주세요.

---

어떠한 값비싼(costly. Adj) 정책을 정부가 시행한다 **할지라도**, 사람들이 효율적으로(effectively. Adv) 그들의 국가 정체성(national identity. N)을 배울 수 있는 건 오직 지역 예술품(local artworks. N)을 통해서입니다.

**Whatever** (복합 관계 대명사) costly **policies** (N) the **government** (N: S) **initiates** (Vt), **it** (S) **is** (Be) only **through** (Prep) the local **artworks** (N: O) **that** people can effectively learn their national identities.

- 복합 관계 대명사 whatever 뒤에, 생략된 목적격 관계 대명사의 수식을 받는 명사 policy 밖에 없으므로, 복합 관계 대명사 뒤에 불완전한 문장이 사용된 것을 확인해 주세요. 또한, 명사 policy는, 생략된 "목적적 관계 대명사"에 의해, 명사 government를 주어로, 타동사 initiate를 본동사로 사용한, 목적어가 생략된 불완전한 문장인 "S + Vt 불완전한 문장"의 수식을 받고 있음을 확인해 주세요.

- 또한, 앞으로 Day 14에서 학습하게 될 It Be That 강조 구문이 사용된 것을 확인해 주세요. 지금 같은 경우는 전치사구 through the local artworks를 강조한 It Be That 강조 구문이 사용되었습니다.

---

습관적 반대론자(naysayers. N)들이 무슨 말을 한다 **할지라도**, 정부는 사람들이 절박하게(desperately. Adv) 생존(survival. N)을 위해 필요로 하는 에너지 절약의 능률성(efficacy. N)을 극대화하기(maximize. Vt) 위해서, 서머타임을 시작해야만 합니다(initiate. Vt).

**Whatever** (복합 관계 대명사) the **naysayers** (N: S) **talk** (Vi) **about** (Prep), the **government** (N: S) must **initiate** (Vt) daylight saving **time** (N: O) to **maximize** (to + Vt) the **efficacy** (N: O) of saving **energy** (N) people **desperately** (Adv) need to use for **survival** (N).

- 복합 관계 대명사 whatever 뒤는, 명사 naysayer를 주어로, 자동사 talk를 본동사로, 전치사 about를 사용한, 목적어가 생략된 "S + Vi + Prep 불완전한 문장"이 사용된 것을 확인해 주세요.

- 주가 되는 완전한 문장은 명사 government를 주어로, 타동사 initiate를 본동사로, 명사 time을 목적어로 하는 S + Vt + O 완전한 문장이 사용된 것을 확인해 주세요.

- 문장 가장 마지막에 "To + V"를 사용하여, "~하기 위해서"란 해석상 의미를 전달할 수 있습니다. 이것이 여러분이 흔히 알고 있는 To + V의 "부사적 용법" 입니다.

## ❷ 복합 관계 부사

그럼 이제, 복합 관계 대명사와는 약간 다른 형태인 복합 관계 부사에 대해서 학습해 보도록 하겠습니다. "복합 관계 대명사"는 원칙적으로 주어, 목적어, 보어, 또는 부사로 사용될 수 있는 데 반해, "복합 관계 부사"는 항상 부사로만 사용된다는 것을 반드시 암기해 두도록 합시다. 또한, 복합 관계 부사가 부사로 사용될 경우, "~ 든지" 또는 "아무리 ~할지라도"라는 해석상 의미를 전달할 수 있으며, 복합 관계 부사는 뒤에 늘 완전한 문장이 와야 한다는 것을 반드시 암기해 두도록 합시다.

---

**복합 관계 부사** + 완전한 문장

해석 : ~ 든지 또는 아무리 ~할지라도

모양 : **관계부사 + ever**

성질 : 늘 부사로만 사용

---

우리는 실전 학습을 위해 복합 관계 부사의 no matter 사용법만을 학습해 보도록 하겠습니다. 여기서 중요한 것은, 왜 -ever의 모양이 아닌 no matter의 모양을 사용하는지가 아니라, 복합 관계 부사의 사용법인 no matter 사용법을 충분히 숙지한 뒤, 정해진 특정한 의미를 no matter을 사용하여 작문하는 것입니다. 몇 번 강조를 해드렸듯이, 영문법 학습에서 가장 중요한 것은 모양을 암기한 뒤 실전 Writing에서 직접 적용하여 사용하는 것임을 명심해 주시기 바랍니다.

그럼 Body 작성 시 가장 빈번하게 사용되는 아래의 두 가지 "복합 관계 부사 no matter how 사용법"을 반드시 암기해 주시기 바랍니다. 하나는 셀 수 없는 명사를 사용할 경우의 no matter how 사용법이고 다른 하나는 셀 수 있는 명사를 사용할 경우의 no matter how 사용법입니다. 위에서 언급을 한 것처럼 복합 관계 부사를 사용한다면, 그 뒤는 반드시 완전한 문장을 사용해야 합니다. 하지만 아래의 모양을 언뜻 본다면 복합 관계 부사인 no matter how 뒤가 불완전한 문장처럼 보입니다. 하지만 이것은 도치로 인한 착시일 뿐입니다. 즉, 원래는 복합 관계 부사(no matter how) 뒤에 S + Vt + O 완전한 문장이 사용되었지만, 목적어로 사용된 명사를 주어 앞으로 배치하여 도치를 시켜 줌으로써 언뜻 보아 불완전한 문장처럼 보이지만 실제는 S + Vt + O 완전한 문장이 사용된 것입니다.

---

No matter how **much** O (N: 셀 수 없는 명사) + S + Vt

→ 해석 : 얼마나 많은 N를 S가 Vt 하더라도

---

No matter how **many** O (N: 셀 수 있는 명사) + S + Vt

→ 해석 : 얼마나 많은 N를 S가 Vt 하더라도

---

아래의 예문을 통해서 좀 더 자세히 학습해 보도록 하겠습니다.

광고회사(advertising companies. N)들이 잠재 고객들(potential customers. N)을 끌기 위해 (attract. Vt) 얼마나 많은 유명한 스포츠 스타들(sports stars. N)을 광고에 출현시킨다(bring A into the advertisements) **할지라도**, 광고에 의해 만들어진 피상적인(superficial. Adj) 이미지들보다 제품들의 품질이 더 중요하다(crucial. Adj)라는 근본적인(fundamental. Adj) 사실은 변하지 않습니다(unchanged. Adj).

**No matter how** (복합 관계 부사) many **sports stars** (N: O) the advertising **companies** (N: S) **bring** (Vt) into the advertisements **to attract** (To + Vt: Adv) potential **customers** (N: O), the fundamental **fact** (N: S) that the **qualities** (N: S) of products **are** (Be) more **crucial** (Adj: C) **than** (Prep) superficial **images** (N: O) **created** (P.P) by advertisements **remains** (불완전 자동사) **unchanged** (P.P: C).

- 복합 관계 부사 no matter how 뒤에 명사 company를 주어로, 타동사 bring을 본동사로, 명사 sports star를 목적어로 하는 S + Vt + O 완전한 문장이 사용되었으며, 목적어로 사용된 명사 sports star를 주어인 advertising company 앞으로 도치시킨 것을 확인해 주세요.

- 복합 관계 부사는 늘 부사로만 사용되며, 복합 관계 부사 no matter how 뒤에 나오는 명사 advertising company를 주어로 하는 S + Vt + O 완전한 문장은 부수적인 완전한 문장으로, 반드시 주가 되는 완전한 문장이 있어야 함을 확인해 주세요.

- 주가 되는 완전한 문장은, 명사 fact를 주어로, 불완전 자동사 remain을 본동사로, 과거분사 unchanged를 보어로 사용한, S + Vi + C 완전한 문장임을 확인해 주세요. 또한, 불완전 자동사는 일반적인 자동사와는 달리 뒤에 보어(C)를 가져올 수 있음을 반드시 암기해 주세요.

- 또한, 주가 되는 완전한 문장의 주어인 명사 fact는 추상 명사이므로, 내일 학습하게 될 수식 2번 중 하나인 "추상 명사 + that + S + Be + C 완전한 문장"을 사용하여 주어인 "사실"에 대한 세부 정보를 공급해 주었음을 확인해 주세요.
- 전치사 than의 목적어로 사용한 명사 images에 대한 세부 정보를 공급해 주기 위해, 수식 2번, 즉 명사 후치 수식의 방법 중 하나인 과거분사 created가 사용된 것을 확인해 주세요.

### ③ Body 작성 연습

이제 다시 아래의 예제 문제를 통해 간단히 Body 작성 연습을 시작해 보도록 하겠습니다. 여러분께서는, 반드시 적어도 하루에 한 개씩의 Body 작성 연습을 해야만 합니다. 그래야만, Body 작성에 익숙해질 수 있기 때문입니다. Writing은 글을 많이 쓰면 쓸수록 실력이 향상됩니다. 반드시, 아래의 Body 작성 연습을 마무리하고, 오늘의 학습량을 모두 마치시기 바랍니다.

> **예제연습**
>
> Q: Reducing global environmental damage should be handled by governments rather than individuals. However, some people do not believe that the government can solve environmental problems. What are the reason and the solution?

1) 주어진 thesis는 Cause & Solution 유형의 Essay이며, Cause & Solution 유형의 Essay에서는 Body 1에 이유를 배치하고 Body 2에 해결책을 배치하면 됩니다. 우리는 Body 1을 작성해 보도록 하겠습니다. 작성 방법은, 지금껏 연습하셨듯이 Logical flow를 따라 작성하시면 됩니다.

2) Supporting idea를 생각해 낸 뒤, Body Template을 사용하여 아래의 문장을 작성할 수 있습니다.

    **To begin with, incompetent government unambiguously depicts the matter pertaining to this theme.**

3) 이제 Logical flow를 따라서 본격적인 Body 작성을 시작합니다.

### Logical flow A_배경 설명 →

정부가 시행(implement. Vt)한 대부분의 모든 환경 정책(policies. N)들은 지금까지(so far. Adv) 사람들을 늘(always. Adv) 실망시켜 왔습니다(disappoint. Vt).

Almost all the environmental **policies** (N: S) **implemented** (P.P) by the government have always **disappointed** (Vt) **the public** (N: O) **so far** (Adv).

- 명사 policy를 주어로, 타동사 disappoint를 본동사로, the public을 목적어로 사용한 S+Vt+O 완전한 문장이 사용된 것을 확인해 주세요.
- 현재 완료(Have + P.P) 내지 과거 완료(Had + P.P)를 사용할 경우, 늘 본동사는 P.P에 있다는 것을 명심해 주세요.
- 형용사 all은, "all + 복수 명사," "all the + 복수 명사," "all of the + 복수 명사" 3가지의 모양 중 아무거나 사용해도 상관이 없습니다.
- so far는 "지금까지"라는 해석상 의미를 전달할 수 있으며, 문장에서 늘 부사처럼 언제든 사용할 수 있다는 것을 반드시 암기해 주세요.

### Logical flow B_핵심 단어 + Thesis 언급 시작 →

정부는 지난 수십 년 동안(for the past decades) 이미 손상된 자연환경을 복구(restore. Vt)하기 위해서 수십 조원을 사용했지만, 더 훼손된 호수와 더러워진 공기가 결국 우리가 얻은 것이었습니다.

The **government** (N: S) has **spent** (Vt) **billions** (N: O) of dollars **to restore** (To + V: ~하기 위해서) the **already** (Adv) **damaged** (Adj) natural **environment** (N: O) for the past decades, **but** (등위 접속사) more destroyed **lakes** (N1: S1) **and** (연결사) dirty **air** (N2: S2) **were** (Be) **what we finally got** (what + 불완전한 문장: C) only.

- 명사 government를 주어로, 타동사 spend를 본동사로, 명사 billions를 목적어로 사용한 S + Vt + O 완전한 문장과 명사 lake, air을 주어로, Be 동사를 본동사로, "What + 불완전한 문장"을 보어로 사용한 S + Be + C 완전한 문장이 등위 접속사 but을 사용하여 연결돼 있는 것을 확인해 주세요.

완전한 문장의 끝에 To + V를 배치할 경우, 앞 문장에서의 to restore처럼 "~하기 위해서"라는 의미를 전달할 수 있음을 반드시 암기해 주세요.

### Logical flow C_Thesis 구체화 →

이러한 오염된(polluted. Adj) 강들과 공기로 인해, 극심하게(extremely. Adv) 스트레스를 받은 시민(citizen. N)들은 정부에 대한 신뢰감(confidence. N)을 급속도로(rapidly. Adv) 잃게 되었으며, 더 이상 정부를 신뢰하지 않게 되었습니다.

**Extremely** (Adv) **stressed** (P.P) **out** (Adv) by **these** (Adj) polluted **rivers** (N1: O1) **and** (연결사) **air** (N2: O2), **citizens** (N: S) have rapidly **lost** (Vt) **confidence** (N: O) in the government, **and** (등위 접속사) no longer **trust** (Vt) the **government** (N: O).

- Day 15에서 학습하게 될 Syntax를 사용한 작문입니다. 문장 가장 앞에 P.P인 stressed를 배치하여 완전한 문장의 주어, 즉 명사 citizen에 대한 세부 정보를 공급하는 수식의 방법입니다. 나중에 자세하게 학습을 하게 되겠지만, 문장 가장 앞에 P.P를 사용하여 주어를 수식해 주는 지금의 문장 구조를 미리 기억해 두시기 바랍니다.

- 명사 citizen을 주어로, 타동사 lose를 본동사로, 명사 confidence를 목적어로 사용한 S + Vt + O 완전한 문장과, 타동사 trust를 본동사로, 명사 government를 목적어로 사용한 S + Vt + O 완전한 문장이 등위 접속사 and를 사용하여 연결되어 있는 것을 확인해 주세요.

- 타동사 trust를 본동사로 하는 두 번째 완전한 문장에서, 앞의 S + Vt + O 완전한 문장과 주어가 같아, 등위 접속사 뒤의 주어를 생략해 준 것을 확인해 주세요. 생략된 주어는 citizen입니다.

- 형용사 these를 사용하여 위 문장, 즉 Logical flow B에서 언급된 "더 훼손된 호수와 더러워진 공기"를 아래로 받아 내려와 "내용상 Hook"을 만들어 내고 있음을 확인해 주세요.

### Logical flow D_This/These 사용하여 Supporting idea 끌어내기 →

이 무능한(incompetent. Adj) 정부를 향한 불신감(disbelief. N)은 결국(eventually. Adv) 사람들이 정부는 더 이상 환경 문제를 해결할 수 없다고 믿도록 만들었습니다.

The **disbelief** (N: S) **toward** (Prep) **this** (Adj) incompetent **government** (N: O) eventually has **made** (Vt) **people** (N: O) **believe** (Vt) that the **government** (N: S) can no longer **solve** (Vt) environmental **problems** (N: O).

> 명사 disbelief를 주어로, 타동사 make를 본동사로, 명사 people을 목적어로 사용한 S + Vt + O 완전한 문장이 사용된 것을 확인해 주세요.

> S + make + N + V → "주어가 만들다 명사가 동사하도록." 흔히 사역동사라고 불리는 make를 사용한 구문이며, Body 작성 시 빈번하게 사용되니 반드시 암기해 두도록 합시다.

> 형용사 this를 사용하여 Supporting idea인 incompetent government를 끌어내고 있음을 확인해 주세요. Logical flow D, 즉 Body의 마지막 문장에서는 반드시 this를 사용하여 Supporting idea를 다시 끌어내야 함을 명심해 주세요.

**4** 이제 완성된 Body 1을 확인해 보도록 하겠습니다.

### [ Body 1 ]

To begin with, incompetent government unambiguously depicts the matter pertaining to this theme. Almost all the environmental policies implemented by the government have always disappointed the public so far. The government has spent billions of dollars to restore the already damaged natural environment for the past decades, but more destroyed lakes and dirty air were what we finally got only. Extremely stressed out by these polluted rivers and air, citizens have rapidly lost confidence in the government, and no longer trust the government. The disbelief toward this incompetent government eventually has made people believe that the government can no longer solve environmental problems. (Words: 103)

# 11 Day

## Intangible N That Full Sentence
### 추상명사 That 완전한 문장

Austrian novelist Marie Von Ebner-Eschenbach wrote, "In youth we learn; in age we understand."

# Day 11

## Intangible N That Full Sentence
>>>>>>>>>>>>>>> - 추상명사 That 완전한 문장 - <<<<<<<<<<<<<<<

이번 시간은 수식 2번 "추상명사 + that + 완전한 문장"에 대해 학습해 보도록 하겠습니다. 사실, 여러분이 지금껏 이 책을 제외한 다른 책들, 많은 학교 또는 학원 수업을 통해서 영문법을 학습하실 때 많은 학생분께서 영문법의 어려운 이름들에 압살(?)당했다 해도 과언이 아닐 듯합니다. 옛날 종종 교보문고나 영풍문고에 들려 영문법 책들을 훑어 볼 때가 있었는데, 명사절, 보어절, 부사이지만 접속사의 성질을 가지는 부사 등등 그 이름들이 너무 길고 어려워서, 영어를 모국어처럼 사용하는 저조차도 사실 그 책을 보고서 영어가 이렇게까지 어려웠나라는 반문을 해본 적이 있습니다.

제가 지금 이 이야기를 하는 이유는, 어떠한 영문법에 있어서든 그 이름보다는 개념을 이해한 후 실전 Writing에 적용하는 것이 먼저라는 말을 하고 싶기 때문입니다. 영문법의 그 어려운 이름들을 설령 전부 암기한다 해도, 실전 Writing에 전혀 사용할 수 없다면, 그리고 여러분이 학습한 영문법을 사용해 Reading 지문을 읽을 수 없다면 여러분이 학습하신 영문법은 아무런 소용이 없기 때문입니다. 그래서입니다. 문법적으로 "이래서 이래"라는 문법적인 논리보다는 "추상명사 + that + 완전한 문장"의 모양을 통째로 암기 한 후 여러분이 Writing에서 사용만 할 수 있다면 충분한 것입니다.

지금부터 암기하도록 합시다. 추상 명사 뒤에는 "that + 완전한 문장"을 사용해 앞의 추상 명사에 대한 세부 정보를 공급해 줄 수 있다는 것을요. 그렇다면 추상 명사란 것은 무엇일까요? 아래의 설명을 통해서 자세히 학습해 보도록 합시다.

법이 크게 각각의 기준을 바탕으로 성문법과 불문법, 영미법계와 대륙법계로 나뉘듯이, 명사는 기본적으로 그 분류법에 따라 크게 3가지의 분류법이 존재합니다. 첫 번째 분류법이 개수를 셀 수 있고, 없고의 차이입니다. 이미 이전 시간에 학습한 대로, 명사는 크게 개수를 셀 수 있고 없고를 기준으로, "셀 수 있는 명사"인 "가산 명사"와 "셀 수 없는 명사"인 "불가산 명사"가 존재합니다. 또한, 또 다른 분류법인 손으로 만질 수 있고 없고를 기준으로 한, 즉 촉감을 기준으로 한, "촉감이 있는 명사"인 "물질 명사"와 "촉감이 없는 명사"인 "추상 명사"로 구분이 됩니다. 마지막으로, 명사를 사람과 사물로 분류한, "사람 명사"와 "사물 명사" 입니다.

여기서 중요한 것은 각각의 분류법을 암기하는 것이 아닌, 여러분이 영작을 할 때 사용하는 명사가 사람 명사인지, 사물 명사인지, 물질 명사인지, 추상 명사인지, 또는 셀 수 있는 명사인지, 셀 수 없는 명사인지를 끊임없는 영작 훈련을 통해 즉각적으로 알 수 있어야만 한다는 것입니다. 아래의 도식을 통해서 결국 명사는 크게 4가지 이름으로 불린다는 것을 기억해 주시는 것으로 충분합니다.

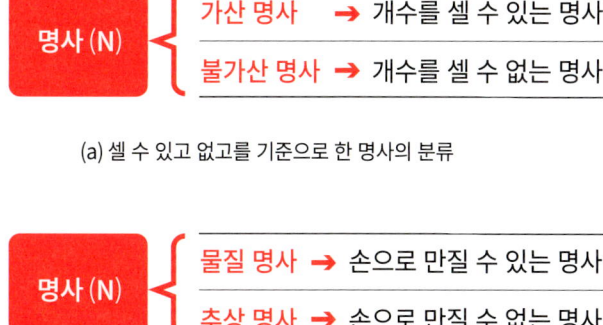

(a) 셀 수 있고 없고를 기준으로 한 명사의 분류

(b) 손으로 만질 수 있고 없고를 기준으로 한 명사의 분류

위의 4가지의 명사 중 이번 시간에 학습할 명사는 손으로 만질 수 있고 없고를 기준으로 명사를 분류했을 때, 손으로 만질 수 없는 명사인, 즉 촉감이 없는 명사인 추상 명사에 대한 세부 정보를 공급하는 방법입니다. 위에서 언급하였다시피, "추상명사 + that + 완전한 문장"이라고 통으로 암기해 두신다면 영작을 하실 때 큰 도움이 될 것입니다.

실전 IELTS Writing에서 추상 명사에 대한 세부 정보 공급이 필요한 이유는, 실전 기출문제 대부분이 다분히 추상적인 사회적 issue들에 대해 질문을 던지기 때문입니다. 예를 들어 환경파괴, 고도의 산업화, 가부장제, 회사의 유니폼 정책, 조기교육 등등 이러한 의미를 표현하는 명사들은 전부 촉감이 없는 추상 명사이기 때문입니다. 그렇기에, 실전 Wrting시 필요한 경우 적재적소에 추상 명사에 대한 세부 정보를 공급하여 여러분의 논리를 피력할 수 있는 문법적인 도구를 여러분은 반드시 학습해야만 하는 것입니다.

그럼 이제, 본격적으로 "추상명사 + that + 완전한 문장"에 대해 학습해 보도록 하겠습니다. 아래는 실전 IELTS Writing에서 여러분이 가장 흔하게 사용하게 될 대표적인 추상 명사들입니다. 반드시 적어도 다음의 명사들은 모두 암기해 주세요.

```
The way (방법)
The time (때)
The reason (이유)
The fact (사실)           + that + Full Sentence (완전한 문장)
The conclusion (결론)
The assumption (가정)
The view (시각)
The condition (조건)
```

만약, 위의 명사들과 같은 추상 명사들을 여러분이 실전 IELTS Writing에서 논리 전개를 위해 사용하게 되었고, 사용한 추상 명사에 대한 세부 정보 공급이 필요하게 된 경우, 여러분은 언제든 추상 명사 뒤에 that을 사용한 후 완전한 문장을 사용하여 추상 명사에 대한 보충 설명, 즉 세부 정보 공급을 해줄 수 있습니다. 특히, 많은 영문법 책들에서 추상 명사 뒤에 나오는 that을 생략하여 완전한 문장만 적어줘도 괜찮다고 설명하고 있지만, 저는 실전 Writing에서 that을 생략시키지 않는 것을 추천해 드립니다. 몇 가지의 이유가 있지만, 딱 한 가지 가장 설득력 있는 이유를 제시한다면, 영어를 모국어로 하는 나라의 신문, 회사 홈페이지, 공문서, 또는 회사의 내부 서류 등에서 추상 명사에 대한 보충 설명을 "that + 완전한 문장"으로 할 경우, 추상 명사가 제목에 사용된 경우를 제외하고는 that을 거의 생략하지 않고 사용하고 있기 때문입니다. 그러니, 여러분께서는 실전 Writing에서 추상 명사에 대한 보충 설명을 해야 하며, 그때 "that + 완전한 문장"을 사용할 경우, that을 생략시키지 않고 사용하시길 바랍니다. 아래의 예문들을 통해 자세히 학습해 보도록 하겠습니다.

---

질병(disease. N)이 너무(so. Adv) 널리 퍼져 있다는(prevalent. Adj) 사실(fact. N)에도 불구하고 (despite. Prep) 치료(treatment. N)는 여전히 만족스럽지 않습니다.

**Despite** (Prep) the **fact** (추상 명사: O) that the **disease** (N: S) **is** (Be) so **prevalent** (Adj: C), **treatment** (N: S) **is** (Be) still **far** (Adv) from satisfactory.

- 문장 가장 앞에 수식 1번 전치사 despite를 사용하여, 완전한 문장으로 주가 되는 내용상 의미를 전달하기 전에, 세부 정보를 먼저 공급해준 것을 확인해 주세요. 또한, 수식, 즉 세부

정보를 공급해 주기 위해 사용되는 완전한 문장은 주가 되는 완전한 문장이 아닌 "부수적인 완전한 문장"임을 반드시 기억해 주세요.

- 전치사 despite의 목적어로 추상 명사 fact를 사용해준 것을 확인해 주세요. 또한, 추상 명사 fact에 세부 정보를 공급해 주기 위해 that + S + Be + C 완전한 문장이 사용되었으며, 이때의 S + Be + C 완전한 문장은 주가 되는 완전한 문장이 아닌 부수적인 완전한 문장임을 기억해 주세요.

- 아래의 문장에서 주가 되는 완전한 문장은 명사 treatment를 주어로, Be 동사를 본동사로 하는 S + Be 완전한 문장임을 확인해 주세요.

---

환경 보호론자(environmentalist. N)들은 우리 인간이 천연자원을 이용할 권리(right. N)가 있다는 통념(commonly held belief. N)에 반기를 들었습니다(square off against).

The **environmentalists** (N: S) **squared** (Vi) **off** (Adv) **against** (Prep) the commonly held **belief** (추상 명사: O) that **we** (N: S), **humans** (N: 동격 명사), **have** (Vt) a **right** (N: O) to exploit the natural resources.

- 추상 명사 belief에 세부 정보를 공급해 주기 위해 "that + S + Vt + O 완전한 문장"을 사용해준 것을 확인해 주세요.

- 위의 문장에서 주가 되는 완전한 문장은 명사 environmentalist를 주어로 하는 S + Vi + Prep + O 완전한 문장임을 확인해 주세요. 또한, 수식, 즉 세부 정보를 공급해 주기 위해 사용되는 완전한 문장은 주가 되는 완전한 문장이 아닌 부수적인 완전한 문장임을 반드시 암기해 주세요.

- 추상 명사 belief에 세부 정보를 공급해 주기 위해 사용한, 즉 명사 we를 주어로, 타동사 have를 본동사로, 명사 right를 목적어로 사용한, S + Vt + O 완전한 문장에서, 주어 we에 보충 설명을 해주기 위해, 수식 2번 동격 명사 human을 사용한 것을 확인해 주세요.

---

자연(nature. N)이 심하게(severely. Adv) 파괴되었다는(destruct. Vt) 사실은 사람들에게 환경을 보호하기에는 너무 늦었다는 인상(impression. N)을 줍니다.

The **fact** (추상 명사: S) that **nature** (N: S) **became** (Vt) **severely** (Adv) **destructed** (P.P: C) **gives** (Vt) **people** (간접 목적어: I.O) the **impression** (추상 명사: 직접 목적어) that **it** (N: S) **is** (Be) too **late** (Adj: C) to protect the environment.

- 주가 되는 완전한 문장의 주어인 추상 명사 fact에 세부 정보를 공급해 주기 위해, that + S + Vt + C 완전한 문장을 사용한 것을 확인해 주세요. 또한, 추상 명사 fact에 세부 정보를 공급하기 위해 사용된, 명사 nature를 주어로, 타동사 become을 본동사로, 과거 분사 destructed를 보어로 사용한 S + Vt + C 완전한 문장은 주가 되는 완전한 문장이 아닌 부수적인 완전한 문장임을 기억해 주세요.

- 위의 문장에서 주가 되는 완전한 문장은 추상 명사 fact를 주어로, 타동사 give를 본동사로, 명사 people을 목적어로 사용한 S + Vt + I.O(간접 목적어) + D.O(직접 목적어) 완전한 문장임을 확인해 주세요. S + Vt + I.O(간접 목적어) + D.O(직접 목적어) 완전한 문장은 일반적인 S + Vt + O 완전한 문장의 한 유형임을 기억해 두도록 합시다.

- S + give + N1 + N2 → "주어가 주다 N1에게 N2를." 실전 작문에서 빈번하게 사용하는 구문이니, 반드시 암기해 두도록 합시다.

- 주가 되는 완전한 문장의 본동사 give의 직접 목적어(D.O)로 사용한 추상 명사 impression에 세부 정보를 공급해 주기 위해, 대명사 it을 가주어로, Be 동사를 본동사로, 형용사 late를 보어로 사용한, S + Be + C 완전한 문장을 사용해준 것을 확인해 주세요.

---

이전처럼 환경을 복원할(restore. Vt)수 없다는 결론(conclusion. N)은 우리를 더욱(more. Adv) 좌절하게(frustrate. Vt) 만듭니다.

The **conclusion** (추상 명사: S) that **we** (N: S) cannot **restore** (Vt) the **environment** (N: O) as pristine as before only **makes** (Vt) **us** (O) more **frustrated** (P.P: C).

- 주가 되는 완전한 문장의 주어인 추상 명사 conclusion에 세부 정보를 공급해 주기 위해 that + S + Vt + O 완전한 문장을 사용한 것을 확인해 주세요. 또한, 추상 명사 conclusion에 세부 정보를 공급해 주기 위해 사용한, 대명사 we를 주어로, 타동사 restore을 본동사로, 명사 environment를 목적어로 사용한 S + Vt + O 완전한 문장은 주가 되는 완전한 문장이 아닌 부수적인 완전한 문장임을 기억해 주세요.

- 위의 문장에서 주가 되는 완전한 문장은, 추상 명사 conclusion을 주어로, 타동사 make를 본동사로, 대명사 us를 목적어로 사용한, S + Vt + O 완전한 문장임을 확인해 주세요.

- S + make + O(목적어) + C(보어) → "주어가 만든다 목적어를 C하게." 실전 작문에서 빈번하게 사용하는 구문이니, 반드시 암기해 두도록 합시다.

---

범죄율(crime rate. N)이 크게 증가한 이유(reason. N)를 정확히 설명할(explain. Vt)수는 없습니다.

**Nobody** (N: S) can exactly **explain** (Vt) the **reason** (N: O) that the crime **rate** (N: S) has significantly **increased** (Vi).

- 위의 문장에서 주가 되는 완전한 문장은 명사 nobody를 주어로, 타동사 explain을 본동사로, 추상 명사 reason을 목적어로 사용한, S + Vt + O 완전한 문장임을 확인해 주세요.

- 주가 되는 완전한 문장의 목적어(O)인 추상 명사 reason에 세부 정보를 공급해 주기 위해, that + S + Vi 완전한 문장을 사용한 것을 확인해 주세요. 또한, 추상 명사 reason에 세부 정보를 공급해 주기 위해 사용한, 명사 crime rate를 주어로, 자동사 increase를 본동사로 사용한 S + Vi 완전한 문장은, 주가 되는 완전한 문장이 아닌 부수적인 완전한 문장임을 기억해 주세요.

# 12 Day

## Impersonal Pronoun & Subject
### 가주어 & 진주어

"Monsters are real, and ghosts are real too. They live inside us, and sometimes, they win." Stephen King.

# Day 12

## Impersonal Pronoun & Subject
>>>>>>>>>>>>>>>>> - 가주어 & 진주어 - <<<<<<<<<<<<<<<<

오늘은 가주어 사용법에 대해 학습해 보도록 하겠습니다. 하지만 그 이전에 대명사 "it"의 사용법에 대해 먼저 알아보도록 하겠습니다. 영어에서 존재하는 "it"의 사용법은 크게 보아 4가지입니다.

**❶** 첫 번째로, 앞에서 언급한 단수 명사를 대신하는 대명사의 역할입니다. 하지만 IELTS Writing 작성 시, "It"을 단수 명사를 대신하는 대명사로 가급적 사용하지 말도록 합시다. 원리적으론 가능하지만, 막상 Body 작성 시 It을 대명사로 사용하면, It이 지칭하는 것이 무엇인지 그 해석상 의미가 Vague(애매모호한. Adj)해질 수 있기 때문입니다.

**❷** 그리고 두 번째가, 오늘 학습하게 될 가주어로서의 사용입니다. "It"을 "가주어"로 사용할 경우 반드시 문장 뒤에 "진주어"로 "that + Full Sentence" 내지 "To + V"를 사용해야 합니다. 다만, 글의 Brevity(간결성)를 위해 상대적으로 길이가 긴 that + Full Sentence를 진주어로 사용하기보다 To + V를 진주어로 사용하는 경우가 많습니다. 또한, 진주어는 대부분의 경우 아래에서 확인할 수 있듯이, 완전한 문장의 구성이 끝나는 즉시 바로 다음에 배치해 주면 됩니다.

> **It** (가주어) 으로 시작하는 완전한 문장 + **that** + **Full Sentence** (진주어)
> **It** (가주어) 으로 시작하는 완전한 문장 + **for N** + **To V** (진주어)

또한, 해석상 To + V의 주체를 명확하게 드러내기 위해, To + V의 의미상 주어인 for + N을 같이 사용하도록 합시다. 의미상 주어라 함은 To + V에 들어가는 V(동사)의 행위주체를 명확하게 표현해 주기 위해 사용하는 것입니다. To + V 앞에 의미상 주어인 for + N을 사용할 경우, 해석상 "N이 V하는"이란 내용상 의미를 전달할 수 있습니다. 또한, 가주어를 사용한다면 기본적으로 완전한 문장 전체가 전달하는 내용이 "강조"되는 효과가 발생한다는 것을 반드시 기억해 주세요.

❸ 세 번째가 가목적어로 It을 사용하는 방법입니다. 가목적어로 It을 사용하는 경우는, 의미 전달상 전달하려는 목적어의 내용이 너무 길 때, 문장 뒤쪽에 진목적어로 "that + Full Sentence" 내지 "To + V"를 사용하는 경우입니다. 진목적어로 it을 사용하는 방법은 가주어로 It을 사용하는 방법과 크게 다르지 않습니다. 아래의 예문들을 통해 간략하게 학습해 보도록 하겠습니다.

❹ 마지막으로, 대명사 It은 여러분께서 Day 14에서 학습하시게 될 It Be That 강조 구문에서 사용됩니다. It Be That 강조 구문 같은 경우, 나중에 뒤에서 상세하게 학습을 할 예정이니 여기서는 설명을 생략하도록 하겠습니다.

❺ 자 그럼, 아래의 몇 가지 예문들을 통해 본격적으로 가주어와 가목적어를 학습해 보도록 하겠습니다.

그러한(such. Adj) 우울한(gloomy. Adj) 환경(atmosphere. N) 아래에서, 일반 서민들이(the ordinary people. N) 그들보다 더 힘든 누구를 돕는 것은 불가능(impossible. Adj)에 가깝습니다.

**Under** (Prep) such a gloomy **atmosphere** (N: O), **it** (N: S) **is** (Be) almost **impossible** (Adj: C) **for** ordinary **people** (for + N: 의미상 주어) **to help** (To + V: 진주어) someone in a much more unfortunate situation than themselves.

- 문장 가장 앞에 수식 1번 전치사 under를 먼저 사용하여, 완전한 문장으로 주가 되는 내용상 의미를 전달하기 전, 세부 정보를 먼저 공급해 준 것을 확인해 주세요. 지금처럼, 수식 1번 전치사를 완전한 문장의 시작 전에 사용하여 준다면, 글의 가독성이 높아지는 효과가 발생합니다. 반드시 기억한 후, 실전 작문에서 적용해 보시기 바랍니다.

- it을 가주어로, Be 동사를 본동사로, 형용사 impossible을 보어로 사용한 S + Be + C 완전한 문장을 사용한 것을 확인해 주세요. 또한, 진주어로 To + V를 사용하였으며, To + V의 의미상 주어로 for people이 사용된 것을 확인해 주세요.

---

정부(government. N)가 멸종 위기에 처한 종(endangered species. N)들을 효과적으로(effectively. Adv) 보호하기 위해 대중들에게 더 가혹한(harsh. Adj) 처벌(penalty. N)을 하는 것은 가능(possible. Adj)합니다.

**It** (N: 가주어) **is** (Be) even **possible** (Adj: C) **for the government** (for + N: 의미상 주어) **to impose** (To + V: 진주어) much more harsh penalties on the public, **to protect** (To + V: Adv) the endangered species effectively.

- 가주어 it을 주어로, Be 동사를 본동사로, 형용사 possible을 보어로 사용한 S + Be + C 완전한 문장이 사용된 것을 확인해 주세요. 또한, 진주어로 To + V가 사용되었으며, To + V의 의미상 주어로 for + N이 사용되었습니다.

- 문장 끝에 To + V를 사용하면, 부사로서 사용되어 "~하기 위해서"라는 내용상 의미를 전달할 수 있다는 것을 확인해 주세요.

---

긍정적인(positive. Adj) 결과(outcome. N)가 언제 나타날지 정확하게(precisely. Adv) 말하기는 어렵습니다(hard. Adj).

**It** (N: 가주어) **is** (Be) **hard** (Adj: C) **to say** (To + V: 진주어) precisely **when** the positive **outcomes** (N: S) would **come** (Vi) (when + 완전한 문장: 목적어).

- 가주어 it을 주어로, Be 동사를 본동사로, 형용사 hard를 보어로 사용한 S + Be + C 완전한 문장이 사용된 것을 확인해 주세요. 진주어로는 To + V인 to say가 사용된 것을 확인해 주세요.

- 진주어로 사용한 To + V에서 say라는 타동사를 사용하고 있기에 타동사의 성질로 인해 뒤에 "when + 완전한 문장"을 목적어로 사용하고 있음을 확인해 주세요.

- 목적어로 사용된 "when + 완전한 문장"에서 S + Vi 완전한 문장이 사용되었음을 확인해 주세요.

---

정부의 그러한(those. Adj) 정교한(elaborate. Adj) 목표(goal. N)들이, 대중들로 하여금 정부의 정책들을 따르도록(follow. Vt) 효과적으로(effectively. Adv) 안내(guide. Vt)하게끔 하기 위해, 정부가 그들의 정의된(defined. Adj) 목표를 광고(advertise. Vt)하는 것은 유용(useful. Adj)할 수 있습니다.

**It** (N: 가주어) can **be** (Be) **useful** (Adj: C) **for the government** (for + N: 의미상 주어) **to advertise** (To + V: 진주어) its defined goals **so that** (그 밖의 접속사) those elaborate **goals** (N: S) could **effectively** (Adv) **guide** (Vt) **the public** (O) to follow government policies.

- 가주어 it을 주어로, Be 동사를 본동사로, 형용사 useful을 보어로 사용한 S + Be + C 완전한 문장이 사용된 것을 확인해 주세요. 진주어로는 To + V가 사용되었고, 진주어로 사용된 to advertise의 의미상 주어로 for + N이 사용 되었습니다.

- 그 밖의 접속사 "so that"을 사용하여, 가주어 it을 주어로 하는 S + Be + C 완전한 문장과, 명사 goal을 주어로, 타동사 guide를 본동사로, 명사 the public을 목적어로 사용한 S + Vt + O 완전한 문장이 연결돼 있는 것을 확인해 주세요. 그 밖의 접속사 "so that"은 해석상 "~하도록," 또는 "~하기 위해서"라는 의미를 전달하고 싶을 때 사용할 수 있습니다.

- "~ 할 수 있다"는 능력에 대한 예측을 표현하고 싶다면 조동사 could를 사용해 주세요.

---

건강(health. N)이 사회적(social. Adj) 증감률(gradient. N)을 따른다는 것은, 이미 잘 정립(establish. Vt)되어 있습니다. 점진적으로(progressively. Adv) 좋아지는 건강은 높아지는 사회 경제적 지위(socioeconomic position. N)와 관련(associate. Vt)이 있습니다.

**It** (N: 가주어) **is** (Be) already well **established** (P.P) **that** (that + full sentence: 진주어) **health** (N: S) **follows** (Vt) a social **gradient** (N: O) ; progressively, better **health** (N: S) **is** (Be) **associated** (P.P) with increasing socioeconomic position.

- 가주어 it을 주어로, Be 동사를 본동사로, 형용사 established를 보어로 사용한, S + Be + P.P 완전한 문장이 사용된 것을 확인해 주세요. 진주어로는 that + S + Vt + O 완전한 문장이 사용되었습니다.

- 부사 접속사 세미 콜론(;)을 사용하여, 가주어 it을 주어로 사용한 S + Be + P.P 완전한 문장과, 명사 health를 주어로, Be 동사를 본동사로, 과거 분사 associated를 보어로 사용한 S + Be + P.P 완전한 문장이 연결돼 있는 것을 확인해 주세요. 부사 접속사 세미 콜론(;)은 앞쪽 완전한 문장에 대한 직접적인 세부 정보를 바로 뒤에 공급하고 싶을 때 사용할 수 있는 부사 접속사임을 기억해 두도록 합시다.

모바일 기술의 보급(spread. N)으로 인해, 더 많은 사람들이 온라인 소셜 네트워크로 지속적인 (constant. Adj) 연락(contact. N)을 유지(maintain. Vt)하는 것은 이전보다 훨씬 편리 (comfortable. Adj)하게 되었습니다.

**With** (Prep) the **spread** (N: O) of mobile technology, **it** (N: 가주어) has **become** (Vt) much more **comfortable** (Adj: C) than ever **for more people** (for + N: 의미상 주어) **to maintain** (To + V: 진주어) constant contact with their social networks online.

- 완전한 문장 시작 전에 수식 1번 전치사 with를 먼저 사용하여, 완전한 문장으로 주가 되는 내용상 의미를 전달하기 전, 세부 정보를 먼저 공급해준 것을 확인해 주세요.

- 대명사 it을 가주어로, 타동사 become을 본동사로, 형용사 comfortable을 보어로 사용한 S + Vt + C 완전한 문장을 사용한 것을 확인해 주세요. 또한, 가주어 it의 진주어로 To + V를 사용하였으며 To+V의 의미상 주어로 for more people이 사용된 것을 확인해 주세요.

- more than ever 비교급을 사용하여, 문장에서 비교를 통한 강조를 하고 있음을 확인해 주세요.

# 13 Day

## Comparative
The 비교급

"There is no witness so dreadful, no accuser so terrible as the conscience that dwells in the heart of every man." Polybius.

# Day 13

## Comparative
>>>>>>>>>>>>>>>>>>>   - The 비교급 -   <<<<<<<<<<<<<<<<<<<

영문법에서 비교급은 대부분의 학생분이 실제 Writing에서 거의 사용하지 않는 경우가 생각보다 많습니다. 이유는 간단합니다. 비교급을 설명하는 문법들이 너무나 복잡하고 어렵기 때문입니다. 그렇기에 이 책에서는 실전 Body 작성에서 사용할 비교급 문장구조 2개만을 다루도록 하겠습니다. 예문을 통해 2개의 비교급 문장구조만을 학습하신 후, 간단히 단어만 바꿔서 작문하여도 충분히 숙달된 비교급 구문을 사용하실 수 있다 생각합니다.

먼저 본격적인 비교급 학습을 시작하기 전에, 어떻게 비교급의 모양을 만드는지 기본 문법부터 학습해 보도록 하겠습니다. 실제 비교급의 규칙에는 규칙 변화와 불규칙 변화 등 다양한 규칙들이 존재하며, 아래의 규칙들은 가장 기본적인 규칙들임을 알려 드립니다.

- Spelling이 -ful, -less, -ous, -ing, -ish, -ive로 끝나는 형용사들은 단어 앞쪽에 more을 붙여 비교급을 만듭니다.

- Spelling에 모음 a, e, i, o, u가 2개 이하인 형용사들은 단어에 -er을 붙여 비교급을 만듭니다. 하지만, 늘 그런 것은 아니란 것을 기억해 주세요.

- Spelling에 모음 a, e, i, o, u 가 3개 이상인 형용사들은 단어 앞쪽에 more을 붙여 비교급을 만듭니다.

- Spelling이 ly로 끝나는 부사들은, 단어 앞쪽에 more을 붙여 비교급을 만듭니다.

그럼, 실전에서 여러분이 사용하실 비교급의 모양들을 아래에서 자세하게 학습해 보도록 하겠습니다. 다시 한번 말씀드리지만, 반드시 비교급의 "모양"을 중점적으로 암기해 주시기 바랍니다. 실전 작문에서 영문법을 자유자재로 적용하기 위해서는, 반드시 영문법의 모양을 암기해야만 가능하기 때문입니다.

### ❶ The 비교급 완전한 문장, the 비교급 완전한 문장.

나라(country. N)가 발전(develop. Vt)하면 할수록, 더 많은 사람들이 전보다 훨씬 편안한(comfortable. Adj) 삶을 보장(guarantee. Vt)하는 물질적 풍요(material affluence. N)에 빠져듭니다(addict. Vt).

The higher the **country** (N: S) **is** (Be) **developed** (P.P), the more **people** (N: S) **get** (Vt) **addicted** (P.P) **to** (Prep) material **affluence** (N: O), **which** (주격 관계 대명사) **guarantees** (Vt) a more comfortable **life** (N: O) than ever.

- The 비교급으로 사용된 "the higher" 뒤에, 명사 country를 주어로 사용한 S + Be + P.P 완전한 문장이 사용된 것을 확인해 주세요. 또한, "the more" 비교급 뒤에 명사 people을 주어로, 타동사 get을 본동사로, 형용사 addicted를 보어로 사용한 S + Vt + C 완전한 문장이 사용된 것도 확인해주세요. 이렇게 콤마를 기점으로 각각의 비교급 뒤에 완전한 문장을 하나씩 배치시키면 비교급 문장이 완성됩니다.

- 또한, 문장 끝 부분의 than ever은 비교급(more, -er)과 함께 사용할 수 있으니, 필요한 경우에 예문처럼 문장 끝에 붙여서 사용할 수 있다는 것을 꼭 기억해 주세요.

---

아이들(children. N)이 팀 스포츠를 하는 시간이 많으면 많을수록, 아이들은 팀워크(team work. N)의 중요성(importance. N)을 더욱 많이 깨달을 것입니다(realize. Vt). 그것은 개인 스포츠가 아이들에게 공급(provide. Vt)하지 못하는 소중한(invaluable. Adj) 인생 교훈(life lesson. N)입니다.

The more times **children** (N: S) **play** (Vt) **team sports** (N: O), the more significantly **children** (N: S) will **realize** (Vt) the **importance** (N: O) of team works, an invaluable **life lesson** (N) **that** (목적격 관계 대명사) individual **sports** (N: S) cannot **provide** (Vt) **them** (N: O) **with** (Prep).

- The 비교급으로 사용된 "the more times" 뒤에 명사 children을 주어로, 타동사 play를 본동사로, 명사 team sports를 목적어로 사용한, S + Vt + O 완전한 문장이 사용된 것을 확인해 주세요. 또한, "the more significantly" 비교급 뒤에, 명사 children을 주어로, 타동사 realize를 본동사로, 명사 importance를 목적어로 사용한 S + Vt + O 완전한 문장이 사용된

것도 확인해 주세요. 이렇게 콤마를 기점으로 각각의 비교급 뒤에 완전한 문장을 하나씩 배치시키면 앞과 같은 비교급 문장이 완성됩니다.

- 또한, Day 15에서 학습하게 될, Syntax(구조론)를 비교급과 동시에 사용한다면, 더욱 효과적인 의미 전달이 가능합니다. 지금 같은 경우, 두 번째 완전한 문장인 "children will realize the importance of team works" 뒤에 단수 명사 an invaluable life lesson을 배치하며, 이전에 학습한 적 있는 "**Full Sentence, a(an) 단수 명사 + 관계 대명사**" 구조를 사용하고 있다는 것을 확인해 주세요. Day 15 Syntax(구조론) 부분에서 더욱 자세하게 학습할 기회가 있을 것입니다.

### ❷ The 비교급 N, the 비교급 완전한 문장.

저자는 Body 작성 시, 논리 전개상 비교급을 사용할 적절한 기회가 있다면, "The 비교급 N, the 비교급 완전한 문장" 구조의 비교급 사용을 강력하게 추천합니다. 비교급을 사용할 경우 Body의 논리를 좀 더 집약적으로 표현해 주는 효과가 있기 때문입니다.

그들의(their. Adj) 성취(achievement. N)가 높으면 높을수록, 그들의 개인 생활(personal life. N)과 가정생활(domestic life. N)은 점점 덜(less. Adv) 만족스러워집니다(satisfying. Adj).

The higher their **achievements** (N), the less **satisfying** (V-ing: C) their personal and domestic **life** (N: S) will **be** (Be).

- The 비교급으로 사용한 the higher 뒤에 명사 achievement가 사용된 것을 확인해 주세요. 또한, 콤마 뒤 비교급 the less 뒤에, 명사 life를 주어로, Be 동사를 본동사로, 형용사 satisfying을 보어로 사용한, S + Be + C 완전한 문장이 사용된 것을 확인해 주세요.

- 지금 같은 경우, 명사 life를 주어로 사용한 S + Be + C 완전한 문장에서, 보어(C)로 사용된 형용사 satisfying을 앞쪽으로 도치시켜 비교급을 만들어 주었다는 것을 또한 확인해 주세요. 여러분도 실전 작문 시 충분히 사용하실 수 있는 도치를 이용한 비교급 모양입니다.

# 14 Day

## It Be That Emphasis
### It Be That 강조구문

Abraham Lincoln said, "Whatever you are, be a good one."

# Day 14

## It Be That Emphasis

\>>>>>>>>>>>>>>>>> - It Be That 강조구문 - <<<<<<<<<<<<<<<<<

오늘은 여러분께서 흔히 It That 강조구문이라 알고 계신 It Be That 강조구문에 대해 학습해 보도록 하겠습니다. It Be That 강조구문은 말 그대로 강조를 해서 특정한 내용, 즉 여러분께서 전달하고자 하는 내용상 의미를 강조해서 전달하는 방법입니다. It Be That 강조구문의 사용법은 정말 쉽지만, 생각보다 많은 학생분께서 영작을 하실 때 잘 사용하지 않으시는 것 같습니다. 학원에서 강의를 할 때나 또는 Essay 첨삭을 진행할 때 왜 이런 경우에 It Be That 강조구문을 사용하지 않으셨느냐고 질문을 드렸을 때 대부분의 학생분들의 대답은 "어떻게 사용하는지 잘 모른다." 였습니다. 이제 오늘 학습을 통해 여러분께서는 언제든 필요한 경우 Body의 논리전개 시 적재적소에 It Be That 강조구문을 사용하여, 주어진 Thesis에 대한 답변력을 높여 보시기 바랍니다. 개인적으로 추천해 드리자면, It Be That 강조구문은 Body의 논리 전개 시, Logical flow "B" or "C" 부분에서 사용하시길 추천해 드립니다. 왜냐하면, It Be That 강조구문은 주어진 논점에 대해 강조해 주는 효과를 발생시키기 때문입니다.

It Be That 강조구문의 사용법은 정말 다양합니다. 그 중 우리는 실전 시험에서 사용할 It Be That 강조구문의 몇 가지 유형만을 집중적으로 학습해 보도록 합시다. 물론 It Be That 강조구문의 모든 것을 학습한다면 좋겠지만, 설령 학습한다 해도 막상 글을 적을 때 평생 사용하지 않을 것들도 너무 많기에 IELTS 시험을 위해 필요한 것만 선택적으로 기초부터 학습해 보도록 하겠습니다.

### ❶ It Be That 강조구문이란 무엇인가?

It Be That 강조구문은 이제 여러분에게 친숙하게 느끼실 완전한 문장의 "주어(S)", "목적어(O)", 또는 "전치사구"를 강조하고 싶을 때 사용하는 영문법의 도구입니다. It Be That 강조구문을 사용할 경우, 해석은 일반적으로 "바로 ~ 이다, ~하는 것은"이란 내용상 의미를 전달할 수 있습니다. 보시는 바와 같이, "바로 ~ 이다" 부분이 내용상 의미전달에서 강조가 되는 부분인 것입니다. 즉, 여러분께서 It Be That 강조구문을 사용하여 "주어(S)"를 강조하였다면, 여러분이 적은 글을 읽는 사람은 "바로 주어(S)이다, ~하는 것은"이란 내용상 의미를 받아들이게 되는 것입니다. 만약 여러분께서 "목적어

(O)"를 강조하였다면, "바로 목적어(O)이다, ~가 ~하는 것은"이란 의미를, "전치사구"를 강조하였다면, "바로 전치사구이다, ~가 ~하는 것은"이란 내용상 의미를 글을 읽는 사람에게 전달하게 되는 것입니다. 자 그렇다면, 이런 강조의 의미를 전달하는 It Be That 강조구문의 사용법에 대해 자세히 학습해 보도록 하겠습니다.

It Be That 강조구문의 사용법은 아주 쉽습니다. 완전한 문장에서 내용상 강조해주고 싶은 것이 "주어(S)"라면, 주어(S)를 Be 동사와 that 사이에 배치해 주면 됩니다. 그 후, 완전한 문장의 나머지 부분을 that 뒤에 배치해 주면 됩니다. 전체적인 문장의 모양은 아래와 같습니다.

> It be 주어 (S) that 완전한 문장의 나머지 부분

완전한 문장에서 내용상 강조해주고 싶은 것이 "목적어(O)"라면, 목적어(O)를 Be 동사와 that 사이에 배치해 주면 됩니다. 그 후, 완전한 문장의 나머지 부분을 that 뒤에 배치해 주면 됩니다. 전체적인 문장의 모양은 아래와 같습니다.

> It be 목적어 (O) that 완전한 문장의 나머지 부분

완전한 문장에서 내용상 강조해주고 싶은 것이 "전치사구"라면, 전치사구를 Be 동사와 that 사이에 배치해 주면 됩니다. 그 후, 완전한 문장을 that 뒤에 배치하면 됩니다. "전치사구"라 함은 "전치사 + 목적어"를 의미합니다. 이미 앞쪽에서 학습하신 내용을 잠시 다시 복기해 본다면, 수식 1번 전치사를 사용해 완전한 문장에 세부 정보를 공급해 줄 경우, 전치사 뒤에는 반드시 "전치사의 목적어"가 존재해야만 합니다. 그때, 문장에서 만들어지는 "전치사 + 목적어" 한 덩어리 전체를 영어에서는 "전치사구"라고 합니다. 다시 It Be That 강조구문으로 돌아오겠습니다. 내용상 "전치사구" 를 강조해주고 싶을 경우, 전체적인 문장의 모양은 아래와 같습니다.

> It be 전치사구 that 완전한 문장

## ❷ that 대신에 사용할 수 있는 다양한 명사

또한 It Be That 강조구문을 사용할 경우, 기존의 that 대신에 사용할 수 있는 다양한 명사들이 존재합니다. 굳이 아래의 내용을 전부 암기하실 필요는 없지만, 이왕 학습하시는 거 지금 모두 익혀 둔다면 굳이 IELTS 시험이 아니더라도, 향후 유학을 가서서 Paper를 작성하시거나 영문서를 작성해야 할 경우 큰 도움이 되실 것입니다. 자, 그럼 좀 더 자세히 알아보도록 하겠습니다.

**A)** 해석상 강조하고 싶은 것이 주어(S)이며, 그 주어가 사람일 경우, that 대신에 who를 사용할 수 있습니다.

It be **주어 (S: 사람) who** 완전한 문장의 나머지 부분

**B)** 해석상 강조하고 싶은 것이 주어(S)이며, 그 주어가 사물일 경우, that 대신에 which를 사용할 수 있습니다.

It be **주어 (S: 사물) which** 완전한 문장의 나머지 부분

**C)** 해석상 강조하고 싶은 것이 목적어(O)이며, 그 목적어가 사람일 경우, that 대신에 whom을 사용할 수 있습니다.

It be **목적어 (O: 사람) whom** 완전한 문장의 나머지 부분

**D)** 해석상 강조하고 싶은 것이 목적어(O)이며, 그 목적어가 사물일 경우, that 대신에 which를 사용할 수 있습니다.

It be **목적어 (O: 사물) which** 완전한 문장의 나머지 부분

**E)** 해석상 강조하고 싶은 것이 시간을 나타내는 전치사구일 경우, that 대신에 when을 사용할 수 있습니다.

It be **시간 전치사구 when** 완전한 문장

**F)** 해석상 강조하고 싶은 것이 장소를 나타내는 전치사구일 경우, that 대신에 where을 사용할 수 있습니다.

It be **장소 전치사구 where** 완전한 문장

**❸** 자 이제 그럼 본격적으로 예문들을 통해 It Be That 강조구문을 학습해 보도록 합시다.

**A)** S + Be + P.P 완전한 문장의 It Be That 강조구문

처음부터 차근차근 이 책을 학습해오신 분들이라면, "S + Be 완전한 문장"은 늘 수식 1번 "전치사" 또는 "부사"와 함께 내용상 의미를 전달하기 위해 사용된다는 것을 이 책의 앞부분에서 이미 학습하셨을 것입니다. 만약, 잘 기억이 나지 않는다면 지금 다시 Day 2 완전한 문장 2 부분으로 돌아가셔서 짧게라도 복습을 한 뒤 다시 돌아오셔서 It Be That 강조구문을 학습하시길 추천해 드립니다. S + Be + P.P 완전한 문장을 It Be That 강조구문을 사용하여 강조해 줄 경우, 실전 IELTS Writing Task 2에서는 주로 "전치사구"를 강조하는 경우가 많습니다. 아래의 예문들을 통해 알아보도록 하겠습니다.

그러한(such. Adj) 아이들의 뛰어난(outstanding. Adj) 학습능력(studying abilities. N)을 극대화시켜(maximize. Vt) 주는 것이, 바로 정규 학교 교육(formal school education. N)을 통해서입니다.

Such outstanding studying **abilities** (N: S) of children **are** (Be) **maximized** (P.P) **through** (Prep) formal school **education** (N: O).

- such는 형용사(Adj)로서 단수 명사와 복수 명사 모두를 수식해 줄 수 있습니다.
- 명사 ability를 주어로 하는 S + Be + P.P 완전한 문장이 사용된 것을 확인해 주세요.
- 수식 1번 전치사 through를 사용해, S + Be + P.P 완전한 문장에서 해석상 "~을 통해서"라는 세부 정보를 공급해 준 것을 확인해 주세요.

자 그럼, 이제 위의 예문에서 It Be That 강조구문을 사용하여 전치사구를 강조해 보도록 하겠습니다. 아래처럼 강조하려는 전치사구 "through formal school education"을 be 동사와 that 사이에 배치한 후, 나머지 완전한 문장을 that 뒤에 배치해 주기만 하면 It be that 완전한 문장이 완성됩니다.

It is **through** (Prep) formal school **education** (N: O) that such outstanding studying **abilities** (N: S) of children **are** (Be) **maximized** (P.P).

**B)** S + Vt + O 완전한 문장의 It Be That 강조구문

아래의 예문을 통해 자세히 알아보도록 하겠습니다.

아이들은 팀 스포츠를 통해서 목표(goal. N)를 달성하기(achieve. Vt) 위해서 협력(cooperation. N)이 얼마나 중요한지를 배울 수 있습니다.

**Children** (N: S) can **learn** (Vt) **how** much **important** (Adj: C) the **cooperation** (N: S) **is** (Be) **to achieve** (To + Vt: Adv) the **goal** (N: O) through team sports.

- 명사 children을 주어로, 타동사 learn을 본동사로, "how + 완전한 문장"을 목적어로 사용한, S + Vt + O 완전한 문장이 사용된 것을 확인해 주세요.

- "얼마나 많이"라는 의미를 전달하기 위해 "how much"를 사용할 경우, 정상 어순의 "how + S + Be + C"를 도치 시켜, "how much + C + S + Be" 모양을 사용할 수 있다는 것을 암기해 주세요.

- 문장 가장 끝에 "To + V"를 사용할 경우, "To + V"는 부사로 사용되어 "~하기 위해서"라는 의미를 전달할 수 있다는 것을 확인해 주세요.

자 그럼, 이제 위의 예문에서, It Be That 강조구문을 사용하여 전치사구를 강조해 보도록 하겠습니다. 아래처럼, 강조하려는 전치사구 "through team sports"를 be 동사와 that 사이에 배치한 후, 나머지 완전한 문장을 that 뒤에 배치해 주기만 하면 It be that 완전한 문장이 완성됩니다.

It is **through** (Prep) team **sports** (N: O) that **children** (N: S) can **learn** (Vt) how much important the cooperation is to achieve the goal.

**C)** 이제 다른 몇 가지의 예문들을 통해 좀 더 It Be That 강조구문을 학습해 보도록 합시다.

부모님들은 자녀들이 귀중한(valuable. Adj) 역사를 이해하도록(comprehend. Vt) 교육시킵니다(educate. Vt).

**Parents** (N: S) **educate** (Vt) their **children** (N: O) to comprehend valuable history.

- 명사 parents를 주어로, 타동사 educate를 본동사로, 명사 children을 목적어로 사용한, S+Vt+O 완전한 문장을 사용한 것을 확인해 주세요.
- S + educate + N + to V → "주어가 교육시키다 명사가 V 하도록." 실전 작문에서 빈번하게 사용하는 구문이니, 반드시 암기해 주시기 바랍니다.

이제, 위의 문장을 It Be That 강조구문을 사용하여 주어 parents를 강조해 주고 싶다면, 아래처럼 강조하려는 주어 parents를 be 동사와 that 사이에 배치한 후, 나머지 완전한 문장을 that 뒤에 배치하기만 하면 It be that 완전한 문장이 완성됩니다. 또한, 지금 같은 경우, 해석상 강조하고 싶은 것이 주어(S)이며, 그 주어(S)가 부모, 즉 사람명사라면, that 대신에 who를 사용할 수 있습니다. 또한, 시간적 의미를 더해주기 위해 아래의 경우처럼 "현재 완료"를 사용해 줄 수도 있습니다. 본동사로 일반적인 Be 동사 대신 현재완료 "Have + P.P"를 사용한다면, 해석상 "과거부터 지금까지 늘 그래왔다"라는 내용상 의미를 전달할 수 있습니다.

It has been the **parents** (N: S) who **educate** (Vt) their **children** (N: O) to comprehend valuable history.

---

이 참담한(miserable. Adj) 개인 정보 노출(privacy exposure. N)은 정확히(exactly. Adv) 소셜 미디어를 통해 발생합니다(transpire. Vi).

This miserable **privacy exposure** (N: S) **transpires** (Vi) exactly **through** (Prep) social **media** (N: O).

- 명사 privacy exposure를 주어로 사용한, S + Vi + Prep + O 완전한 문장이 사용된 것을 확인해 주세요.
- this는 위에서 언급된 내용을 아래로 받아서 내려올 때 사용할 수 있는 형용사이며, 단수 명사를 수식한다는 것을 반드시 암기해 주세요.

만약, 위의 문장에서 It Be That 강조구문을 사용하여 전치사구 "through social media"를 강조해 주고 싶다면, 다음처럼 강조하려는 전치사구 "through social media"를 be 동사와 that 사이에 배치한 후, 나머지 완전한 문장을 that 뒤에 배치해 주기만 하면 It be that 완전한 문장이 완성됩니다. 해석은, "이 참담한 개인 정보 노출은 바로 소셜 미디어를 통해서입니다."가 됩니다.

It is exactly **through** (Prep) social **media** (N: O) that this miserable **privacy exposure** (N: S) **transpires** (Vi).

### ④ 작문연습

여기서, 내일 Syntax(구조론)를 학습하기 전 그동안 학습한 내용을 바탕으로 여러분께서 실전 Writing에서 Body의 논리전개 시 자주 사용하게 될 문장들을 연습 삼아 작문해보는 시간을 가져 보도록 합시다.

> **작문예제**
>
> 인터넷의 장점(benefits. N)을 부정(deny. Vt)할 수 있는 사람은 없습니다. 하지만, 모든 사회병폐 (pathological social problem. N)의 시작점이 또한 인터넷이란 것을 부인하기도 힘듭니다.

No **one** (N: S) can **deny** (Vt) the **benefits** (N: O) of the Internet. **However** (Adv), **it** (S) **is** (Be) also **hard** (Adj: C) **to deny** (진주어) that all the pathological social **problems** (N: S) **transpire** (Vi) **through** (Prep) the **Internet** (N: O).

- however은 접속사가 아닌 부사라는 것을 반드시 암기해 주세요. 즉, however은 부사이 므로 완전한 문장 두 개를 연결할 수 없습니다. 오직 접속사만이 완전한 문장을 연결할 수 있습니다.

- however 뒤부터, 대명사 it을 주어로 하는 S + Be + C 완전한 문장이 사용된 것을 확인해 주세요. 또한, 가주어 it을 사용하여 to deny부터 진주어가 시작됨을 확인해 주세요.

- 진주어로 사용된 "to + V"의 V 자리에 타동사 deny를 사용하였으므로, 타동사의 성질이 그 대로 살아있어, 뒤에 반드시 목적어를 배치해야 함을 확인해 주세요. 즉, deny의 목적어로 "that + 완전한 문장"을 사용한 것을 확인해 주세요. 또한, "that + 완전한 문장"에서 S + Vi + Prep + O 완전한 문장이 사용된 것을 확인해 주세요.

- 인터넷은 늘 정관사 the와 함께 사용해야 하며, 또한 작문 시, 늘 첫 글자 I를 대문자로 적어 야 한다는 것을 암기해 주세요.

**작문예제**

수많은 장점에도 불구하고(despite. Prep), 한가지 경시(disregard. Vt)할 수 없는 문제점은 바로 정보의 부정확성(inaccuracy. N)입니다. 왜냐하면 틀린 정보는 돌이킬 수 없는 심각한 피해를 개인과 사회 모두에 발생시키니까요. 또한(moreover. Adv), 신원도용(identity theft. N)도 심각한 사회적 문제중 하나입니다. 이것들이 사람들이 소셜 미디어를 해로운 것으로 간주하는 이유입니다.

**Despite** (Prep) many **advantages** (N: O), it is the **inaccuracy** (N: S) of information that cannot **be** (Be) **disregarded** (P.P) anymore **because** (접속사) the incorrect **information** (N: S) **causes** (Vt) both **individuals** (N1: I.O[1]) **and** (연결사) **society** (N1: I.O[2]) irreversible **damages** (N2: D.O). Moreover, identity theft is also one of the serious social problems. **These** (N: S) **are** (Be) why **people** (N: S) **consider** (Vt) social **media** (N: O) as **harmful** (Adj).

- despite는 전치사(Prep)로서 반드시 뒤에 목적어(O)를 가져와야 합니다. 또한, moreover은 접속사가 아닌 부사임을 반드시 암기해 주세요.

- It Be That 강조구문을 사용하여, 원래의 문장에서 주어(S)의 역할을 하는 "정보의 부정확성"을 강조한 것을 확인해 주세요. 주어(S)를 강조하였으니, 완전한 문장의 나머지 부분인 be+P.P가 that 뒤에 배치된 것을 확인할 수 있습니다.

- 접속사 because를 사용하여, "It be that 완전한 문장"과 "S + Vt + I.O + D.O 완전한 문장" 두 개를 연결한 것을 확인해 주세요.

- S + cause + N1 + N2 → "주어가 야기하다 N1에 N2를". 반드시 암기 후 작문을 할 때 사용해 주세요.

- "why + S + Vt + O 완전한 문장"이 대명사 these를 주어로, be 동사를 본동사로 사용한 S+Be+C 완전한 문장에서 보어(C)로 사용된 것을 확인해 주세요.

- S + consider + A + as B → "주어가 고려하다 A를 B라고." 빈번하게 사용하는 숙어이므로 반드시 암기해 주시고, B 자리에 명사, 형용사 모두 사용 가능 하다는 것을 또한 반드시 암기해 주세요.

# 15 Day

## Syntax
구조론

Joseph Campbell said, "Find the place inside where there's joy, and the joy will burn out the pain."

# Day 15

## Syntax
>>>>>>>>>>>>>>>>>>>>>  - 구조론 -  <<<<<<<<<<<<<<<<<<<<<

오늘은 구조론(Syntax)에 대해 학습해 보도록 하겠습니다. IELTS Writing Task 2의 각 Body마다 적어도 1개 내지, 2개 정도의 Syntax를 제대로 구사할 수 있다면 7.0 이상의 점수는 그리 어려운 점수가 아닙니다. 그럼 Syntax란 대체 무엇일까요? 단도직입적으로 설명하자면 Syntax(구조론)란 접속사를 숨겨 세부 정보를 공급하는 수식의 기술입니다. 그럼, 접속사를 숨긴다는 것은 대체 무엇을 의미할까요? 원래의 문장에는 접속사가 존재하지만, 영문법을 적용하여 최종적으로 접속사가 보이지 않는 모양으로 세부 정보를 공급하는 기술이 바로 Syntax(구조론)인 것입니다. 이는 문장을 좀 더 간결하게 적어 세부 정보를 공급하는 방법으로, IELTS Essay 고득점을 위해 반드시 습득해야 하는 영문법입니다. 많은 Syntax(구조론)의 모양들이 존재하지만, 실전 Writing에서 가장 많이 사용하는 모양은 아래의 5가지이니, 본격적으로 Syntax(구조론)를 학습하기 전에, 반드시 아래의 모양을 먼저 암기해 주세요.

> ❶ 완전한 문장, a(an) 단수 명사 **+** 관계 대명사 **+** 불완전한 문장.
> ❷ 완전한 문장, what **+** 불완전한 문장.
> ❸ V-ing / P.P / Adj, S **+** 본동사.
> ❹ Full Sentence, V-ing.
> ❺ Full Sentence, which Vt that 완전한 문장.

보통, 학생분들께서 Essay를 작성하실 때 자주 사용하시는 "Full Sentence + 접속사 + Full Sentence" 구조는 너무나 기본적인 동시에 너무나 단조로운 글쓰기 방법입니다. 문장에서 접속사를 숨기지 않고 보이게 하는 것이 나쁘다는 것을 말하는 것이 아닙니다. 핵심은, 같은 분량의 내용을 좀 더 간결하게 전달하는 방법이 바로 Syntax를 사용한 의미 전달 방법이란 것입니다. 즉, 접속사를 숨김으로써 좀 더 간결한 의미 전달을 가능하게 해주는 방법이 Syntax를 사용한 영작법인 것입니다.

여러분께서 이전 Chapter들에서 이미 학습하신 대로, 영문법에는 기본적으로 완전한 문장이라는 영작에 있어서의 기본 구조가 존재하며, 그 기본 구조에 더해 부가적으로 세부 정보를 공급하기 위해 이전에 학습하신 수식 1번, 2번, 3번을 사용해야 합니다. 그 수식의 방법 중 또 다른 한 가지를 Syntax라 이해하면 됩니다.

자 그럼, 아래의 예문들을 통해 여러분께서 반드시 학습해야 하며 실전 IELTS Writing에서 반드시 사용해야만 하는 몇 가지 Syntax의 모양들을 본격적으로 학습해 보도록 하겠습니다. 다시 한번 말씀 드리지만, 영문법 학습에 있어서는 그 이름 보다는 그 사용법과 성질이 훨씬 중요하므로 개개의 Syntax 모양들을 반드시 암기할 것을 추천해 드립니다.

### ❶ 완전한 문장, a(an) 단수 명사 + 관계 대명사 + 불완전한 문장.

위의 모양에서 핵심은, 완전한 문장이 전달하고 있는 내용상 의미를 축약 적으로 표현해 줄 수 있는 "단수 명사"를 사용해야 한다는 점입니다. 즉, 완전한 문장인 Full Sentence가 전달하는 내용을 "단수 명사"로 집약시키는 것이, 위 Syntax 모양을 사용하는 데 있어서 핵심입니다. 또한, 완전한 문장이 전달하는 내용상 의미를 집약하고 있는 단수 명사에 관계 대명사를 사용하여 다시 세부 정보를 공급해 줘야 한다는 것을 반드시 기억해 주세요. 그럼, 아래의 예문들을 통해 자세히 학습해 보도록 하겠습니다.

전자 장치(electronic device. N)의 작은 스크린에 있는 정보를 읽는 것은 눈의 피로(eyestrain. N)를 유발(cause. Vt)할 수 있으며, 그것은 현대 사람들이 빈번히(frequently. Adv) 고통받는(suffer. Vt) 흔한(common. Adj) 질병(disease. N)입니다.

**Reading** (Vt-ing: S) **information** (N: O) on a small screen of electronic devices can **cause** (Vt) **eyestrain** (N: O), a common **disease** (N) **that** (목적격 관계 대명사) modern **people** (N: S) **frequently** (Adv) **suffer** (Vt).

- V-ing인 reading을 주어로, 타동사 cause를 본동사로, 명사 eyestrain을 목적어로 사용한 S + Vt + O 완전한 문장을 사용해 준 것을 확인해 주세요.
- suffer은 타동사로 사용할 수도 있습니다.

- 지금은 목적격 관계 대명사로 that을 사용하였지만, 수식해 주는 명사가 사물 명사인 disease이므로 which를 사용할 수도 있습니다. 또한, 목적격 관계 대명사 that 뒤에, 목적어가 생략된 명사 people을 주어로 하는 "S + Vt 불완전한 문장"이 사용된 것을 확인해 주세요.

- 완전한 문장의 내용을 집약하는 disease 명사는 "셀 수 있는 명사"이므로 복수로 표현할 수도 있지만, 단수로 표현해 준 것을 확인해 주세요.

위의 예문에서 S + Vt + O 완전한 문장이 해석상 전달하는 내용은 "전자 장치의 작은 스크린에 있는 정보를 읽는 것이, 눈의 피로를 야기할 수 있다"입니다. 이때 완전한 문장이 전달하는 내용을 집약적으로 표현하는 명사가, 콤마 뒤에 나온 명사인 disease입니다. 중요한 것은, 콤마 뒤에 나온 disease 명사 앞에 정관사 the를 사용할 수도 있으며, 또한 콤마 뒤에 나온 명사, 즉 완전한 문장의 내용을 집약하는 명사가 "셀 수 있는 명사"라 할지라도 대부분 복수로 표현하지 않고 단수로 표현한다는 것입니다. 그리고 단수로 표현한 명사 뒤에 "수식 2번 관계 대명사"를 사용하여 좀 더 세부 정보를 공급하면 "완전한 문장, a(an) 단수 명사 + 관계 대명사 + 불완전한 문장 Syntax"의 모양이 완성되는 것입니다.

사실, 위의 예문에서 만약 Syntax를 사용하지 않는다면, 접속사를 사용하여 세부 정보를 공급해 줄 수도 있습니다. 하지만 실전 IELTS Writing에서는 다양한 문법 구조로 자신의 의견을 전달해야 하기에 빈번한 접속사의 사용으로 고득점을 받기에는 분명 무리가 있습니다. 그렇기에 우리는 문장의 간결성을 위해 Syntax의 모양을 암기한 후 적재적소에 사용하는 방법을 학습해야만 하는 것입니다. 아래의 예제들을 통해 좀 더 자세히 학습해 보도록 하겠습니다.

---

그들이 얼마나 자연환경을 파괴(destroy. Vt) 하는지에 관계없이(regardless of. Prep), 인간들은 그들 스스로를 위해서 끊임없는(incessant. Adj) 탐욕(greed. N)을 추구(pursue. Vt)하고 있으며, 그것은 인간들이 결국엔(in the end) 멸종(extinct. Adj)할 것이라는 것을 내비치는 불행의 씨앗(specter. N) 입니다.

**Regardless of** (Prep) **how** much **they** (N: S) **destroy** (Vt) the natural **environment** (N: O), **people** (N: S) are **pursuing** (Vt) incessant **greed** (N: O) for themselves, a **specter** (단수 명사) **that** (주격 관계 대명사) **indicates** (Vt) **humans** (N: S) will **be** (Be) **extinct** (Adj: C) in the end.

- 전치사 regardless of의 목적어로 "how + S + Vt + O 완전한 문장"이 사용된 것을 확인해 주세요.

- 주가 되는 완전한 문장은 명사 people을 주어로, 타동사 pursue를 본동사로, 명사 greed를 목적어로 사용한, S + Vt + O 완전한 문장입니다. 또한, "Be + V-ing," 즉, 현재 진행형을 사용한 경우, 본동사는 "V-ing"에서 찾아야 한다는 것을 명심해 주세요. 그래서, 지금 같은 경우 본동사는 타동사인 pursue 입니다.

- 문장 분석을 통해 "Full Sentence, a(an) 단수 명사 + 주격 관계 대명사 + 불완전한 문장."의 모양을 확인해 주세요.

- Full Sentence(완전한 문장)가 전달하는 내용상 의미 전체를 하나의 명사 "specter"로 집약하고 있는 것을 확인해 주세요. 또한, 단수 명사 specter 뒤에 주격 관계 대명사를 사용하여 "인간이 멸종할 것이다"라는 세부 정보를 공급해 주고 있는 것을 확인해 주세요.

---

삶의 질(life quality. N)을 향상시키기 위한 무자비한(ruthless. Adj) 개발은 심각한(severe. Adj) 자연재해(natural devastation. N)를 야기(cause. Vt) 하였으며, 그것은 인간의 삶에 중대한 영향을 끼칠 뻔한 결과(foregone conclusion. N)였습니다.

The ruthless **development** (N: S) **to improve** (To + Vt) the **life qualities** (N: O) has **caused** (Vt) **severe** (Adj) natural **devastation** (N: O), a **foregone conclusion** (단수 명사) **which** (주격 관계 대명사) will **have** (Vt) significant **effects** (N: O) on human lives.

- 주가 되는 완전한 문장으로 명사인 development를 주어로, 타동사인 cause를 본동사로, 명사인 devastation을 목적어로 하는 S + Vt + O 완전한 문장이 사용된 것을 확인해 주세요.

- 또한, "Full Sentence, a(an) 단수 명사 + 관계 대명사 + 불완전한 문장" Syntax를 사용하여, 주가 되는 완전한 문장에 세부 정보를 공급해 준 것을 확인해 주세요.

- 단수 명사 foregone conclusion에 대한 세부 정보를 공급해 주기 위해, 주격 관계 대명사 which를 사용한 후, 뒤는 "Vt + O 불완전한 문장"을 사용해준 것을 확인해 주세요.

대기 중 이산화탄소(carbon dioxide. N)와 유독 물질(toxic materials. N)의 급격한 증가와 함께, 사람들은 조류독감(A.I. N)과 같은 피할 수 없는(inevitable. Adj) 호흡기 질환(respiratory disease. N)을 많이 앓고 있습니다. 그것은 환경 오염이 우리에게 되돌려준 불행의 씨앗(specter. N)입니다.

**With** (Prep) the radically increasing **amount** (N: O) of Carbon Dioxide and toxic materials in the air, **people** (N: S) **suffer** (Vt) many inevitable respiratory **diseases** (N: O) **such as** (Prep) **A.I** (N: O), a **specter** (단수 명사) **which** (목적격 관계 대명사) environmental **pollution** (N: S) **gives** (Vt) **us** (N: I.O) in return.

- 전치사 with를 사용하여, 즉 S + Vt + O 완전한 문장을 시작하기 전에, 수식 1번 "전치사"를 먼저 사용하여, 완전한 문장의 시작 전에, 내용상 세부 정보를 미리 공급해 주고 있음을 확인해 주세요.

- 주가 되는 완전한 문장은 명사 people을 주어로, 타동사 suffer을 본동사로, 명사 disease를 목적어로 사용하는 S + Vt + O 완전한 문장임을 확인해 주세요.

- 문장 분석을 통해 "Full Sentence, a(an) 단수 명사 + 목적격 관계 대명사 + 불완전한 문장."의 모양을 확인해 주세요. 또한, give는 늘 "S + Vt + I.O(간접 목적어) + D.O(직접 목적어) 완전한 문장"으로 사용되며, 지금 같은 경우 직접 목적어가 생략된 불완전한 문장이 사용된 것을 확인해 주세요.

- S + Vt + O 완전한 문장이 전달하는 내용상 의미 전체를, "불행의 씨앗"이란 의미를 가진 단수 명사 "specter"가 집약해 주고 있음을 확인해 주세요. 또한, 단수 명사 specter 뒤에 목적격 관계 대명사를 사용하여 "환경 오염이 우리에게 주고 있는"이라는 세부 정보를 공급해 주고 있음을 확인해 주세요.

- in return은 부사(Adv)처럼 완전한 문장의 어느 위치에서든 사용하여, "되돌려주는" 또는 "반대급부로"라는 해석상 의미를 전달하고 싶을 때 사용할 수 있습니다.

### ❷ 완전한 문장, what + 불완전한 문장.

"완전한 문장, what + 불완전한 문장"에서는, 완전한 문장의 내용을 "what + 불완전한 문장"으로 집약시키는 것이 핵심입니다. 이때, "what + 불완전한 문장"은 "그것은 ~것입니다"라는 해석상 의미를 전달 해 줄 수 있습니다. 다음의 예문을 통해 자세히 학습해보도록 하겠습니다.

학교 수업(school class. N)들로부터 다양한(various. Adj) 주제(subject. N)들에 대한 기본 지식을 갖는 것은 학생의 지평(horizon. N)을 확실히(definitely. Adv) 넓혀줍니다(widen. Vt). 그것은 현대 학교가 학생들의 미래를 위해서 학생들에게 제공(provide. Vt)해야 하는 것입니다.

**Having** (Vt-ing: S) the basic **knowledge** (N: O) of various subjects from the school classes definitely **widens** (Vt) the **horizons** (N: O) for the student, **what** modern **schools** (N: S) must **provide** (Vt) their **students** (N: O) **with** (Prep) for their futures.

- S + Vt + O 완전한 문장을 사용한 것을 확인해 주세요. 또한, 주어로 V-ing가 사용된 것을 확인해 주세요. 시제가 현재이고 주어로 V-ing를 사용한다면 늘 주어는 단수 취급을 해야함을 기억해 두도록 합시다. 그 결과 수의 일치로 인해 본동사 widen에 s를 붙여야만 문법적으로 옳은 표현이 됩니다.

- S + provide + A with B → "주어가 공급하다 A에게 B를." 실전 Writing에서 자주 사용해야 하니, 반드시 암기해 두도록 합시다.

- 완전한 문장의 내용을 집약하는 "what + 불완전한 문장"이 콤마 뒤에 사용된 것을 확인해 주세요. "what + 불완전한 문장"에서, 불완전한 문장으로 전치사 with의 목적어가 생략된 불완전한 문장이 사용된 것을 확인해 주세요.

### ❸ V-ing / P.P / Adj, S + 본동사.

"V-ing / P.P / Adj, S + 본동사" 모양은, 여러분께서 이전 예문들에서 미리 학습하신 V-ing(현재 분사), P.P(과거 분사), Adj(기본 형용사)가 뒤에 나올 완전한 문장의 주어를 수식해주는 모양입니다. 각각의 형용사 모양들은 전달하려는 해석상 의미에 따라 선택적으로 사용해야 하므로, 어느 경우에 각각 기본 형용사(Adj), 현재 분사(V-ing), 과거 분사(P.P)를 사용하여 완전한 문장의 주어를 수식해 줄 것인가에 대해 명확하게 구분하여 암기해 놓아야만 합니다.

V-ing를 사용하는 경우 ⟶ 능동의 의미 전달 (~하는)
P.P를 사용하는 경우 ⟶ 수동의 의미 전달 (~되어진)
기본 Adj를 사용하는 경우 ⟶ 중립적인 의미 전달 (~인)

아래의 예문들을 통해 좀 더 자세하게 학습해 보도록 하겠습니다.

과학기술 발전(technological advance. N)의 편리함(convenience. N)에 흠뻑 젖은(awash. Adj) 현대인들은, 대중교통(public transportation. N)보다 훨씬 편리함을 주는 개인 자가용(private vehicle. N)을 사용해서 목적지에 도착(get to + N)하는 것을 선호(prefer. Vt)합니다.

**Awash** (Adj) **in** (Prep) the **convenience** (N: O) of technological advance, modern **people** (N: S) **prefer** (Vt) **to get** (To + V: O) to destinations **by** (Prep) private **vehicles** (N: O) **which** (주격 관계 대명사) give them much more convenience than public transportation.

- 문장 가장 앞에 형용사(Adj) awash를 배치하여, 완전한 문장의 주어인 modern people에 세부 정보를 공급하고 있음을 확인해 주세요. 또한, 명사 people을 주어로, 타동사 prefer을 본동사로, To + V인 to get을 목적어로 사용한, S + Vt + O 완전한 문장이 사용된 것을 확인해 주세요.

- awash는 "흠뻑 젖은"이란 의미의 형용사로써 주로 뒤에 전치사 in을 사용한다는 것을 반드시 암기해 주세요.

- "목적지에 도달하다"라는 표현인 get to the destination은 Writing과 Speaking 모두에서 사용할 수 있으니, 반드시 암기 부탁드립니다.

- 전치사 by의 목적어로 사용된 명사 private vehicle에 세부 정보를 공급해 주기 위해, 수식 2번 중 "주격 관계 대명사 which"를 사용하였으며, 주격 관계 대명사 which 뒤에는 주어가 생략된 "Vt + O 불완전한 문장"이 사용되었음을 확인해 주세요.

---

끊임없는(relentless. Adj) 개발 추구(pursuit. N)에 의해 심하게(severely. Adv) 황폐화된(devastated. Adj) 환경은 회복하기가 불가능해 보입니다.

**Severely** (Adv) **devastated** (P.P) **by** (Prep) that relentless **pursuit** (N: O) of development, the natural **environment** (N: S) **seems** (Vt) **irrevocable** (Adj: C) **to restore** (To + Vi).

- 과거분사인 P.P를 문장 가장 앞에 사용하여 S + Vt + C 완전한 문장의 주어인 명사 environment에 세부 정보를 공급하고 있습니다.

- devastated 앞에 부사(Adv)를 배치하여 좀 더 강한 내용상 의미를 전달해 주고 있습니다. 즉, 형용사인 devastated를 수식해 주는 역할을 하는 것이 부사인 것입니다.

- 형용사 irrevocable에 대한 보충 설명으로, To + V인 to restore을 사용한 것을 확인해 주세요. 형용사에 대한 보충 설명 또는 구체화는 늘 "To + V"를 사용하여 표현해 줄 수 있다는 것을 반드시 다시 암기해 주세요.

---

끊임없는(countless. Adj) 실수(blunder. N)로 크게 좌절한(frustrated. Adj) 많은 사람들은, 이제는 무언가를 하기에 너무 늦었다고 고려합니다(consider. Vt).

Much **frustrated** (P.P) with countless blunders, many **people** (N: S) **consider** (Vt) **it** (N: S) **is** (Be) too **late** (Adj: C) **to do** (To + Vt: 진주어) **anything** (N: O).

- 과거 분사 P.P를 사용하여, S + Vt + O 완전한 문장의 주어인 명사 people에 세부 정보를 공급하고 있음을 확인해 주세요. 또한, many는 늘 뒤에 복수 명사를 사용해야 함을 암기해 두도록 합시다.

- frustrated 앞에 부사 much를 배치하여 "그냥 좌절되어진"이 아닌, "많이 좌절되어진"이란 좀 더 강한 내용상 의미를 전달해 주고 있습니다.

- 완전한 문장의 본동사인 타동사 consider의 목적어로 "that + S + Be + C 완전한 문장"이 사용되었으며, "that + 완전한 문장"이 목적어로 사용될 경우 that을 생략할 수 있어, 지금 같은 경우 that을 생략해 주었다는 것을 확인해 주세요.

- 본동사인 타동사 consider의 목적어로 사용된 "that + S + Be + C" 완전한 문장에서 주어로 가주어 it이 사용되었고 진주어로 To + V인 to do가 사용된 것을 확인해 주세요.

위의 예문에서, 의미 전달상 만약 본동사 consider의 시제인 현재보다 그 이전에 "사람들이 좌절하였다"라는 정보를 전달하고 싶다면, 즉 해석상 "사람들이 무언가를 하기에는 너무 늦었다"고 고려하는 시점과 "사람들이 좌절한 시점" 사이에 시간상 격차를 만들고 싶다면, Having Been P.P를 사용하여 다음과 같은 작문을 할 수 있습니다. 즉, Having Been P.P를 사용해 줄 경우, 완전한 문장의 본동사 시제 보다, 먼저 일어난 일에 대한 정보를 전달해 줄 수 있습니다.

**Having been frustrated** (Having been P.P) with countless blunders, many **people** (N: S) **consider** (Vt) **it** (N: S) **is** (Be) too **late** (Adj: C) to do anything.

---

적어도(at least) 수십 년간 거대한 돈이 투자되어진 우주여행(space exploration. N)은, 아직까지(so far. Adv) 실생활(real life. N)과 관련된(related. Adj) 그 어떠한 결과물(output. N)도 만들어 내지 못하고 있습니다.

Enormously **invested** (P.P) at least for decades, the space **exploration** (N: S) has not **generated** (Vt) any **outputs** (N: O) **related** (P.P) to real life **so far** (Adv).

- 과거 분사 P.P를 사용하여 S + Vt + O 완전한 문장의 주어인 명사 space exploration에 대한 세부 정보를 공급해 주고 있음을 확인해 주세요.

- 과거 분사 invested 앞에 부사 enormously를 배치하여 "그냥 돈이 투자된"이 아닌 "거대하게 투자되어진"이라고 표현하여 내용상 좀 더 강한 의미를 전달해 주고 있습니다.

- 완전한 문장의 목적어인 명사 output에 수식 2번 P.P를 사용하여 세부 정보를 공급해 주고 있음을 확인해 주세요. 또한, P.P인 related는 주로 뒤에 전치사 to와 함께 사용된다는 것을 반드시 암기해 주세요.

- "아직까지"란 의미를 전달하는 "so far"는 부사로서, 위치에 상관없이, 전달하려는 내용상 의미에 적절하게, 문장의 어디든 사용해 줄 수 있음을 기억해 주세요.

---

미래세대(generation to come. N)에 더 나은 환경(environment. N)을 물려주려는(bequeath. Vt) 것에 사로잡힌(obsessed. Adj) 현재 세대는, 편의(convenience. N)와 효용(utility. N)을 기꺼이 희생(sacrifice. Vt)하려 합니다. 사람들에 의한 모든 재활용 관행의 실행(execution. N)은 현세대의 그러한 희생에서 비롯됩니다. 심지어 불편함(inconvenience. N)을 가지고서도.

Much **obsessed** (P.P) **with** (Prep) **bequeathing** (Vt-ing) better **environment** (N: O) for the generation to come, the current **generation** (N: S) **is** (Be) **willing** (Adj: C) **to sacrifice** (To + Vt) its **convenience** (N1: O1) **and** (연결사) **utility** (N2: O2). **Execution** (N: S) of all recycling practices by people **results** (Vi) **from** (Prep) that **sacrifice** (N: O) of a current generation, **even** (Adv) **with** (Prep) the **inconvenience** (N: O).

- 과거 분사 P.P를 문장 가장 앞에 배치하여 S + Be + C 완전한 문장의 주어인 명사 current generation에 세부 정보를 공급해 주고 있음을 확인해 주세요.

- 과거 분사 obsessed 앞에 부사 much를 배치하여 "그냥 집착하는"이 아닌 "많이 집착하는"이라고 표현하여 좀 더 강한 의미를 전달해 주고 있습니다. 이렇듯, 늘 P.P 앞에는 부사를 배치하여 해석상 의미를 좀 더 강하게 전달할 수 있습니다.

- 첫 번째 완전한 문장인, 명사 generation을 주어로, Be 동사를 본동사로, 형용사 willing을 보어로 사용한, S + Be + C 완전한 문장에서 be + willing to + V(기꺼이 V하려 하다)의 숙어가 사용된 것을 확인해 주세요. 실전 Writing에서 빈번히 사용하는 숙어이니 반드시 암기해주세요.

- 두 번째 완전한 문장으로, 명사 execution을 주어로, 자동사 result를 본동사로 사용한 S + Vi + Prep + O 완전한 문장이 사용되었습니다. "result from"은 "원인이 되다"라는 의미를 전달합니다. 또한, "result in"은 "결과가 되다"라는 의미를 전달합니다.

- 완전한 문장 가장 마지막에, 지금처럼 콤마를 찍은 후, "부사 + 전치사 + 목적어 모양," 즉 위의 예문의 경우 "even with the inconvenience"를 사용하면, 약간의 극적인 느낌을 살려 내용상 의미를 전달할 수 있음을 반드시 기억해 주시기 바랍니다.

---

화석연료(fossil fuel. N)의 소비로 인한 이산화탄소(carbon dioxide. N)와 같은 부산물(by-product. N)의 축적(accumulation. N)으로 인해 이미 파괴된(devastated. Adj) 자연은, 불행히도(unfortunately though. 삽입구) 사람들이 전처럼 깨끗하게(as pristine as before) 그것을 되돌리기에(return. Vt) 너무 늦은 것 같습니다.

**Already** (Adv) **devastated** (P.P) **by** (Prep) the **accumulation** (N: O) of by-products **such as** (Prep) carbon dioxide from the consumption of fossil fuels, the natural **environment** (N: S), **unfortunately though** (삽입구), **seems** (Vt) too **late** (Adj: C) **for people** (의미상 주어) **to return** (To + Vt) it **as pristine as before** (Adv).

- 과거분사 P.P를 사용하여 S + Vt + C 완전한 문장의 주어인 명사 natural environment에 세부 정보를 공급해 주고 있음을 확인해 주세요.

- 과거 분사 devastated 앞에 부사 already를 배치하여 "그냥 황폐화 된"이 아닌 "이미 황폐화 된"이라고 표현하여, 좀 더 강한 내용상 의미를 전달해 주고 있습니다. 이렇듯, 늘 P.P 앞에는 부사를 배치하여 해석상 의미를 좀 더 강하게 전달할 수 있습니다.

- 명사 natural environment를 주어로, 타동사 seem을 본동사로, 형용사 late를 보어로 사용한 S + Vt + C 완전한 문장에서, "To + V"인 to return의 의미상 주어로 for people을 사용하여 return의 주체가 사람임을 명확하게 해준 것을 확인해 주세요.

- 완전한 문장의 주어 natural environment 뒤에 삽입구 "unfortunately though"를 사용하여, 자신의 의견을 피력하는 동시에 글의 맥락을 조절하고 있음을 확인해 주세요. 이렇듯, "삽입구"는 주어 뒤에 사용할 경우 글의 맥락을 효과적으로 조절해 줄 수 있음을 반드시 기억해 주세요.

- 문장 마지막에 사용한 as pristine as before, 즉 "as Adj(형용사) as before"은 "전처럼 형용사(Adj) 하게"란 해석상 의미를 전달할 수 있으며, 부사처럼 문장 끝에 사용할 경우 글의 맥락상 적절한 의미를 전달할 수 있습니다. 암기 후 적재적소에 사용해 주세요.

---

화려할(splendid. Adj) 뿐만 아니라, 더욱 진보한(advanced. Adj) 교육 자료들에 익숙한(accustomed. Adj) 학생들은, 더 이상 그들의 부모님을 통해서 새로운 지식을 습득하지 않습니다.

**Accustomed** (P.P) **to** (Prep) not only **splendid** (Adj1) but also **advanced** (Adj2) educational **materials** (N: O), the **students** (N: S) do not **acquire** (Vt) new **expertise** (N: O) from their parents anymore.

- 과거분사 P.P인 accustomed를 문장 가장 앞에 배치하여 S + Vt + O 완전한 문장의 명사 주어인 student에 세부 정보를 공급해 주고 있음을 확인해 주세요.

- 과거 분사 accustomed는 뒤에 늘 전치사 to를 사용함을 반드시 암기해 주세요. 또한, 전치사 to의 목적어로 사용된 명사 educational materials를 수식해 주기 위해, not only A but also B 구문을 사용해 준 것을 확인해 주세요.

- 또한 "전문 지식"이란 의미를 가지는 명사인 expertise는 불가산 명사, 즉 셀 수 없는 명사임을 반드시 암기해 주세요.

---

주로(mostly. Adv) 심각한(serious. Adj) 사회 문제를 다루는(deal. Vi) 소설(novel. N)은 사람들에 의해 영화(movie. N)보다 더 뛰어난(superior. Adj) 예술 형식(art form. N)으로 인지(perceive. Vt)되어 집니다.

**Mostly** (Adv) **dealing** (Vi-ing) **with** (Prep) serious social **issues** (N: O), a **novel** (N: S) **is** (Be) **perceived** (P.P) by people **as** (Prep) a more superior art **form** (N: O) than a movie.

- "V-ing"를 문장 가장 앞에 배치하여, S + Be + P.P 완전한 문장의 주어인 명사 novel에 세부 정보를 공급해 주고 있음을 확인해 주세요. 처음엔 어려우시겠지만, 대부분의 학생분이 3-4번 정도 반복해서 사용하시면, 컨셉을 잡으시니 조급해 마시고, 천천히 익혀 가시길 바랍니다.

- deal은 자동사로써, 뒤에 전치사 with를 사용할 경우 해석상 "~을, 를 다루다"라는 내용상 의미를 전달할 수 있습니다. 만약, 전치사 in을 사용할 경우, "~을, 를 거래하다"라는 내용상 의미를 전달하게 되므로, 자동사는 특정 내용상 의미를 전달할 때 같이 사용되는 전치사를 반드시 함께 암기해 두시기 바랍니다.

- V-ing나 P.P를 작문에 사용할 경우, 위의 예문처럼 부사를 사용해 V-ing나 P.P를 수식해 주는 작문 습관을 길러주시길 바랍니다.

- novel은 셀 수 있는 명사이므로, 반드시 부정관사 a를 사용해 주거나, 아니면 복수로 적어야 함을 기억해 주세요.

- as는 전치사로 사용될 경우, 해석상 "~로써"라는 의미를 전달할 수 있음을 암기해 주세요.

---

노동자(laborer. N)의 자리를 차지한(take over) 자동화된 기계(automated machine. N)는 분명(certainly. Adv) 생활 수준(living standard. N)의 평균(average. N)을 향상(improve. Vt)시킨 반면에(whereas. Conj), 고도 발전(advanced development. N)이 항상 세계에 긍정적인 영향만을 불러일으키지는(induce. Vt) 않는다는 것을 나타냅니다(indicate. Vt).

**Having taken** (Having + P.P) over the places of laborers, the automated **machines** (N: S) certainly **improve** (Vt) the **average** (N: O) of living standard, **whereas** (부사접속사) **it** (N: S) also **indicates** (Vt) that this highly advanced **development** (N: S) does not always **induce** (Vt) positive **effects** (N: O) on the world.

- "Having P.P"를 문장 가장 앞에 배치하여, S + Vt + O 완전한 문장의 주어인 명사 machine에 대한 세부 정보를 공급해 주고 있음을 확인해 주세요. 문장 가장 앞의 Having P.P는 수식해 주는 주어가 속한 완전한 문장의 본동사 시제보다 해석상 이전에 일어난 일에 대한

정보를 전달할 때 사용한다는 것을 반드시 암기해 주세요. 즉, 해석상, "자동화된 기계가 먼저 노동자들의 일자리를 차지하고, 그다음 생활 수준의 평균을 향상시켰다"라는 해석상 의미를 전달하고 있습니다.

- 의미 전달상, 부사 접속사 whereas를 사용하여, 대명사 it을 주어로, 타동사 indicate를 본동사로, "that + S + Vt + O 완전한 문장"을 목적어로 사용한 S + Vt + O 완전한 문장을 연결시켜 준 것을 확인해 주세요.

### ❹ Full sentence, V-ing.

"Full Sentence, V-ing" 모양은 해석상 "주어가 V-ing 하면서"라는 내용상 의미를 전달할 수 있습니다. 아래의 예문들을 통해 구체적으로 학습해 보도록 하겠습니다. 아래의 첫 번째 예문은 평범하게 접속사를 사용해 완전한 문장 2개를 연결한 작문입니다. 문장 분석을 통해 확인할 수 있듯이, material을 주어로 하는 S + Be + P.P 완전한 문장과 this를 주어로 하는 S + Vt + O 완전한 문장이 등위 접속사를 사용해서 연결돼 있습니다.

해로운(toxicant. Adj) 물질(materials. N)들이 공장 굴뚝(chimney. N)에서 배출(release. Vt) 되어지고(and: 등위 접속사), 이것은 우리를 심각한 문제(huge problem. N)로 인도(lead. Vt) 합니다.

Toxicant **materials** (N: S) **are** (Be) **released** (P.P) from the chimney of factories, **and** (등위 접속사) **this** (N: S) **leads** (Vt) **us** (N: O) to a huge problem.

여러분들이 눈여겨 봐야 할 점은, 같은 정보를 아래처럼 "Full Sentence, V-ing" 모양을 사용해서 훨씬 간결하고 가독성 있게 표현할 수 있다는 점입니다.

Toxicant **materials** (N: S) **are** (Be) **released** (P.P) from the chimney of factories, **leading** (V-ing) **us** (N: O) **to** (Prep) a huge **problem** (N: O).

또한, 위의 예문은 다음처럼 관계 대명사를 사용하여 부가적인 세부 정보를 더 공급해 줄 수도 있습니다. 물론, 수식 2번 관계 대명사를 사용하여 세부 정보를 더 공급해 줄지 공급해 주지 않을지는, 전적으로 글을 적는 당사자인 여러분들의 결정인 것입니다.

Toxicant **materials** (N: S) **are** (Be) **released** (P.P) from the chimney of factories, **leading** (V-ing) **us** (N: O) **to** (Prep) a huge **problem** (N: O) **which** (주격 관계 대명사) desperately **needs** (Vt) global **cooperation** (N: O).

---

아래의 예문을 통해 다시 한번 Full Sentence, V-ing의 모양을 학습해 보도록 합시다.

하지만(However. Adv), 몇몇의 사람들(some. N)은 여전히(still. Adv) 아직 무언가를 충분히 할 수 있다고 믿으며(believe. Vt), 재활용(recycling. N)에 참여(engage. Vi)하고 있습니다.

**However** (Adv), **some** (N: S) still **believe** (Vt) that **it** (N: S) **is** (Be) not too **late** (Adj: C), **engaging** (V-ing) in the recycling.

- 명사 some을 주어로, 타동사 believe를 본동사로, "that + S + Be + C 완전한 문장"을 목적어로 사용한, "S + Vt + O 완전한 문장"이 사용된 것을 확인해 주세요. 또한, "that + 완전한 문장"이 목적어로 사용될 경우 that을 생략해 줄 수 있음을 반드시 기억해 주세요.

- 문장 가장 앞에 부사 however 사용한 후, 콤마를 찍어 준 것을 확인해 주세요. 또한, however은 접속사가 아니라 부사임을 반드시 암기해 주세요.

### ❺ Full Sentence, which Vt that 완전한 문장.

"Full Sentence, which Vt that 완전한 문장"은 주가 되는 완전한 문장이 전달하는 내용에 부가적인 설명을 하고 싶은 경우, 주격 관계 대명사 which를 사용하여 주가 되는 완전한 문장이 전달하는 해석상 내용 전부를 which가 함축하도록 만드는 것이 핵심입니다. 또한, 주격 관계 대명사를 사용하였기에 그 뒤는 주어가 생략된 불완전한 문장을 사용하여 문장을 마무리하면 됩니다. 다음의 예문들을 통해 자세히 학습해 보도록 하겠습니다.

역사적으로(historically. Adv), 고등 교육(higher education. N)은 비싼 수업료(tuition. N)를 전제 조건(prerequisite. N)으로 요구(require. Vt)하여 왔으며, 이것은 빈민층(the poor. N)은 그 비용을 지불할 여력(afford. Vt)이 없다는 것을 의미(mean. Vt)합니다.

**Historically** (Adv), higher **education** (N: S) has **required** (Vt) expensive **tuition** (N: O) as its prerequisite, **which** (주격 관계 대명사) **means** (Vt) that **the poor** (N: S) cannot **afford** (Vt) **to pay** (To + V: O) for it.

- 주가 되는 완전한 문장은 명사인 education을 주어로, 타동사 require을 본동사로, 명사 tuition을 목적어로 사용하는 S + Vt + O 완전한 문장임을 확인해 주세요. 또한, 문장 가장 앞에 부사를 사용한 경우, 지금처럼 부사 뒤에 반드시 콤마를 찍어야 함을 명심해 주세요.

- 주가 되는 완전한 문장의 해석상 의미가, 주격 관계 대명사 which로 함축되어, 해석상 "그것은"이라는 내용상 의미를 전달하고 있음을 확인해 주세요. 또한, "Full Sentence, which vt that 완전한 문장"을 사용할 경우, 주격 관계 대명사 which 앞에 반드시 콤마를 찍어야 함을 암기해 주세요.

- 주격 관계 대명사 which 뒤에 주어가 생략된 "Vt + O 불완전한 문장"이 사용되었으며, 주어가 생략된 불완전한 문장의 본동사인 타동사 mean의 목적어로 "that + S + Vt + O 완전한 문장"이 사용된 것을 확인해 주세요.

- The + 형용사(Adj)는 집단을 나타내는 명사로 사용될 수 있으며, 만약 주어로 사용된다면 복수 취급을 해야 한다는 것을 반드시 암기해 주세요.

---

이 프로그램들은 범죄자(criminal. N)들이 반성(reflection. N)할 시간을 가질 수 있도록 도움(help. Vt)을 주며, 이는 범죄율(crime rate. N)을 낮추는(lower. Vt)데 큰(great. Adj) 도움(help. N)이 될 것입니다

The **programs** (N: S) will **help** (Vt) **criminals** (N: O) to have time for reflection, **which** (주격 관계 대명사) will **be** (Be) a great **help** (N: C) in lowering the crime rate.

- 주가 되는 완전한 문장은, 명사 program을 주어로, 타동사 help를 본동사로, 명사 criminal을 목적어로 하는, S + Vt + O 완전한 문장임을 확인해 주세요.

- 주가 되는 완전한 문장의 해석상 의미가 주격 관계 대명사 which로 함축되어 해석상 "그것은"이라는 의미 전달을 하고 있음을 확인해 주세요. 또한, "Full Sentence, which 불완전한 문장"을 사용할 경우, 주격 관계 대명사 which 앞에 반드시 콤마를 찍어야 함을 암기해 주세요.

- 주격 관계 대명사 which 뒤에는, 주어가 생략된 "Be + C 불완전한 문장"이 사용된 것을 확인해 주세요.

**❻ 이제 다시 아래의 예제문제를 통해 Body 작성을 연습해 보도록 합시다.**

> **예제문제**
>
> **Q**: Using cell phones and computers made communication among people much more comfortable. As a result, letter writing could be lost in the future. <u>What are the reason and solution to it?</u>

**1)** 먼저 주어진 Thesis에 대해, 자신이 생각하는 원인과 결과를 뒷받침할 각각의 "Supporting idea"를 생각해내야 합니다. Supporting idea는 늘 Body의 명확성을 위해 "형용사 + 명사", 또는 "Vt-ing + N" 모양으로 최대한 간결하게 그리고 적절한 단어를 선택하여 표현해야 합니다. 저는 편의상 the swiftness of the Internet을 Body 1의 Supporting idea로 하도록 하겠습니다.

**2)** 나중에 학습하게 되실 것이지만, Cause & Solution Essay는 Body 1에 원인을 Body 2에 해결책을 제시한다는 것을 반드시 암기해 주세요.

**3)** Template을 따라서 Introduction을 작성한 후 아래처럼, Body의 첫 번째 문장을 완성합니다.

The swiftness of the Internet clearly demonstrates the matter pertaining to this theme.

**4)** 이제 Body의 Logical flow 작성을 시작합니다.

**Logical flow A_배경 설명 →**

속도(speed. N)가 가장 중요한 생존 요건(survival condition. N)중 하나인 오늘날 현대 세상(modern society. N)에서, 사람들은 인터넷을 통한 의사소통에 중독(addict. Vt)되어 있습니다.

**In** (Prep) a modern **society** (N: O) **in which** (전치사 + 관계 대명사) **speed** (N: S) **is** (Be) **one** (N: C) of the most significant survival conditions, many **people** (S) have **been** (Be) **addicted** (P.P) **to** (Prep) **communication** (N: O) through the Internet.

[ 수식 1번 전치사를 문장 가장 앞에 배치하여, 명사 people을 주어로 하는 주가 되는 S + Be + P.P 완전한 문장을 통해 내용상 의미를 전달하기 전에, 충분한 세부 정보를 미리 공급해 주고 있음을 확인해 주세요.

[ 전치사 in의 목적어로 사용된 추상 명사 society에 세부 정보를 공급해 주기 위해 "전치사 + 관계 대명사"를 사용하였으며, 그 뒤는 명사 speed를 주어로, Be 동사를 본동사로, 명사 one을 보어로 하는, 부수적인 S + Be + C 완전한 문장이 사용된 것을 확인해 주세요.

[ one of the 최상급 복수명사 → "가장 ~ 한 명사들 중 하나."라는 해석상 의미를 전달하며, 실전 Writing에서 빈번하게 사용하니 반드시 암기해 주세요.

### Logical flow B_핵심 단어 + Thesis 언급 시작 →

인터넷을 사용한 social media나 많은 모바일 앱(application. N)들은 사람들이 시간과 공간의 제약(constraint. N)을 극복하는 것을 가능하게 해주고, 언제 어디서든 중요 정보나 메시지를 확인하는 것을 가능하게(enable. Vt) 해줍니다.

Many **social media** (N1: S1) **and** (연결사) mobile **applications** (N2: S2) on the Internet **make** (Vt) **it** (N: O) **possible** (Adj: C) **for people** (의미상 주어) **to overcome** (진목적어) time and space constraint, **enabling** (Vt-ing) **them** (N: O) **to check** (To + Vt) essential **messages** (N1: O1) **and** (연결사) **information** (N2: O2) anytime and anywhere.

[ 명사 social media와 mobile application을 주어로, 타동사 make를 본동사로, 대명사 it을 목적어로 사용한, S + Vt + O 완전한 문장이 사용된 것을 확인해 주세요.

[ 또한, 타동사 make의 목적어로 가목적어 it을 사용한 후 진목적어로 To + V를 사용한 것을 확인해 주세요. 또한, 진목적어로 사용한 to overcome의 의미상 주어로 for people을 사용한 것을 확인해 주세요.

[ "Full Sentence, V-ing" Syntax 구조를 사용하여, 좀 더 간결하게 해석상 의미를 전달해 준 것을 확인해 주세요.

### Logical flow C_Thesis 구체화 + D_This/These 사용하여 Supporting idea 끌어내기→

그러나(however. Adv), 이러한 인터넷을 통한 의사소통(communication. N)은, 예상치 못하게도(unexpectedly though. 삽입구), 인간관계를 소원하게(alienate. Vt) 만듭니다. 왜냐면, 사람들은 자신들의 감정(emotion. N)들을 텍스트 메시지와 이모티콘(emoji. N) 뒤에(behind. Prep) 언제든 숨길 수 있기 때문입니다.

**However** (Adv), these Internet **communications** (N: S), **unexpectedly though** (삽입구), **cause** (Vt) **people** (N: O) **to be** (To + V) **alienated** (P.P) one another **because** (부사 접속사) **people** (N: S) can **hide** (Vt) their real **emotions** (N: O) **behind** (Prep) the texts and emojis.

- 명사 communication을 주어로, 타동사 cause를 본동사로, 명사 people을 목적어로 사용한, S + Vt + O 완전한 문장이 사용된 것을 확인해 주세요.
- S + cause + N + To + V → "주어가 야기하다 N가 V 하는 것을." 자주 사용하는 구문이니 반드시 암기해 주세요.
- 부사 접속사 because를 사용하여, 첫 번째 S + Vt + O 완전한 문장과, 명사 people을 주어로, 타동사 hide를 본동사로, 명사 emotion을 목적어로 사용한, 두 번째 S + Vt + O 완전한 문장을 연결한 것을 확인해 주세요.

---

편지를 받기 위해서는 적어도(at least) 일주일 이상의 시간이 걸릴 뿐만 아니라 가끔씩(sometimes. Adv) 편지가 배달이 안 될 수도 있다는 것을 고려한다면(given that. 접속사), 왜 사람들이 손편지보다 인터넷을 통한 의사소통을 선호하는지를 필연적으로(inevitably. Adv)알 수 있습니다.

**Given that** (접속사) not only would **it** (N: S) **take** (Vt) at least more than a **week** (N: O) to receive a handwriting letter **but** (접속사) the **letter** (N: S) **is** (Be) **sometimes** (Adv) **missing** (V-ing: C) on its delivery, **one** (N: S) can **inevitably** (Adv) **ascertain** (Vt) why **people** (N: S) **prefer** (Vt) the Internet **communication** (N: O) **to** (Prep) the handwriting **letter** (N: O).

> 대명사 it을 주어로, 타동사 take를 본동사로, 명사 week를 목적어로 사용한, S + Vt + O 완전한 문장이 사용된 것을 확인해 주세요. 또한, 접속사 but을 사용하여 명사 letter을 주어로, Be 동사를 본동사로, 현재 분사 missing을 보어로 사용한, S + Be + C 완전한 문장이 연결돼 있는 것을 확인해 주세요.

> 이 문장은 다른 문장들과는 달리 부정어구인 not을 문장 가장 앞에 배치한 경우로써, 이러한 경우 도치가 발생합니다. 즉, "조동사 + 주어 + 본동사"의 순서로 문장을 작성해 주면 됩니다. 도치가 발생할 문장의 본동사가 타동사일 경우, 늘 "조동사 + 주어 + 본동사" 어순으로 도치가 됨을 암기해 두도록 합시다.

**❼ 이제 완성된 Cause & Solution의 Body 1을 확인해 보도록 하겠습니다.**

[ Body 1 ]

The swiftness of the Internet clearly demonstrates the matter pertaining to this theme. In a modern society in which speed is one of the most significant survival conditions, many people have been addicted to communication through the Internet. Many social media and mobile applications on the Internet make it possible for people to overcome time and space constraint, enabling them to check essential messages and information anytime and anywhere. However, these Internet communications, unexpectedly though, cause people to be alienated one another because people can hide their real emotions behind the texts and emojis. Given that not only would it take at least more than a week to receive a handwriting letter but the letter is sometimes missing on its delivery, one can inevitably ascertain why people prefer the Internet communication to the handwriting letter. (Words: 135)

# 16 Day

## What Extent / Agree / Disagree
### Introduction & Body 1 작성

Khalil Gibran said, "Out of suffering have emerged the strongest souls. The most massive characters are seared with scars."

**What Extent / Agree / Disagree Template (1 Supporting Idea)**

[ Introduction ]

It has been an enigmatic quandary as to whether [주어진 Thesis]. However, it is [evident, clear, explicit, lucid, obvious] that [나의 의견]. Although history and literature are replete with countless examples, the scope and breadth of **Supporting Idea 1** are a paragon that reverberates such a theme.

[ Body 1 ]

To begin with, **Supporting Idea 1** [clearly, lucidly, explicitly, indubitably, obviously, unambiguously, coherently] [illustrates, depicts, demonstrates, explains, epitomizes, exemplifies] [the matter pertaining to this theme, the issue at hand]. Logical flow 시작 → A (배경 설명) → B (핵심 단어 + Thesis 언급 시작) → C (Thesis 구체화) → [Thus, As shown], this/these **Supporting Idea 1** [clearly, lucidly, explicitly, indubitably, obviously, unambiguously, coherently] [illustrates, depicts, demonstrates, explains, epitomizes, exemplifies] an epitome of why [나의 의견].

[ Body 2 ]

Furthermore, the government should do something more than just V-ing. 내용전개 →

[ Conclusion ]

At first glance, it may seem like [나의 반대 의견], but the examples of **Supporting Idea 1** [clearly, lucidly, explicitly, indubitably, obviously, unambiguously, coherently] [indicate, prove] that [나의 의견].

# Day 16

## What Extent / Agree / Disagree
>>>>>>>>>>>>>>   - Introduction & Body 1 작성 -   <<<<<<<<<<<<<<

IELTS Writing Task 2에서 여러분이 가장 많이 접하게 될 Essay 유형이 "What Extent / Agree / Disagree" 유형입니다. 이 유형은, 아래의 도식처럼 기본적으로 두 가지 공략법이 존재합니다.

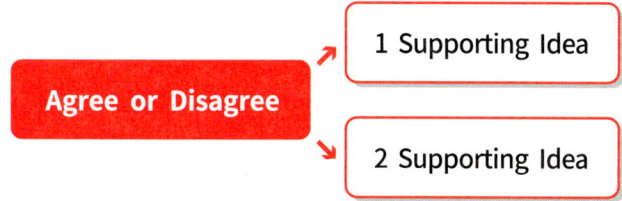

각각의 공략법은 그 나름의 장점과 단점을 각각 지니고 있기에, 어떤 공략법을 선택할지는 전적으로 여러분의 결정에 달려있습니다. 먼저, 첫 번째 공략법은 "Body 1"에서 "Supporting idea" 하나를 언급한 뒤, "Body 2"에서 다른 Supporting idea의 언급 없이, "What Extent"를 강조하여, "얼마나 동의하는지" 내지 "얼마나 동의하지 않는지"를 언급하고 글을 마무리하는 방법입니다. 이 방법은 Supporting idea를 하나만 사용해도 되기에 Writing에서 시간이 부족한 수험생이라면 시간에 대한 부담감을 상당히 해소할 수 있는 공략법입니다. 또한, Body 2의 경우 모든 Task 2 Thesis에 대해 이미 정해진 일정한 Template을 사용할 것이기에 상당히 심리적으로 편안한 상태에서 시험을 치르실 수 있는 장점이 있습니다. 단점은, 자신의 논리 전개에 있어 단 하나의 Supporting idea만을 Body 1에 공급하기에 자칫 Body 1에서 논리성이 부족한 경우 고득점에 실패할 수 있다는 것입니다.

두 번째 공략법은 "Body 1"과 "Body 2"에 자신의 의견을 뒷받침할 각각의 Supporting idea를 공급하는 방법입니다. 장점은 두 개의 개별 Supporting idea를 각각의 Body에 공급하기에 자신의 의견을 좀 더 논리적 뒷받침하는 것이 가능해진다는 것이고, 혹여 Body 1에서 다소 논리 전개가 부족하다 할지라도 Body 2에서 새로운 Supporting idea로 다시 논리 전개를 할 수 있으므로, 논리 전개 부분에서 무시하지 못할 강점이 존재한다는 것입니다. 단점은 역시나 35분 남짓의 시간 동안 두 개의 Supporting idea를 사용해야 하기에, 아이디어가 부족하거나 글쓰기 훈련이 부족한 경우 자칫 시간부족에 시달릴 위험성이 존재한다는 것입니다. 참고로 저는 여러분에게 What Extent /

Agree / Disagree Essay에서 두 개의 Supporting idea를 공급할 것을 추천해 드립니다. 두 개의 Supporting idea를 사용해 What Extent / Agree / Disagree Essay를 작성하는 방법은 Day-18에서 충분히 학습하게 될 것입니다. 그럼, 첫 번째 공략법을 사용한 What Extent / Agree / Disagree Essay 작성법을 먼저 학습해 보도록 합시다.

**❶** 첫 번째 공략법은, "Body 1"에서 "Supporting idea" 하나를 언급한 뒤, "Body 2"에서 "What Extent"를 강조하여, "얼마나 동의하는지" 내지 "얼마나 동의하지 않는지"를 언급하고 글을 마무리 하는 방법입니다. 여기서 주의할 점은,

- What extent / Agree / Disagree Essay에서는 Off-topic을 피하기 위해 늘 "동의"를 하시는 것이, 가장 "합리적인 선택"이란 것을 꼭 명심해 주세요. 만약 "Off-topic"을 범하지 않을 충분한 자신이 있는 분이라면, disagree를 선택하고 글을 적어도 괜찮습니다.

- 또한, 지나친 Brain-storming은 시간 낭비일 뿐이므로, 가급적 미리 암기하신 "Template"의 "Introduction"을 작성하시면서 "Supporting idea"를 떠올리시기 바랍니다. 학습이 진행될수록, 많은 Supporting idea들을 학습하게 될 것이므로 "Supporting idea"에 대한 부담은 점점 사라지게 될 것입니다.

- 그리고 늘 문제를 읽자마자, "Thesis"에서 주어진 "핵심 단어"를 "추출"해 주세요. 추출한 핵심 단어는 Body 1의 "Logical flow" (A → B → C → D)에서, "B" 또는 "C" 부분에 사용해야 함을 명심해 주세요.

그럼 먼저, "Introduction Template" 사용법을 학습해 보도록 합시다. "Introduction Template"은 아래와 같습니다. 아래의 "Template"을 사용하여 Introduction 작성 시, 유의해야 할 몇 가지 점들도 반드시 암기해 주세요.

---

**[ What Extent / Agree / Disagree Introduction Template ]**

It has been an enigmatic quandary as to whether [주어진 Thesis 언급]. However, it is **[evident, clear, explicit, lucid, obvious]** that [나의 의견]. Although history and literature are replete with countless examples, the scope and breadth of **Supporting idea 1** are a paragon that reflects such a theme.

- "whether" 뒤쪽의 주어진 Thesis 언급 부분은 늘, "완전한 문장"을 사용해 작성해야 하며, 주어진 Thesis에 대해 간략하게 언급만 한다 생각하면 됩니다. 또한, "나의 의견" 부분도, 늘 "완전한 문장"을 사용해 작성해야만 합니다.

- "it is" 뒤쪽의 주어진 형용사 evident, clear, explicit, lucid, obvious 중, 언제든 하나를 선택하면 됩니다. 암기 후 사용하신다면, 편하게 문장을 작성할 수 있습니다. 반복되는 동일한 단어 사용을 방지하기 위함입니다.

- "Supporting idea"의 모양은, 늘 Body의 내용을 집약할 수 있는 단어로 표현해야 합니다. 가장 이상적인, "Supporting idea"의 모양은, 1) Adj + N, 또는 2) Vt-ing + N임을 반드시 기억합시다. 하지만 순간적으로 위의 모양의 Supporting idea가 떠오르지 않는다면, 아주 간략하게 생각나는 대로 Supporting idea를 적길 바랍니다. 다시 한번 말씀드리지만, Supporting idea를 떠올리기 위해 너무 많은 시간을 소비해서는 안 됩니다.

- Introduction 작성 시 앞쪽에 몇 칸을 띄워서 Indent(들여쓰기)를 만들어주세요. IELTS Writing 시험은 형식 점수가 주어지지 않지만, 일반적인 Writing Rule이니 지켜서 손해 볼 일은 없습니다.

그럼, 앞의 Template을 아래의 예제 문제에 적용시켜 보겠습니다.

> **Q1**: Nowadays, people do not prefer reading the newspaper and watching the news on a TV program. Instead, they like getting information about the world from the Internet. <u>To what extent do you agree or disagree?</u>

### [ Introduction ]

It has been an enigmatic quandary as to **what types of methods to obtain information are preferable by people**. However, it is **explicit** that **despite the development of Internet technology, people still prefer to get information from newspapers and TV news**. Although history and literature are replete with countless examples, the scope and breadth of **the inundation of unreliable information** are a paragon that reflects such a theme.

앞에서 보이듯이, [주어진 Thesis 언급] 부분에서, "S + Be + C" 완전한 문장이 사용되어진 것을 확인할 수 있습니다.

- what **types** (N: S) of methods to obtain information **are** (Be) **preferable** (Adj: C) by people

또한, [나의 의견] 부분도, "S + Vt + O" 완전한 문장으로 작성되어진 것을 확인할 수 있습니다.

- **despite** (Prep) the **development** (N: O) of Internet technology, **people** (N: S) still **prefer** (Vt) **to get** (To + V) information from newspapers and TV news

이제 그럼, 아래의 예제 문제들을 통해 Introduction Template 사용법에 좀 더 익숙해지도록 합시다.

---

**Q2**: In most countries, women are allowed to join armed forces. However, some believe only men should be allowed to join armed forces. <u>To what extent do you agree or disagree?</u>

### [ Introduction ]

It has been an enigmatic quandary as to whether **only men should be permitted to join armed forces**. However, it is **lucid** that **the army should allow females as soldiers**. Although history and literature are replete with countless examples, the scope and breadth of **the birth of innovative tactic** are a paragon that reverberates such a theme.

---

**Q3**: Some people claim that not enough of the waste from homes is recycled. They say that the only way to increase recycling is for governments to make it a legal requirement. <u>To what extent do you think laws are needed to make people recycle more of their waste?</u>

### [ Introduction ]

It has been an enigmatic quandary as to whether **the legalization of recycling**

**waste is needed to make people recycle more of their waste**. However, it is **evident** that **the laws to force people to recycle is required**. Although history and literature are replete with countless examples, **the event surrounding World War 1** is a paragon that reverberates such a theme.

---

> **Q4**: With all the problems in the world today, spending money on space exploration is a complete waste. The money could be better spent on other causes. <u>To what extent do you agree with this view?</u>

[ Introduction ]

It has been an enigmatic quandary as to whether **money must be spent on space exploration**. However, it is **explicit** that **spending money on space exploration is a complete waste**. Although history and literature are replete with countless examples, the scope and breadth of **irrelevance with life-quality** are a paragon that reflects my point of view precisely.

---

> **Q5**: Nowadays, employers tend to think that social skills are more important than good qualifications. <u>To what extent do you agree or disagree?</u>

[ Introduction ]

It has been an enigmatic quandary as to whether **social skills are much more crucial in selecting employees**. However, it is **evident** that **qualification is the most important quality in the real business world**. Although history and literature are replete with countless examples, the scope and breadth of **strategic operation** are a paragon that reverberates my point of view precisely.

**❷** 이제, "What Extent / Agree / Disagree"의 Body 1 공략법을 알아보도록 합시다.

가장 먼저, 주어진 Thesis에서 "핵심 단어"를 추출해 냅니다. "핵심 단어"라 함은, Body에서 논리를 전개할 때 반드시 사용해야 하는 단어들을 의미합니다. Body에서 "Off-topic"을 막기 위하여 Logical flow B 부분부터 Thesis에서 뽑아낸 "핵심 단어"를 언급하면 됩니다.

그다음, 이미 Day 5에서 학습하신 Logical flow (A → B → C → D)의 순서대로 Body를 작성하면 됩니다. 다시 복습을 하자면, Logical flow란 Body에서 자신만의 논리를 펼쳐 나가기 위한 "글의 맥락 흐름"을 의미합니다. Logical flow는 IELTS Writing Task 2에서 핵심적인 부분이므로 아무리 강조해도 그 중요성을 지나치다 할 수 없습니다.

또한, 글의 논리적 맥락을 형성하기 위하여 "위 문장"과 "아래 문장" 사이에 "내용상 연결고리"인 "Hook"을 만들어야만 합니다. 많은 학생분께서, 이 "내용상 Hook", 즉 "내용상 고리"를 만드는 것에 많은 어려움을 느끼시지만, 사실 간단한 방법으로 쉽게 만들 수 있는 것이 "내용상 Hook" 입니다. 그럼, 아래의 예제를 통해 Body 작성 시 필요한 Logical flow와 내용상 Hook을 만드는 법을 살펴보도록 하겠습니다.

> **Q**: Young people are more interested in international films and pop stars but not on famous people in their countries' history. <u>What extent do you agree or disagree</u>?

**1) 먼저, 주어진 Thesis에서 "핵심 단어"를 추출해 냅니다.**
위의 Thesis를 주의 깊게 읽는다면 Thesis에서 핵심적인 내용을 품은 단어는, "**Young people**", "**international films and pop stars**", "**famous people in their countries' history**" 임을 쉽게 확인할 수 있습니다. 그렇다면, 이제 이 핵심 명사들을, Logical flow B(핵심 단어 + Thesis 언급 시작) 부분부터 언급하기 시작하면 됩니다.

**2) 하지만, 그 이전에**
즉, Logical flow B(핵심 단어 + Thesis 언급 시작) 부분으로 넘어가기 전, Logical flow A 부분에서 본인의 논리를 본격적으로 전개하기 위한 배경 설명을 해야만 합니다. 배경 설명 작성 시 어떤 주제나 Thesis가 주어지더라도 늘 사용할 수 있는 가장 일반적인 2, 3개의 문장을 암기해 두시면

Task 2를 쉽게 공략할 수 있습니다. 배경 설명에 반복적으로 사용될 수 있는 문장들은 이 책에 공급된 예문들과 Sample Essay를 통해 충분히 숙지하시기 바랍니다.

또한, Logical flow A(배경 설명) 작성 후 가장 중요한 것은, 배경 설명 부분에서 사용한 "특정한 명사"를, 전략적으로 Logical flow B(핵심 단어 + Thesis 언급 시작) 부분에서 반복 사용하여 Logical flow A(배경 설명)와 B(핵심 단어 + Thesis 언급 시작) 사이에 "내용상 Hook"을 만들어야 한다는 것입니다. 아래의 문장을 통해 좀 더 자세히 알아보겠습니다. 만약, A 부분에서 아래와 같은 내용을 언급한다면,

- A (배경 설명) → **과학기술의 발달**로 많은 사람들이 **기술적 혜택**을 즐기는 오늘날 사회에서, 사람들은 과거보다 훨씬 편하고 윤택한 삶을 살고 있습니다.

Logical flow A(배경 설명)에서의 핵심 단어는, "과학 기술의 발달", or "기술적 혜택" 입니다. 그렇다면, 이제 A에서 추출해낸 이 "특정 명사"와, Thesis에서 추출해낸 "핵심 단어"를 Logical flow B(핵심 단어 + Thesis 언급 시작)에서 같이 사용하여, 아래처럼 Logical flow A와 B 사이에 "내용상 Hook"을 만들어 냅니다.

- B (핵심 단어 + Thesis 언급 시작) → 그러한 **기술적 혜택**의 하나가 인터넷입니다. 인터넷을 통해서, "**Young people**"은 이제 공간과 시간의 제약을 극복하고, 세계 여러 곳의 정보를 실시간으로 확인할 수 있고, 수많은 "**international films and pop stars**"들을 전보다 훨씬 쉽게 접할 수 있습니다.

위와 같이, Logical flow B(핵심 단어 + Thesis 언급 시작)에서는 Logical flow A에서 추출해낸 특정 명사인 "**기술적 혜택**"과 Thesis에서 추출해낸 핵심 명사인 "**Young people**"과 "**international films and pop stars**"를 내용상 적절히 섞어서 Thesis의 내용을 언급함과 동시에 Thesis의 내용을 확장해 나가는 것입니다. Logical flow C와 D 부분에서도, 위와 마찬가지로 내용상 Hook을 걸어야만 논리적인 글의 맥락이 형성되는 것입니다. 즉, Logical flow A(배경 설명)에서 Logical flow B(핵심 단어 + Thesis 언급 시작)로 넘어올 때, "**기술적 혜택**"이란 Logical flow A에서 언급한 특정 명사를 Logical flow B에서 사용하여 Logical flow A와 B 사이에 "내용상 Hook"을 만들어 준 것처럼, Logical flow B의 특정 명사 내지는, Logical flow B의 내용을 집약적으로 표현해 줄 수 있는 또 다른 명사를 Logical flow C(Thesis 구체화) 부분에 사용하여, Logical flow B와 C 사이에 또한 "내용상 Hook"을 만들어 줘야 합니다. Logical flow B와 C 사이의 "내용상 Hook"은 다음에서 확인할 수 있듯, "**세계 여러 곳의 정보**" 입니다.

**[ Logical Flow ]**

A (배경 설명) → 과학기술의 발달로 많은 사람들이 기술적 혜택을 즐기는 오늘날 사회에서, 사람들은 과거보다 훨씬 편하고 윤택한 삶을 살고 있습니다.

B (핵심 단어 + Thesis 언급 시작) → 그러한 기술적 혜택의 하나가 인터넷입니다. 인터넷을 통해서, Young people은 이제 공간과 시간의 제약을 극복하고, 세계 여러 곳의 정보를 실시간으로 확인할 수 있고, 수많은 international films and pop stars들을 전보다 훨씬 쉽게 접할 수 있습니다.

C (Thesis 구체화) → 하지만, Young people들의 이러한 세계에 대한 지나친 관심 내지 동경은 그들 자신의 역사에 대해 소홀하게 만들었고 많은 자국민이 자신의 역사 내지 famous people in their countries' history에 대해 무지하게 되는, 심각한 사회적 병폐를 만들어 내고 있습니다.

D (This/These 사용하여 Supporting idea 끌어내기) → This 자국민의 역사에 대한 무지는, 젊은이들의 외국에 대한 지나친 관심 내지는 동경 때문입니다.

❸ 그럼, 아래의 예제 문제로, Logical flow와 내용상 Hook을 사용한 What extent / Agree / Disagree의 본격적인 Body 1 작성을 학습해 보도록 하겠습니다.

**예제연습**

Q: Education of young people is the main educational priority of countries. However, some believe that educating adults who cannot read and write is needed by society, and we should spend more on it. **To what extent do you agree or disagree?**

1) 먼저, 여러분은 자신의 의견을 결정해야 합니다. 저는 "Thesis의 의견"에 동의해 (글을 읽고 쓰지 못하는 어른들을 교육시켜야 해) 보도록 하겠습니다.

2) 그다음, 주어진 Thesis에서 핵심 단어를 추출해 냅니다. 지금 같은 경우, "핵심단어"는 "educating adults who cannot read and write", "needed by society"와 "spend"임을 쉽게 확인할 수 있습니다.

**3)** 다음은, 여러분의 의견을 뒷받침할 Supporting idea를 생각해 냅니다. Supporting idea는 늘 간결하게 "형용사(Adj) + 명사(N)" 형태로 표현하는 것이 가장 이상적입니다. Supporting idea는 길게 적지 마시고, Body 1의 내용을 집약하는 "형용사+명사" 형태의 짧은 Supporting idea로 표현해야 한다는 것을 명심하도록 합시다.

**형용사 + N → Invaluable hindsight** (경험을 통해 알게 되는 깨달음)

**4)** 이제 Template을 사용하여, Body 1을 작성합니다.

> **[ What Extent / Agree / Disagree Body 1 Template ]**
>
> To begin with, **Supporting idea 1** [clearly, lucidly, explicitly, indubitably, obviously, unambiguously, coherently] [illustrates, depicts, demonstrates, explains, epitomizes, exemplifies] [the matter pertaining to this theme, the issue at hand]. Logical flow 시작 → A (배경 설명) → B (핵심 단어 + Thesis 언급 시작) → C (Thesis 구체화) → [Thus, As shown], [this/these] **Supporting Idea 1** [clearly, lucidly, explicitly, indubitably, obviously, unambiguously, coherently] [illustrates, depicts, demonstrates, explains, epitomizes, exemplifies] an epitome of why [나의 의견].

### Logical flow A_배경 설명 →

다양하고(various. Adj) 복잡한(complicated. Adj) 일들이 늘(always. Adv) 발생하는(transpire. Vi) 현대(modern. Adj) 세상(society. N)에서, 합리적인(reasonable. Adj) 방식(method. N)으로 문제를 해결(resolve. Vt)하는 능력(ability. N)은 중요해졌습니다.

In a modern society **in which** (전치사 + 관계 대명사) various and complicated **issues** (N: S) always **transpire** (Vi), the **ability** (N: S) to resolve problems with reasonable methods has **been** (Be) **quintessential** (Adj: C).

> Logical flow 배경 설명 부분에서는 늘 아래의 문장구조를 사용하여, 자신의 논리를 확장하기에 유리한 환경을 미리 설정해 줍니다.
> In a modern society in which + Full Sentence, Full Sentence.

- 명사 ability를 주어로, Be 동사를 본동사로, 형용사 quintessential을 보어로 사용한 "S + Be + C 완전한 문장"이 "주가 되는 완전한 문장"으로 사용된 것을 확인해 주세요.

- 이미 발생한 상황을 언급할 때는, 현재완료(Have P.P)를 사용합니다. 또한, 현재완료 사용 시, 본동사는 "P.P"에 있음을 명심해 주세요.

- ability는 항상 뒤에서 "To + V"만이 수식해 줄 수 있다는 것을 암기해 주세요.

- 전치사 + 관계 대명사를 사용해서 앞에 있는 명사를 수식해 줄 경우, 전치사 + 관계 대명사 뒤는 늘 부수적인 완전한 문장을 사용해야 함을 반드시 암기해 주세요. 지금 같은 경우, 명사 issue를 주어로, 자동사 transpire를 본동사로 사용한 S + Vi 완전한 문장이 부수적인 완전한 문장으로 사용된 것을 확인해 주세요.

### Logical flow B_핵심 단어 + Thesis 언급 시작 →

어른들(the elderly. N)은 그들 모두는 아닐지라도 살면서 충분한(enough. Adj) 경험을 축적하였고(accumulate. Vt), 많은 복잡한(complex. Adj) 사회 문제(problem. N)들을 해결하는 합리적인(reasonable. Adj) 관점(viewpoint. N)과 해결책(solution. N)을 가지고 있습니다.

**The elderly** (S), though not all of them, have **accumulated** (Vt) enough **experiences** (N: O) in their lives, **achieving** (Vt-ing) reasonable **viewpoints** (N1: O1) **and** (연결사) **solutions** (N2: O2) **to resolve** (To + Vt) many complex social **problems** (N: O).

- "Full Sentence, V-ing" Syntax를 사용하여 좀 더 간결하게 의미를 전달할 수 있습니다.

- 접속사 albeit를 사용하여, "비록 ~일지라도"라는 의미를 전달할 수 있습니다.

- 명사 the elderly를 주어로, 타동사 accumulate를 본동사로, 명사 experience를 목적어로 사용한 S + Vt + O 완전한 문장이 사용된 것을 확인해 주세요.

- viewpoint와 solution을 뒤에서 To + V가 수식합니다.

- Logical flow A의 "특정 단어"인 해결(resolve. Vt)하는 능력(ability. N)이 Logical flow B의 해결하는 합리적인 관점(viewpoint. N)과 "내용상 Hook"을 만들어내고 있습니다.

### Logical flow C_Thesis 구체화 →

그렇기에(thus. Adv), 그러한 문맹의(illiterate. Adj) 어른들이 만약 교육 되어져서, 글을 잘 쓸 수 있고 읽을 수 있게 된다면 가치 있는(valuable. Adj) 인적 자원(human resources. N)으로 활용(use. Vt)되어 질 것이고, 많은 아이들이 그 어른들의 책과 강연(lecture. N)을 통해서, 그들의 삶을 통해(through. Prep) 체득된(acquired. Adj) 지식(knowledge. N)을 배울 수(learn. Vt) 있을 것입니다.

Thus, **those illiterate adults** (N: S), if being **educated** (P.P1: C1) **and** (연결사) **taught** (P.P2: C2) to read and write, can **be** (Be) **used** (P.P) as valuable human resources, and many **children** (N: S) can **learn** (Vt), through their books and lectures, the acquired **knowledge** (N: O) of them.

- "those"를 사용하여, Logical Flow B에서 언급된 특정 단어인 "the elderly(어른들)"를 Logical flow C 부분에서 다시 언급하여, Logical Flow B와 C 사이에 "내용상 Hook"을 만들어야 줘야 한다는 것을 반드시 기억해 주세요.

- 또한, those는 형용사로서, 늘 복수 명사를 수식해 준다는 것을 반드시 암기해 주세요.

- knowledge는 늘 단수 명사로 사용된다는 것을 반드시 암기해 주세요.

- 위의 문장은 접속사로 if와 and, 즉 2개의 접속사를 사용했으므로, 완전한 문장이 3개가 사용되었습니다. 문장 분석을 통해서 반드시 확인해 주세요.

### Logical flow D_This/These 사용하여 Supporting idea 끌어내기 →

성인들의 뒤늦은 깨달음(hindsight. N)은 사회가 문맹인 어른들을 교육해야 하는 이유를 명백히 보여줍니다.

This beneficial **hindsight** (N: S) of the adults indubitably **epitomizes** (Vt) **why society must educate the illiterate adults** (why + full sentence: O).

- Logical Flow D 부분에서는 "this" 또는 "these"를 사용하여 반드시 Supporting idea를 다시 끌어내야만 합니다. Logical Flow D 부분에서 Supporting idea를 끌어내야 함을 반드시 기억해 주세요. Logical Flow D 부분은, 늘 위의 문장 구조를 가지게 되니, 암기 후 늘 반복적으로 사용해 주세요.

**❹** 이제 완성된 Body 1과, 앞 부분에서 학습한 Introduction 작성법을 사용하여 완성한 부분 완성 Essay를 확인해 보도록 하겠습니다.

> **Q**: Education of young people is the main educational priority of countries. However, some believe that educating adults who cannot read and write is needed by society, and we should spend more on it. <u>To what extent do you agree or disagree?</u>

### [ Introduction ]

It has been an enigmatic quandary as to whether the society should allocate more resources to educate the illiterate adults. However, it is explicit that teaching illiterate adults must be the priority of society. Although history and literature are replete with countless examples, the scope and breadth of invaluable hindsight are a paragon that reflects my point of view precisely. (Words: 60)

### [ Body 1 ]

Invaluable hindsight clearly illustrates the matter pertaining to this theme. In a modern society in which various and complicated issues always transpire, the ability to resolve problems with reasonable methods has been quintessential. The elderly, though not all of them, have accumulated enough experiences in their lives, achieving reasonable viewpoints and solutions to resolve many complex social problems. Thus, those illiterate adults, if being educated and taught to read and write, can be used as valuable human resources, and many children can learn, through their books and lectures, the acquired knowledge of them. This beneficial hindsight of the adults indubitably epitomizes why society must educate the illiterate adults. (Words: 107)

**❺** 이제, 아래의 예제 문제를 통해 다시 Body 1 작성을 연습해 보도록 합시다. Writing은 반복 연습이 가장 중요하다는 것을 다시 한번 명심해 주세요. 결국, 고득점은 Body에서의 논리 전개와 문법 사용에 있습니다. 여러분께서는, 무려 16일 동안 이 책을 정독하고 계십니다. 물론, 대충 읽고 계신 분들도 있을 것입니다. 하지만 16일, 384시간, 무려 23,040분 동안 목표 점수를 위해 학습하

고 계십니다. 조금만 더 힘을 내어 오늘의 학습분량을 마치기를 저자는 간절히 바랍니다. 사실, 저자는 이 책을 완성하기 위해 정말 오랜만에 생긴 여자 친구와 카톡으로만 연락을 하고 있습니다. 그녀는 이 책을 완성하려는 저자에게 전폭적인 응원을 해주고 있습니다. 저희가 학습 중인, What Extent / Agree / Disagree Body 작성과는 관련이 없지만, 그녀에게 감사의 마음을 다시 한번 전합니다 (Danke Bom). 이왕 옆길로 샜으니, 여러분도 각자의 남자 친구, 여자 친구, 아내, 남편, 부모님께 공부 열심히 하고 있다고 메시지를 보내주시기 바랍니다. Single인 분들은 잠시 인터넷 검색을 해보시기 바랍니다. 그럼, 아래의 예제를 통해 다시 한번 What Extent / Agree / Disagree의 Body 작성법을 학습해 보도록 합시다. Here we go!

**예제문제**

> Q: Museums and art galleries should show artworks of the local culture, rather than those from other countries. <u>To what extent do you agree or disagree?</u>

**1)** 먼저 주어진 Thesis에서 동의할 것이지, 동의하지 않을 것인지를 결정합니다. 저는 편의상 주어진 Thesis에 동의를 해서, 즉 "박물관에 지역 문화 작품들을 전시해야 한다"를 저의 의견으로 결정하도록 하겠습니다.

**2)** 이제 순간적으로 Supporting idea를 생각해 내야 합니다. 저는 "Adj + N" 모양의 Supporting idea로 "possible identity loss"를 사용하도록 하겠습니다.

**3)** 그다음, 주어진 Thesis에서 핵심 단어를 추출해 냅니다. 추출해낸 핵심 단어는 아래와 같고, Logical flow B 부분부터 이 핵심 단어들을 언급해야 함을 명심해 주세요. Thesis에서 추출해낸 핵심 단어를 Logical flow B 부분에서 언급해야만, 주어진 논제에 대한 "답변력"이 확보되며, 또한 "Off-topic"을 막을 수가 있습니다. 그리고 Thesis에서 추출한 핵심 단어는 Logical flow A에서부터 언급하여도 된다는 것을 기억해 두시기 바랍니다.

→ "museums and art galleries", "artworks of the local culture", "from other countries"

**4)** 자, 이제 정해진 Template에 따라 Introduction을 작성합니다. 완성된 Introduction은 다음과 같습니다.

## [ Introduction ]

It has been an enigmatic quandary as to whether artworks of the museum should be from local cultures. However, it is evident that museums must exhibit local cultural assets or works rather than foreign artifacts. Although history and literature are replete with countless examples, the scope and breadth of possible identity loss are a paragon that reflects my point of view precisely.

**해석** 박물관의 예술 작품이 지역 문화에서 나온 것이어야 하는지는 늘 수수께끼 같은 질문이었습니다. 그러나 박물관은 외국 유물이 아닌 지역의 문화적 자산이나 작품을 전시해야 한다는 것이 분명합니다. 역사와 문학은 무수히 많은 예제가 있지만, 정체성 상실의 범위와 폭은 정확하게 내 견해를 반영하는 전형적인 예입니다.

**5)** 다음으로, Body Template을 활용하여 아래의 첫 문장을 완성한 후 바로 Logical flow (A → B → C → D)에 따라 Body 1 작성을 시작합니다.

A possible identity loss obviously epitomizes the matter pertaining to this theme.

**Logical flow A_배경 설명 →**

발달된(developed. Adj) 인터넷에 의해(by. Prep) 외국 문화(foreign culture. N)에 흠뻑 빠져 있는 (awash. Adj) 많은 젊은 세대들은 우리 고유의 문화보다 외국 문화에 대해 더 많은 지식(knowledge. N)을 가지고 있습니다.

**Awash** (Adj) **in** (Prep) a foreign **culture** (N: O) **by** (Prep) the developed **Internet** (N: O), young **generations** (N: S) **have** (Vt) more **knowledge** (N: O) of foreign culture than that of our own culture.

> 인터넷은 늘 정관사 the와 함께 사용해야 하며, 또한 늘 첫 spelling을 대문자로 적어야 합니다.

> 이미 학습하신 Syntax를 사용하여, 형용사를 문장 가장 앞에 배치시켜 주어를 수식한다면 좀 더 자연스러운 내용상 의미 전달이 가능합니다. 주의할 점은 Syntax 사용 시, 반드시 주어 앞에 콤마를 찍어야만 한다는 점입니다.  **Adj _____ , S**

[ 명사 generation을 주어로, 타동사 have를 본동사로, 명사 knowledge를 목적어로 사용한, "S + Vt + O 완전한 문장"이 사용되었다는 것을 확인해 주세요. 영작에 있어, 여러분이 작성하는 모든 문장은 반드시 완전한 문장으로 작성되어야 함을 반드시 기억해 주세요.

[ awash는 "흠뻑 젖은"이란 의미의 형용사입니다. 또한 awash는 주로 전치사 In과 함께, 실전 IELTS Writing 작성 시 빈번하게 사용되니 반드시 암기해 주세요.

### Logical flow B_핵심 단어 + Thesis 언급 시작 →

그러한(those. Adj) 젊은이들은 할로윈 데이(Halloween. N)나 Saint Patrick 데이와 같은, 우리에게 아무런 의미가 없는 외국 기념일에 더 열광합니다(frantic. Adj).

Those young **generations** (N: S) **are** (Be) more **frantic** (Adj: C) with foreign holidays **such as** (Prep) **Halloween** (N1: O1) **and** (연결사) **Saint Patrick day** (N2: O2) **which** (주격 관계 대명사) **mean** (Vt) **nothing** (N: O) to us.

[ Logical flow A와 B 사이에 "내용상 Hook"을 만들기 위해, Logical flow A에서 언급된 특정 단어인 "젊은이"가 Logical flow B에서 형용사 those와 함께 사용된 것을 확인해 주세요. those는 명사(N)로 사용될 경우, "그러한 사람들"이라는, 사람을 지칭하는 "복수 명사"가 되고, 형용사(Adj)로 사용될 경우 "그러한"이라는 의미를 가지며, 늘 "복수 명사"를 수식해 줍니다. 또한, that이 단수 명사를 수식하는 형용사(Adj)로 사용될 수 있다는 것 또한 반드시 암기해 주세요.
Those (Adj) + "복수 명사" vs. That (Adj) + "단수 명사"

[ "those"는 위 문장에서 언급된 명사를 아래 문장에서 다시 언급할 때 빈번히 사용하는 형용사이니 반드시 그 쓰임을 암기해 주세요. 즉, "내용상 Hook"을 만들 때 빈번히 사용되는 형용사입니다.

[ "which mean nothing to us"는 앞쪽에 배치된 명사인 "Halloween and Saint Patrick day"를 수식하기 위해 붙여준, 즉 관계 대명사를 사용한 세부 정보 공급입니다. "관계 대명사" 뒤는, 늘 불완전한 문장이 와야 한다는 것을 반드시 암기해 주세요.
명사 (N) + 관계 대명사 + 불완전한 문장

[ 명사 generation을 주어로, Be 동사를 본동사로, 형용사 frantic을 보어로 사용한, "S + Be + C 완전한 문장"이 사용된 것을 확인해 주세요.

[ "such as"는 늘 전치사처럼 사용하며, 만약 "such as"를 사용한다면 반드시 뒤에 목적어를 배치해야 함을 암기해 주세요.

### Logical flow C_Thesis 구체화 →

우리의 가치 있는(valuable. Adj) 문화를 경시(ignore. Vt)하고 외국 문화에 열광하는 **그러한**(such. Adj) **경향**(trend. N)은 우리의 국력(national power. N)을 급진적으로(radically. Adv) 약화시킵니다(weaken. Vt). 그것은, 우리의 문화적 정체성(cultural identity. N)을 곧(sooner or later. Adv) 완전히(entirely. Adv) 지워버릴 불행의 씨앗(specter. N)인 것입니다.

**Ignoring** (Vt-ing) our **valuable** (Adj) **culture** (N: O) **and** (연결사) **frantic** (Adj) with foreign cultures, such a **cultural** (Adj) **trend** (N: S) **radically** (Adv) **weakens** (Vt) our **national power** (N: O), **a specter** (N) **that** (주격 관계 대명사) would entirely **erase** (Vt) our cultural **identity** (N: O) **sooner or later** (Adv).

[ 문장 가장 앞에 v-ing인 ignoring과 형용사 frantic을 연결사를 사용하여 배치하며, 완전한 문장의 명사 주어인 trend를 수식해 주고 있음을 확인해 주세요.

[ Logical flow B와 C 사이에 "내용상 Hook"을 만들어 주기 위해, "그러한 경향"을 의미하는 "such a cultural trend"를 사용해준 것을 확인해 주세요.

[ such는 형용사로서, those처럼 위 문장에서 언급된 명사를 아래 문장에서 다시 언급하여, 위 문장과 아래 문장 사이에 "내용상 Hook"을 만들어 줄 때 주로 사용하는 형용사임을 반드시 암기해 주세요.

[ 지금 같은 경우, 이전에 학습하신 "**Full Sentence, a(an) N + 관계 대명사 + 불완전한 문장**" Syntax를 사용하여, 내용상 의미를 좀 더 자연스럽게 전달하고 있습니다. 또한, 명사 trend를 주어로, 타동사 weaken을 본동사로, 명사 national power를 목적어로 사용한, S + Vt + O 완전한 문장이 사용된 것을 확인해 주세요.

[ sooner or later는 "머지않아"라는 의미를 가진 부사(Adv)로써, 부사의 성질처럼 문장의 어느 자리이든 적재적소에 사용할 수 있다는 것을 명심해 주세요. 다만, 글의 맥락상 보통 문장의 맨 앞, 또는 맨 뒤에 배치하는 것이 이상적이긴 합니다.

> **Logical flow D_This/These 사용하여 Supporting idea 끌어내기 →**

이러한(this. Adj) 정체성 상실(identity loss. N)의 위험(threat. N)은 왜 박물관과 지역 갤러리의 작품들이 지역 문화(local culture. N)에서 와야만 하는지를 명확히(unambiguously. Adv) 증명합니다.

This **threat** (N: S) of identity loss **unambiguously** (Adv) **proves** (Vt) **why** the artistic **works** (N: S) of museums and art galleries must **be** (Be) **from** (Prep) local **cultures** (N: O).

- 명사 threat를 주어로, 타동사 prove를 본동사로, why + "S + Be 완전한 문장"을 목적어로 사용한, "S + Vt + O 완전한 문장"이 사용된 것을 확인해 주세요.
- why + "S + Be 완전한 문장"이 타동사 prove의 목적어로 사용된 것을 확인해 주세요.
- this는 "단수 명사"를 수식해 주는 형용사(Adj), these는 "복수 명사"를 수식해 주는 형용사(Adj)로 사용될 수 있다는 것을, 다시 한번 암기해 주세요.
- 또한, 이미 "완전한 문장" 부분에서 학습하셨듯이, why 뒤에 나온 명사 work를 주어로 하는 "S + Be 완전한 문장"이 수식 1번 "전치사"와 함께 사용된 것을 확인해 주세요.

**6** 완성된 Introduction과 Body를 확인해 보도록 하겠습니다.

> **Q**: Museums and art galleries should show artworks of the local culture, rather than those from other countries. <u>To what extent do you agree or disagree?</u>

### [ Introduction ]

It has been an enigmatic quandary as to whether artworks of the museum should be from local cultures. However, it is evident that museums must exhibit local cultural assets or works rather than foreign artifacts. Although history and literature are replete with countless examples, the scope and breadth of possible identity loss are a paragon that reflects my point of view precisely. (Words: 62)

## [ Body 1 ]

A possible identity loss obviously epitomizes the matter pertaining to this theme. Awash in a foreign culture by the developed Internet, young generations have more knowledge of foreign culture than that of our own culture. Those young generations are more frantic with foreign holidays such as Halloween and Saint Patrick day which mean nothing to us. Ignoring our valuable culture and frantic with foreign cultures, such a cultural trend radically weakens our national power, a specter that would entirely erase our cultural identity sooner or later. This threat of identity loss unambiguously proves why the artistic works of museums and art galleries must be from local cultures. (Words: 107)

# 17 Day

## What Extent / Agree / Disagree
### Body 2 & Conclusion 작성

Wayne Dyer said,
"How people treat you is their karma; how you react is yours."

# Day 17

## What Extent / Agree / Disagree
>>>>>>>>>>>>>>> - Body 2 & Conclusion 작성 - <<<<<<<<<<<<<<<

오늘은, "What Extent / Agree / Disagree"의 "Body 2" 작성 방법에 대해 알아보도록 합시다. "Body 2" 작성은, 앞에서 학습한 "Body 1" 작성 방법과는 다르게, "적어도 2개 내지, 3개 이상"의 제안을 "정부가 ~해야 한다"고 언급하고 마무리하면 됩니다. 내용상 굳이 정부가 아니더라도, 주어진 Thesis에 대해 "어느 정도까지 동의하는지" 또는 "어느 정도까지 동의하지 않는지"를 언급하고 마무리하면 됩니다. 다시 말씀드리지만, Body 2 부분은 결국 내가 어느 정도까지 "동의" 하는지, 또는 "부동의" 하는지를 보여주는 것이 핵심입니다. 그럼, 아래의 예제 문제를 통해 Body 2 작성 방법에 대해 학습해 보도록 합시다.

> **예제문제**
>
> **Q**: Some psychiatrists recommend taking a period of time to do nothing in order to overcome stress we feel in daily life. <u>To what extent do you agree or disagree with this opinion?</u>

만약, 주어진 "Thesis"에 대해 여러분이 동의를 하였다면, 여러분의 의견은 "taking time to do nothing to relieve the stress"일 것입니다. 그럼, 앞에서 학습한 대로, Template을 이용하여 Introduction을 완성한 후, Logical flow를 활용하여 Body 1을 작성합니다. 그런 뒤, Body 2는 "What Extent 부분의 답변"임을 감안하여, "정부가 ~해야 한다"라는 의견을 적어도 2개 이상 언급한 뒤, Body 2를 마무리하면 됩니다.

**❶** What Extent / Agree / Disagree의 Template을 사용하여, 아래의 Body 2 첫 문장을 만들어 낼 수 있습니다.

> **[ What Extent / Agree / Disagree Body 2 Template ]**
>
> Furthermore, the government should do something more than just V-ing.

- 다시 한번 말씀드리지만, IELTS Writing 시험에서 형식 점수는 주어지지 않습니다. 하지만 새로운 Paragraph를 시작할 때 첫 문장의 시작은 Indent(들여쓰기)를 만드는 것이 일반적인 Writing 원칙이니 들여쓰기를 해서 손해 볼 일은 없습니다. 즉, 새로운 Paragraph를 만들 때, 첫 문장의 시작은 늘 몇 칸을 띄워 주세요.

Furthermore, the government should do something more than just guiding the working environment of many companies.

**해석** 게다가, 정부는 많은 회사들의 업무 환경을 단지 지도하는 것 이상의 일을 해야 합니다.

**❷** 그리고, 아래는 정부가 해야 할 일들입니다. 먼저 어떤 주제 든, "자신의 의견에 부합"하게 "법제화해야 한다"고 언급하면 됩니다.

- Legalization (법제화)

그 다음, 국민들을 상대로, "공청회"를 열고, "교육 훈련"과 "공익 광고"를 해야 한다고 의견을 제시하면 됩니다.

- Public hearing (공청회) / Educational session (교육 훈련) / Public advertisement (공익 광고)

**❸** 그럼, 바로 "Body 2" 예문 작성을 시작해 보도록 하겠습니다.

많은 회사들이, 그들 자체의 업무시간(working hours. N)에 대한 내규(bylaw. N)들을 잘 지키지(observe. Vt) 않을 뿐만 아니라, 또한 정부의 권고안(government's recommendation. N)을 짓밟고 있다(trample. Vt)는 것을 고려한다면(given that. Conj), 정부는 정해진(fixed. Adj) 시간만큼만 노동자(employees. N)들이 일 하도록 법적 근거가 있는(statutory. Adj) 고정된(fixed. Adj) 업무시간을 법제화(legislate. Vt)해야 합니다.

**Given that** (접속사) many **companies** (N: S) not only **fail** (Vt) **to observe** (To + V: O) their own bylaws on working hours **but trample** (Vt) the government's recommendation, the **government** (N: S) must **legislate** (Vt) statutory fixed working **hours** (N: O) **so that** (접속사) the **workers** (N: S) **work** (Vi) only for the fixed amount of time.

- given that은 접속사로서, 명사 company를 주어로, 타동사 fail을 본동사로, To + V인 to observe를 목적어로 하는 "S + Vt + O 완전한 문장"과 명사 government를 주어로, 타동사 legislate를 본동사로, 명사 hour를 목적어로 하는 "S + Vt + O 완전한 문장"을 연결하고 있습니다.

- not only A but B → "A뿐만 아니라, B도." 실전 Writing에서 자주 사용하는 구문이니 반드시 암기해 주세요.

- so that은 접속사로서, 명사 worker를 주어로, 자동사 work를 본동사로 사용한 "S + Vi 완전한 문장"을 연결하고 있음을 확인해 주세요.

---

더욱이(additionally. Adv) 정부는 적절한(proper. Adj) 시간 동안(amount of time. N) 일하는 것이 장기적으로(in the long run) 얼마나 능률적(efficacious. Adv)인지 대중들에게 알리기(inform. Vt) 위해, 공청회(public hearing. N) 또는 공익 광고(public advertisement. N)를 시행 (implement. Vt)해야 합니다.

**Additionally** (Adv), the **government** (N: S) must **implement** (Vt) public **hearings** (N1: O1) **or** (연결사) **advertisements** (N2: O2) **to inform** (To + Vt: Adv) **the public** (N: O) how much **efficacious** (Adj: C) **it** (N: 가주어) will **be** (Be) in the long run **to work** (To + V: 진주어) for the proper amount of time.

- 부사를 문장 가장 앞에 사용할 경우, 반드시 부사 뒤에 "콤마"를 찍어 주세요.

- 명사 government를 주어로, 타동사 implement를 본동사로, 명사 public hearing과 advertisement를 목적어로 하는 "S + Vt + O 완전한 문장"이 사용된 것을 확인해 주세요.

- 완전한 문장 마지막에 To + V를 사용하면, "~하기 위해서"라는 의미를 전달할 수 있습니다. 이때 "To + V"는 "부사"로써 사용된 것입니다.

- S + inform + 사람 + 목적어 → "주어가 알리다 사람에게 목적어를." 빈번하게 사용하는 구문이니 반드시 암기해 주세요. 흔히 inform은 한국에서, give 등과 함께 4형식 동사로 알려져 있지만, 늘 "몇 형식 동사" 이렇게 암기하지 마시고, 실전에서 직접 적용해 사용할 동사의 전체 모양을, 그 동사와 같이 사용할 품사의 모양과 함께 같이 암기해 두시는 것이 효율적인 학습법임을 알려 드립니다.

- To + V의 동사(V) 자리에, 타동사 Inform을 사용하여, Inform의 목적어로 "how + 완전한 문장"을 사용하였으며, 특히나 지금처럼 "how much + 완전한 문장"이 목적어로 사용될 경우, 주로 "how much C + S + Be" 또는 "how many O + S + Vt 완전한 문장"의 모양으로 사용되니, 반드시 암기 후 적재적소에 사용해 주세요.

**④** 이제 What Extent / Agree / Disagree Essay의 완성된 Body 2를 확인해 보도록 하겠습니다.

> Q: Some psychiatrists recommend taking a period of time to do nothing in order to overcome stress we feel in daily life. <u>To what extent do you agree or disagree with this opinion</u>?

### [ What extent / Agree / Disagree Body 2 ]

Furthermore, the government should do something more than just guiding the working environment of many companies. Given that many companies not only fail to observe their own bylaws on working hours but trample the government's recommendation, the government must legislate statutory fixed working hours so that the workers work only for the fixed amount of time. Additionally, the government must implement public hearings or advertisements to inform the public how much efficacious it will be in the long run to work for the proper amount of time.

What Extent / Agree / Disagree의 Body 2 작성에 있어서 요점은 간단합니다. 주어진 Thesis에 대해 "동의"하든 "부동의"하든, 자신이 선택한 의견을 좀 더 강하게 피력하는 것이 "What Extent Body 2" 작성의 핵심 요지입니다. 주어진 질문에서 "어느 정도까지 동의하는지, 부동의하는지" 물었기에, 여러분께서는 간단히 거기에 대한 답변만을 하시면 되는 것입니다. 또한, What Extent / Agree / Disagree의 Body 2는, Cause & Solution의 Body 2에 서술할 Solution에도, 약간의 수정만으로 그대로 적용할 수 있다는 것을 반드시 기억해 주세요. 다음의 Cause & Solution 예제들을 통해, What Extent / Agree / Disagree의 Body 2와 Cause & Solution의 Body 2가 그 내용 면에서 흡사하다는 것을 확인해 보시기 바랍니다.

> **Q1**: More and more people move into the city, leaving the rural areas to find better jobs and education. <u>What is the cause, and what can be done to solve this problem</u>?

[ Body 2 ]

However, such a migration to the cities, triggered by the facilities concentrated in the city, can be easily solved with effective governmental interventions. Given that people have left the rural provinces mainly because of insufficient job opportunities, the government must initiate quality businesses in the rural provinces, which would provide the locals with sufficient working opportunities. In addition, to make the young parents reside in rural areas, the government should launch supportive educational policies and instructions to renovate the old-fashioned educational systems. Such interventions would successfully distribute the population of the cities to the countryside, which would result in balanced development between the rural areas and the cities.

---

> **Q2**: People do not take environmental issues seriously in spite of many warnings given by scientists and even do not save the energy in their daily life. <u>What are the possible cause and solution for this issue</u>?

[ Body 2 ]

However, such negligence on the environmental issues, triggered by the oblivion on the possible disaster, can be easily resolved with several effective government interventions. Given that there are many helpful laws to protect the environment but people trample those laws, the government must levy the substantial fines on the law-violators. Additionally, to inform how much quintessential the environment is, the government must initiate various public commercials and set the government's guidance specifically designed to instill the importance to protect the environment. With these all government efforts, the severe ignorance on the environmental issue can be effectively tackled.

**❺** 아래의 예제를 통해 다시 한번 What Extent / Agree / Disagree의 Body 2 작성법을 학습해 보도록 하겠습니다. 먼저, 주어진 Thesis에 대해, Template을 사용하여 아래처럼 Body 2의 첫 문장을 쉽게 작성할 수 있습니다.

> **예제연습**
>
> Q: In many places, people's lifestyles have changed rapidly. This positively affects family relationships as well. <u>What extent do you agree or disagree</u>?

Furthermore, the government should do something more than merely recommending the public to accept the changed rules of the modern family.

**해석** 더욱이, 정부는 현대 가정의 변화된 규칙들을, 대중들에게 받아들이라고 단지 제안하는 것 이상을 해야 합니다.

---

정부는(government. N) 아직까지(so far. Adv) 새롭게 변화된 가족 관계를 받아들이는(accept. Vt) 것을 꺼리는(reluctant. Adj) 많은 다른 가족들에게, 적극적인(aggressive. Adj) 유도 정책(government inducements. N)을 시행(execute. Vt)해야 합니다.

The **government** (N: S) should **execute** (Vt) aggressive **inducement policies** (N: O) **for** (Prep) many other **families** (N: O) **who** (주격 관계 대명사) **are** (Be) **reluctant** (Adj: C) **to accept** (To + V) the newly changed family relationships **so far** (Adv).

- 정부를 뜻하는 명사인 government는 늘 정관사 the와 함께 사용해야 한다는 것을 반드시 암기해 주세요.

- so far는 부사로서, 위치에 상관없이 전달하려는 내용에 맞춰, 문장의 어디든지 사용할 수 있다는 것을 암기해 주세요

- 주격 관계 대명사 who를 사용하여, 명사 family에 대한 부연 설명을 해주었으며, 주격 관계 대명사 뒤는 주어가 생략된 "Be + C 불완전한 문장"이 사용된 것을 확인해 주세요.

- 주가 되는 완전한 문장으로, 명사 government를 주어로, 타동사 execute를 본동사로, 명사 inducement policy를 목적어로 사용한 "S + Vt + O 완전한 문장"을 사용한 것을 확인해 주세요.

- 형용사 reluctant의 보충 설명을 위해 To + V를 사용해 준 것을 확인해 주세요.

---

또한, 정부(government. N)는 변화된(adjusted. Adj) 가족 관계(relationship. N)가 가족 간의 상호 존중(mutual respect. N)과 동등한 대우(equal treatment. N)에 얼마나 중요한(crucial. Adj) 역할(role. N)을 할지를 대중들에게 교육(edify. Vt) 시키기 위해, 교육 세션(educational session. N)과 공청회(public hearings. N)를 개최(hold. Vt)해야 합니다.

In addition, the **government** (N: S) must **hold** (Vt) both the educational **session** (N1: O1) **and** (연결사) public **hearings** (N2: O2) **to edify** (To + Vt) **the public** (간접 목적어) how much crucial **roles** (N: O) the newly adjusted **relationships** (N: S) **among** (Prep) **family members** (N: O) would **play** (Vt) **in** (Prep) mutual **respect** (N1: O1) **and** (연결사) equal **treatment** (N2: O2).

- 명사 government를 주어로, 타동사 hold를 본동사로, 명사 session과 hearing를 목적어로 사용한, "S + Vt + O 완전한 문장"이 사용된 것을 확인해 주세요.

- 완전한 문장 끝에 "To + V"를 배치하여, "~ 하기 위해서"라는 의미를 전달할 수 있습니다. "To + V"를 "~하기 위해서"라는 의미전달을 위해 사용한다면, 부사로 사용한 것으로, 위치에 상관없이 문장의 어디든 사용할 수 있음을 명심해 주세요.
  → Full Sentence, to + V(~하기 위해서)

- 타동사의 목적어로 "how + 완전한 문장"을 사용할 경우, 만약 "얼마나 많이"라는 내용상 의미를 전달하기 위해 "how much"를 사용한다면, 아래와 같이 늘 "도치"를 사용한다는 것을 반드시 암기해 주세요. 아래의 두 가지 모양은 실전 Essay 작성에서 가장 빈번하게 사용되니 반드시 암기해 주시기 바랍니다.
  → S + Vt + How much C(Adj) + S + Be
  → S + Vt + How many O(N) + S + Vt

- S + edify + 사람/사물 + 목적어 → "S(주어)가 교화시키다, 사람/사물에게, 목적어를." 빈번하게 사용하는 구문이니, 반드시 암기해 주세요.

---

가부장적인(patriarchal. Adj) 가족 관계에서 쌓여 있던(accumulated. Adj) 수많은(countless. Adj) 단점(drawbacks. N)들을 효과적으로(effectively. Adv) 알리기(inform. Vt) 위해서, 정부는 또한(also. Adv) 공익광고(public commercials. N)를 즉시(immediately. Adv) 시작(initiate. Vt) 해야만 합니다.

**To inform** (To + Vt: Adv) **effectively** (Adv) a **countless** (Adj) **number** (N: O) **of** (Prep) **drawbacks** (N) **accumulated** (P.P) **over** (Prep) the patriarchal family **relationships** (N: O), the **government** (N: S) must also immediately **initiate** (Vt) public **commercials** (N: O).

- "~하기 위해서"를 표현하고 싶을 때는, "문장 가장 앞" 내지, "문장 가장 뒤"에서 To + V를 사용하면 됩니다.
  To + V _____ , 완전한 문장.    or    완전한 문장, to + V _____ .
- 주가 되는 완전한 문장으로, 명사 government를 주어로, 타동사 initiate를 본동사로, 명사 commercial을 목적어로 사용한 "S + Vt + O 완전한 문장"을 사용해준 것을 확인해 주세요.
- 또한, 전치사 of의 목적어로 사용한 명사 drawback에 세부 정보를 공급해 주기 위해, 수식 2번 중 P.P를 사용해, 즉 과거 분사 accumulated를 사용해 세부 정보를 공급해 주고 있음을 확인해 주세요.

**6** 이제 완성된 Body 2를 확인해 보도록 하겠습니다.

### [ Body 2 ]

Furthermore, the government should do something more than merely recommending the public to accept the changed rules of the modern family. The government should execute aggressive inducement policies for many other families who are reluctant to accept the newly changed family relationships so far. In addition, the government must hold both the educational session and public hearings to edify the public how much crucial roles the newly adjusted relationships among family members would play in mutual respect and equal treatment. To inform effectively a countless number of drawbacks accumulated over the patriarchal family relationships, the government must also immediately initiate public commercials. (Words: 102)

**7** 이제, 아래의 주어진 Thesis에 대한 Conclusion 작성법을 학습해 보도록 하겠습니다. 아래는 Template에 있는 Conclusion 부분입니다.

> Q: In many places, people's lifestyles have changed rapidly. This positively affects family relationships as well. What extent do you agree or disagree?

**[ What Extent / Agree / Disagree Conclusion Template ]**

At first glance, it may seem like [나의 반대 의견], but the examples of **Supporting Idea 1** [clearly, lucidly, explicitly, indubitably, obviously, unambiguously, coherently] [indicate, prove] that [나의 의견].

Conclusion Template에 있는 [나의 반대 의견] 부분에는, 늘 자신이 선택하지 않은 의견을 "완전한 문장"의 형태로 Paraphrase를 해서 작성해 주면 됩니다. 즉, 지금 같은 경우, 저는 주어진 Thesis에 대해 "빠르게 변한 삶의 스타일이 가족 관계에 긍정적인 영향을 준다는 의견"에 동의하였으므로, Template에 있는 [나의 반대 의견] 부분에는 제가 동의한 의견의 반대 내용인, "빠르게 변한 삶의 스타일은 가족 관계에 부정적인 영향을 준다"고 언급해 주면 되는 것입니다. 그리고 Template의 마지막 부분에 있는 [나의 의견] 부분에는 다시 한번 제가 동의한 내용을 간략하게 "완전한 문장" 으로 정리해서 적어주면 Conclusion이 드디어 완성되는 것입니다. 그럼, 다음과 같은 Conclusion 이 완성되게 됩니다.

## [ Conclusion ]

At first glance, it may seem like the lifestyles quickly changed bring a negative effect on family relationships, but the example of equal responsibility indubitably indicates that rapidly changing lifestyles have a positive effect on family relationships.

**해석** 언뜻 보면 빠르게 변화한 생활 방식이 가족 관계에 부정적인 영향을 미친 것처럼 보일 수 있지만 평등한 책임의 예는 급격하게 변화하는 생활 방식이 가족 관계에 긍정적인 영향을 미친다는 것을 나타냅니다.

**8** 아래의 예제들을 통해 1 Supporting idea Body 2 작성법을 좀 더 학습해 보도록 하겠습니다.

**예제연습**

> Q: Some people believe that teenagers should concentrate on all school subjects. What extent do you agree or disagree?

주어진 Thesis의 주된 내용은, "학교에서 학생들이 모든 과목을 공부해야 하는가?" 아니면, "학교에서 학생들이 좋아하는 것만 공부해야 하는가?"의 논제입니다. 이런 문제에서, Body 2는 정부를 언급하며 "어느 정도까지 동의하는지?" 내지는 "어느 정도까지 동의하지 않는지?"를 언급해 주면 됩니다. 그럼, 아래에서 본격적으로 Body 2를 작성해 보도록 합시다. 먼저 Template을 이용하여 Body 2의 첫 번째 문장을 완성할 수 있습니다.

게다가(furthermore. Adv), 정부는 교과 과정(school curriculum. N)에서 교사에게 단순하게 지침(instruct. Vt)을 주는 것 이상을 해야 합니다.

**Furthermore** (Adv), the **government** (N: S) **needs** (Vt) **to do** (To + V: O) something **more than** (전치사) simply **instructing** (V-ing) teachers in the school curriculum.

- 명사 government를 주어로, 타동사 need를 본동사로, To + V인 to do를 목적어로 사용한, S + Vt + O 완전한 문장이 사용되었습니다.

- 본동사인 타동사 need의 목적어로 To + V를 사용하였으며, To + V의 동사(V) 자리에, 타동사 do를 사용하였으므로, 뒤에 목적어로 명사 something을 배치해 준 것을 확인해 주세요.
- more than은 문법적으로는 비교급이지만, 실전 Writing에서는 "전치사"처럼 사용하고, 뒤에 늘 목적어를 가져와야 한다는 것을 반드시 암기해 주세요.

---

교육이 더 악화(deterioration. N)되는 것을 막는 것(prevent. Vt)이 정부의 최우선(top priority. N) 과제 중 하나라는 점을 감안할 때(given that. Conj), 정부는 학부모들이 전체론적 교육(holistic education. N)의 중요성(importance. N)을 깨닫게(aware. N)끔 만들기 위해 공청회(pubic hearing. N)를 개최(hold. Vt)해야 합니다.

**Given that** (접속사) **it** (가주어: S) **is** (Be) **one** (N: C) of the government's top priorities to prevent further deterioration in education, the **government** (N: S) must **hold** (Vt) public **hearings** (N: O) to **make** (Vt) **parents** (N: O) **aware** (Adj: C) of the importance of holistic education.

- 주어진 논제에 대해 자신의 논리를 펼치는 부분이므로, 가주어를 사용하여 중요성을 부여하고 있다는 것을 확인해 주세요. 즉, 논리 전개에 있어 중요성을 부각시켜 주기 위해, 가주어 it을 사용하였으며, 가주어 it을 주어로, Be 동사를 본동사로, 명사 one을 보어로 사용한, "S + Be + C 완전한 문장"을 사용한 것을 확인해 주세요.
- given that은 우리 교재에서, "그 밖의 접속사"로 분류하였으며, 가주어 it을 주어로 하는 "S + Be + C 완전한 문장"과 명사 government를 주어로, 타동사 hold를 본동사로, 명사 hearing을 목적어로 사용한 "S + Vt + O 완전한 문장"을 사용한 것을 확인해 주세요.
- 문장 끝에 To + V를 배치할 경우, "~ 하기 위해서"라는 의미를 전달할 수 있으며, 위의 문장에서는 to make를 사용하여, 해석상 "만들기 위해서"라는 의미를 전달하고 있습니다.
- To + V 안에 동사 make를 집어넣어, "make + O + C" 구문을 사용하고 있음을 확인해 주세요.

---

또한(also. Adv), 정부는 학생들이 다양한(many different. Adj) 과목(subject. N)을 가능한 많이(as many as possible) 수강하게끔, 학생들에게 다양한(myriad. N) 인센티브(incentive. N)를 공급(provide. Vt)해야 합니다.

Also, the **government** (N: S) must **provide** (Vt) the **students** (N: O) with myriad **incentives** (N) **which** (주격 관계 대명사) would **drive** (Vt) **them** (O) **to take** (To + Vt: O) many different **subjects** (N: O) as many as possible.

- 문장 맨 앞에 부사를 사용할 경우, 반드시 뒤에 콤마를 사용해야 함을 명심해 주세요.

- 명사 government를 주어로, 타동사 provide를 본동사로, 명사 student를 목적어로 사용한 "S + Vt + O 완전한 문장"이 사용된 것을 확인해 주세요.

- S + provide + A with B → "주어가 공급하다 A에게 B를." 실전 Writing에서 자주 사용되는 구문이니 반드시 암기해 주세요.

- 명사 incentive에 세부 정보를 공급하기 위해, 수식 2번 "주격 관계 대명사"를 사용하고 있음을 확인해 주세요. "주격 관계 대명사" 뒤는, 주어가 생략된 불완전한 문장인 "Vt + O 불완전한 문장"이 사용된 것을 확인해 주세요.

**9** 이제 완성된 Body 2를 확인해 보도록 하겠습니다.

[ Body 2 ]

Furthermore, the government needs to do something more than simply instructing teachers in the school curriculum. Given that it is one of the government's top priorities to prevent further deterioration in education, the government must hold public hearings to make parents aware of the importance of holistic education. Also, the government must provide the students with myriad incentives which would drive them to take many different subjects as many as possible. (Words: 71)

**10** 마지막으로, 8번에서 주어진 Thesis에 대한 Conclusion을 작성해 보도록 하겠습니다.

> Q: Some people believe that teenagers should concentrate on all school subjects. What extent do you agree or disagree?

At first glance, it may seem like studying all the school subjects is a total waste of time, but the example of holistic education lucidly proves why teenagers must be required to study all school subjects.

**해석** 언뜻 보면 모든 학교 과목을 공부하는 것이 시간 낭비인 것처럼 보일 수 있지만, 전체론적 교육의 사례는 청소년들이 모든 학교 과목을 공부해야 하는 이유를 명쾌하게 증명합니다.

## Sample Essay 1
By Reid Shin

Q: Some people think it is a good idea that all employees wear uniforms at work. What extent do you agree or disagree?

It has been an enigmatic quandary as to whether all personnel should wear uniforms in their workplaces. However, it is evident that wearing uniforms during work is crucial. Although history and literature are replete with countless examples, the scope and breadth of the sense of belonging is a paragon that reverberates such a view.

The sense of belonging explicitly exemplifies the matter pertaining to this theme. In the modern society where individuality is most respected, people are relentlessly pursuing their own interest more than ever before. However, immersed in such individualism, people gradually become unworthy to the companies which concentrate on the profit maximization. To acquire as many profits as possible, it is indispensable for all personnel to share the common objectives and connectedness throughout the company. In specific, the more employees clothe themselves in uniforms, the more and easier cooperation for achieving the ultimate company goals. This sense of belonging clearly ascertains why all personnel have to wear uniforms in the workplace.

Furthermore, the government should do something more than just making the employees wear uniforms. Given that many people are so far reluctant to wear uniforms, the government should initiate public advertisements and propaganda to rectify those miscomprehensions. Additionally, to credit the companies which successfully applied uniforms in the workplace, the government should support those companies with the substantial amounts of subsidies. In consequence, stimulated by those supports, more companies would be induced to apply uniforms. Although such governmental interventions could be criticized for diminishing individuality, the significant advantage of increased productivity substantially overshadows its trivial drawbacks.

At first glance, it may seem like wearing uniforms in the workplace is not quintessential, but as clearly shown in the case of the sense of belonging, one can indubitably ascertain an epitome of its importance. (Words: 295)

# Sample Essay 2
By Reid Shin

Q: With all the problems in the world today, spending money on space exploration is a complete waste. The money could be better spent on other causes. To what extent do you agree with this view?

It has been an enigmatic quandary as to whether spending resources on space exploration is meritorious. However, it is explicit that spending much money on space exploration is a waste of money. Although history and literature are replete with countless examples, the scope and breadth of irrelevance with life-quality are a paragon that reverberates such a view.

Irrelevance with life-quality unambiguously depicts the matter pertaining to this theme. In the modern society where the central authorities invest astronomical sums in space exploration, massive amounts of taxes are being imposed on ordinary people even including the needy. Substantially burdened by such taxes, people suffer from significant financial constraint due to a decrease in disposable income. However, sadly though, while those difficulties have significantly devastated the quality of people's lives, space exploration has yet to provide any practical supports for ordinary people. Consequently, the less investment in space exploration, the more enhanced people's life will be, a salient improvement that space exploration cannot provide them with. Thus, this irrelevance of the space program with human's life quality coherently ascertain an epitome of why disbursing too much money to space exploration is a waste of money.

Furthermore, the government should do something more than just reducing the amount of resources spent on space exploration. Given that the taxes, imposed for the space exploration, are not only unilateral but also enough to induce the financial strains on the ordinary people, the government should stop imposing space relating taxes on the people so that the amount of disposable income will be increased. Additionally, to help the elderly or handicapped raise their quality of life, the government must use the appropriated budget set for space exploration to increase the amount of subsidy for them. As shown, unlike the space exploration, these schemes would indubitably ameliorate ordinary people's daily life.

At first glance, it may seem like spending money on space exploration is beneficial for our life, but the example of irrelevance with life-quality lucidly proves that space exploration is a waste of money. (Words: 337)

# Sample Essay 3
By Reid Shin

Q: Some people think the teacher has greater influence than parents in the development of a child's intelligence and social skills. To what extent do you agree or disagree with the above statement?

It has been an enigmatic quandary as to whether teachers have more effects on children's improvement than the parents. However, it is evident that teachers play more critical roles in youth development journey than parents. The scope and breadth of cultivation of academic people and teachers' authority are two paragons that reverberate such a view.

Cultivation of intellectual clearly exemplifies the matter pertaining to this theme. Modern society desperately needs more and more human recourses to maintain the smooth functioning of every part of it. Under such thirsty for the intellectual, human resources with higher educations are produced by supreme educational systems of the schools. Children can learn comprehensive and specialized courses from their school teachers who have optimal teaching curriculum and methods, a remarked benefit that parents cannot provide with children. This influence of the teachers on children must have outweighed the impact of parents.

Furthermore, the government should do something more than just allowing teachers the right to guide students in academics. To optimize teachers' ability to control children in all aspects, the government must legalize the authority of teachers so that teachers can effectively wield their unique teaching methods on children with no interference from parents. Additionally, the government must initiate efficient propagandas or educational sessions in every community to persuade the parents who strongly oppose against strengthening teachers' authorities on the children.

At first glance, it may seem like parents have much more influences on children's development of intelligence and social skills, but the example of cultivation of the intellectual coherently prove that the teachers exert much more crucial roles in the development of children. (Words: 269)

# Sample Essay 4
By Reid Shin

Q: Formal examinations are the only effective way to assess student performance. Continual assessment such as coursework and projects is not a satisfactory way to do this. To what extent do you agree or disagree with this statement?

It has been an enigmatic quandary as to what types of evaluation is much more effective to assess student's performance. However, it is lucid that continuous assessment is a much more authentic way. Although history and literature are replete with countless examples, the scope and breadth of the importance of process is a paragon that reverberates my point of view precisely.

Discovering hidden talents explicitly demonstrates the matter pertaining to this theme. Considering formal examinations only assessment of their performance, students have been obsessed with obtaining the high scores in the formal examinations. This relentless pursuit of the outcome, sadly though, accelerates students to hastily study only for the evaluation, a specter that would block the students from realizing their numerous hidden talents. However, with the introduction of continual evaluation, students can have frequent assessment opportunities. In the middle of the course, these continuous opportunities for assessment enable students to realize their deficiencies and identify where they are gifted, helping students make continuous improvement day by day. This discovery of hidden talents directly ascertains why the ceaseless evaluation is crucial.

Furthermore, the government should do something more than just authorizing schools to assess student's performance through formal examinations. Given that helping students discover where they are talented is one of the top government priorities, the government should make schools include continuous evaluation process in the school's curriculum by legalization. Exposed to frequent assessment in the middle of the course, students would receive myriad opportunities to realize their true potential, what formal examinations can never give. In addition, the government-led editorial sessions and public hearings should be executed to develop well-organized and efficient assessment tools which will replace ineffective formal examinations.

At first glance, it may seem like formal examinations are the sole effective ways, but the examples of discovering hidden talents and government interventions indubitably prove that continuous evaluations are a much better way to assess student's performance.

(Words: 318)

# 18 Day

## What Extent / Agree / Disagree
### 2 Supporting Ideas

Washington Irving said, "There is a sacredness in tears.
They are not the mark of weakness, but of power.
They are messengers of overwhelming grief and unspeakable love."

# What Extent / Agree / Disagree Template (2 Supporting Ideas)

### [ Introduction ]

It has been an enigmatic quandary as to whether [주어진 Thesis]. However, it is [evident, clear, explicit, lucid, obvious] that [나의 의견]. The scope and breadth of **Supporting Idea 1** and **Supporting Idea 2** are two paragons that reverberate such a theme.

### [ Body 1 ]

To begin with, **Supporting Idea 1** [clearly, lucidly, explicitly, indubitably, obviously, unambiguously, coherently] [illustrates, depicts, demonstrates, explains, epitomizes, exemplifies] [the matter pertaining to this theme, the issue at hand]. Logical flow 시작 → A (배경 설명) → B (핵심 단어 + Thesis 언급 시작) → C (Thesis 구체화) → [Thus, As shown], this/these **Supporting Idea 1** [clearly, lucidly, explicitly, indubitably, obviously, unambiguously, coherently] [illustrates, depicts, demonstrates, explains, epitomizes, exemplifies] an epitome of why [나의 의견].

### [ Body 2 ]

Furthermore, **Supporting Idea 2** [clearly, lucidly, explicitly, indubitably, obviously, unambiguously, coherently] [illustrates, depicts, demonstrates, explains, epitomizes, exemplifies] [the matter pertaining to this theme, the issue at hand]. Logical flow 시작 → A (배경 설명) → B (핵심 단어 + Thesis 언급 시작) → C (Thesis 구체화) → [Thus, As shown], this/these **Supporting Idea 2** [clearly, lucidly, explicitly, indubitably, obviously, unambiguously, coherently] [illustrates, depicts, demonstrates, explains, epitomizes, exemplifies] that [나의 의견]. (Also, the government should [initiate, execute, hold] the public advertisement and educational session to + Vt. ← 선택사항)

### [ Conclusion ]

At first glance, it may seem like [나의 반대 의견], but the examples of **Supporting Idea 1** and **Supporting Idea 2** [clearly, lucidly, explicitly, indubitably, obviously, unambiguously, coherently] [indicate, prove] that [나의 의견].

# Day 18

## What Extent / Agree / Disagree
>>>>>>>>>>>>>>>>>  - 2 Supporting Ideas -  <<<<<<<<<<<<<<<<<

오늘은, 아래의 예제를 통해 "What Extent / Agree / Disagree"의 "두 번째 공략법"을 알아보도록 합시다. 첫 번째 공략법은, "Body 1"에서 "Supporting idea" 하나를 언급한 뒤, "Body 2"에서 "What Extent"를 강조하여, "얼마나 동의하는지" 내지 "얼마나 부동의하는지"를 언급하고 글을 마무리하는 방법이었습니다. 그와 다르게, "두 번째 공략법"은, 자신의 의견을 뒷받침할 "Supporting idea"를 "Body 1"과 "Body 2"에 각각 배치하는 방법입니다. 개인적으로 고득점 달성을 원하시는 분들께는 2개의 "Supporting idea"를 배치하는 것을 추천해 드립니다. 그럼, 아래의 예제 문제를 통해서 바로 Body 작성을 시작해 보도록 합시다.

> **예제문제**
>
> Q: Some people believe that teenagers should concentrate on all school subjects. <u>What extent do you agree or disagree</u>?

주어진 위와 같은 질문에서 가장 먼저 해야 할 일은, 이전에 학습하신 것처럼 본인의 의사를 결정하는 일입니다. 즉, "주어진 Thesis"인 "학생들이 모든 학교 과목에 집중해야 한다"고 말하는 누군가의 의견에 대해 여러분이 "동의하느냐?" 또는 "동의하지 않느냐?"를 결정해야 합니다. 만약 동의한다면, "학생들이 모든 학교 과목에 집중해야만 한다"라고 글을 적어야 하며, 여러분의 의견을 뒷받침할 두 가지 Supporting idea를 Body 1, Body 2에서 각각 공급해야 합니다. 만약, 동의하지 않는다면 "학생들이 모든 학교 과목에 집중할 필요는 없다"고 언급하고, 또한 동의하지 않는 자신의 의견을 뒷받침할 두 가지 Supporting idea를 Body 1, Body 2에서 각각 공급하면 됩니다. 글을 적는 순서는 아래와 같습니다. 이전에 학습한 내용을 다시 한번 천천히 복기해 보시기 바랍니다.

**❶** 자신의 의견 결정 → 동의합니다 or 동의하지 않습니다.
- 저는 일단 Essay 작성을 위해 동의해 보도록 하겠습니다.

**2** 자신의 의견을 뒷받침할 두 개의 Supporting Idea 떠올리기

- Supporting idea 1 : Unbalanced perspective (균형 잡히지 않은 관점)
- Supporting idea 2 : Versatile effects on life (삶에서의 다목적 효과)

**3** Template으로 Introduction 작성 시작

주의할 점은, What Extent / Agree / Disagree 2 Supporting ideas Template은 기존 1 Supporting idea Template과 Introduction 작성법에서 약간의 차이가 있으니, 반드시 주의해 주세요. 아래에서 간략하게 비교해 보도록 하겠습니다.

---

**What Extent / Agree / Disagree Template (1 Supporting Idea)**

**[ Introduction ]**

It has been an enigmatic quandary as to whether [주어진 Thesis]. However, it is [evident, clear, explicit, lucid, obvious] that [나의 의견]. Although history and literature are replete with countless examples, the scope and breadth of **Supporting Idea 1** are a paragon that reverberates such a theme.

---

**What Extent / Agree / Disagree Template (2 Supporting Ideas)**

**[ Introduction ]**

It has been an enigmatic quandary as to whether [주어진 Thesis]. However, it is [evident, clear, explicit, lucid, obvious] that [나의 의견]. The scope and breadth of **Supporting Idea 1** and **Supporting Idea 2** are two paragons that reverberate such a theme.

---

위에서 확인할 수 있듯이 1 Supporting Idea의 Introduction Template에서 존재하던 "Although history and literature are replete with countless examples" 부분을 2 Supporting Ideas Introduction 작성에서는 생략하도록 합시다. Body에서 2 Supporting ideas를 공급해야 하므로 지나친 글자 수를 방지하기 위함입니다. 그럼, Template을 따라 다음과 같은 Introduction을 작성할 수 있습니다.

> **Q**: Some people believe that teenagers should concentrate on all school subjects. <u>What extent do you agree or disagree</u>?

### [ Introduction ]

It has been an enigmatic quandary as to whether teenagers do not need to focus on all school subjects. However, it is obvious that teenagers should be required to study all school subjects. The scope and breadth of unbalanced perspective and discovery of talent are two paragons that reverberate such a theme.

---

그럼, 아래의 예제를 통해 다시 한번 What Extent / Agree / Disagree 2 Supporting Ideas의 Introduction 작성법을 확인해 주세요.

**예제문제**

> **Q**: some say that the most important thing about being rich is that one has the opportunities to help others. <u>To what extent do you agree or disagree</u>?

### [ Introduction ]

It has been an enigmatic quandary as to whether being rich means opportunities to help others. However, it is obvious that wealth grants people the ability to help others. The scope and breadth of financial leeway and noblesse oblige are two paragons that reverberate such a view.

**④** 이제 **Logical flow A** (배경 설명) → **B** (핵심 단어 + Thesis 언급 시작) → **C** (Thesis 구체화) → **D** (This/These 사용하여 Supporting idea 끌어내기) 순으로 각각의 Body 작성을 시작합니다. Body 작성 시 주의할 점은, 이전 학습을 통해 충분히 숙지하시고 있는 것처럼 논리전개 시 Logical flow의 각 문장마다 가능하다면 "내용상 Hook"을 만들어야 한다는 것입니다. Logical flow A, B, C, D로의 전개 시, 문장 어디에도 "내용상 Hook"이 걸려있지 않다면 글에서 짜임새 있는 맥락 연결이 부족해

진다는 점을 반드시 명심해 주세요. 자, 그럼 아래의 예문을 통해 Body 작성을 다시 학습해 보도록 하겠습니다. 먼저 Body Template을 활용하여 Body의 첫 문장을 아래처럼 작성합니다.

**Unbalanced perspective explicitly depicts the matter pertaining to this theme.**

### Logical flow A_배경 설명 →

경제적으로 엄청난 혜택(benefit. N)을 누리는(relish. Vt) 오늘날의 아이들(children. N)은 자기들이 좋아하는 것만 하려는 경향(tend. Vt)이 있고, 학구적 흥미(academic interest. N)에서 극성을(Polarity. N) 보입니다.

**Relishing** (Vt-ing) significant economic **benefit** (N: O), modern **teenagers** (N: S) **tend** (Vt) **to pursue** (To + Vt: O) only **what they** (N: S) **like** (Vt) (what + 불완전한 문장) **and** (접속사) **show** (Vt) an extreme **polarity** (N: O) in their academic interests.

- 혜택 N. benefit, advantage, merit. 빈번하게 사용되는 명사이니, 반드시 암기해 두도록 합시다.

- tend to + V: "V 하는 경향이 있다." tend는 타동사로서 뒤에 "To + V"를 목적어로 사용함을 반드시 암기해 두도록 합시다.

- Syntax를 사용하여 문장을 좀 더 간결하게 작성할 수 있습니다.
  V-ing (뒤쪽 완전한 문장의 주어를 수식) _____ , Full Sentence

- 본동사인 타동사 tend의 목적어로 To + V를 사용하였으며, To + V의 V에 "~을, 를 추구하다"라는 의미의 타동사인 pursue를 사용하였으므로, 타동사의 성질을 충족시켜 주기 위해 "To + V" 뒤에 반드시 "목적어" 또는 "보어"를 사용해야만 합니다. 그래서 지금 같은 경우, "what + 불완전한 문장"인 "what they like"를 타동사 pursue의 목적어로 사용해준 것을 확인해 주세요.

- 접속사 and를 사용하여 완전한 문장 2개를 사용해준 것을 확인해 주세요.

### Logical flow B_핵심 단어 + Thesis 언급 시작 →

그러한(those. Adj) 편향된(biased. Adj) 십대들의 경향(tendency. N)들은, 학교 학습(school class. N)에서도 그대로 드러납니다(reveal. Vt). 학생들(student. N)은 그들이 좋아하는 과목만을

공부하려 하고 나머지 과목들에 집중하려 하지 않습니다.

Those slanted **tendencies** (N: S) of teenagers have **been** (Be) explicitly **revealed** (P.P) in school classes. **Students** (N: S) only **prefer** (Vt) **to study** (To + Vt: O) what they like, not any subjects they dislike.

- 편향된 Adj: biased, prejudiced, sided, slanted, swayed, weighted. 빈번하게 사용되는 형용사이니, 반드시 암기해 두도록 합시다.

- Thesis에서 추출해낸, 핵심 단어 "school"과 "subjects"가 사용된 것을 확인해 주세요.

- Logical flow A와 B 사이에 내용상 Hook을 만들기 위해, such, those, this, these, 또는 정관사 the를 사용할 수 있지만, "this"와 "these"는 Logical flow D에서 사용하는 것이 가장 이상적이란 것을 명심해 주세요. 지금 같은 경우 those를 사용해 Logical flow A와 Logical flow B 사이에 "내용상 Hook"을 만들어 준 것을 확인해 주세요.

- those는 명사와 형용사 두 가지로 사용이 가능하며, 형용사로 사용될 경우, 복수명사를 수식해야 한다는 것을 기억해 주세요.

- 명사 tendency를 주어로, Be 동사를 본동사로, 과거분사 revealed를 보어로 사용한 "S + Be + P.P 완전한 문장"과, 명사 children을 주어로, 타동사 prefer을 본동사로, To + V인 to study를 목적어로 사용한, S + Vt + O 완전한 문장이 사용된 것을 확인해 주세요.

### Logical flow C_Thesis 구체화 →

결과적으로(consequently. Adv), 학생들은 특정과목에 대한 지식만을 쌓게(accumulate. Vt)되고, 그렇게 함으로써 (thereby. Adv) 현대 사회의 가장 중요한 항목(important quality. N)중 하나인 균형 잡힌 시각(balanced perspective. N)을 가질 수 없게 됩니다.

**Consequently** (Adv), **the students** (N: S) would **accumulate** (Vt) only specific **knowledge** (N: O), **thereby** (Adv) not **being** (V-ing) able to have a balanced **perspective** (N), **one** (N) of the most important qualities in modern society.

- 문장 가장 앞에 부사를 사용할 경우, 반드시 콤마를 찍어 주세요.

- one of the 최상급 복수명사 → "가장 ~한 것 중 하나." 암기 후 적재적소에 내용상 의미전달을 위해 사용해 주세요.

- Knowledge는 "셀 수 없는 명사"로서 늘 "단수 명사"로 사용합니다.

- Syntax를 사용하여 문장을 좀 더 간결하게 표현할 수 있습니다.
  **Full Sentence, V-ing.**

- 명사 student를 주어로, 타동사 accumulate를 본동사로, 명사 knowledge를 목적어로 사용한, S+Vt+O 완전한 문장이 사용된 것을 확인해 주세요.

- 명사 "perspective" 뒤쪽에 다시 명사 "one"을 배치하여, 즉 수식 2번 "동격 명사"를 사용해 세부 정보를 공급해 준 것을 확인해 주세요. "동격 명사" 사용 시, 반드시 콤마를 사용해 줘야 함을 반드시 기억해 주세요.

- 예측에 대한 내용을 전달할 때는, 늘 조동사 would를 사용해 주세요.

**Logical flow D_This/These 사용하여 Supporting idea 끌어내기 →**

이러한(this. Adj) 십대들의 불균형한 관점(unbalanced perspective. N)은 십대들이 왜 모든 과목을 골고루 공부해야 하는지에 대한 전형(epitome. N)을 나타냅니다(indicate. Vt)

This unbalanced **perspective** (N: S) of teenagers indubitably **indicates** (Vt) an **epitome** (N: O) of why teenagers must study all school subjects.

**5** 완성된 Introduction과 Body 1을 확인해 보도록 하겠습니다.

### [ Introduction + Body 1 ]

It has been an enigmatic quandary as to whether teenagers do not need to focus on all school subjects. However, it is obvious that teenagers should be required to study all school subjects. The scope and breadth of **unbalanced perspective** and **versatile effects on life** are two paragons that reverberate such a theme. (Words: 53)

**Unbalanced perspective** explicitly depicts the matter pertaining to this theme. Relishing significant economic benefit, modern teenagers tend to pursue only what they like and show an extreme polarity in their academic interests. Those slanted tendencies of teenagers have been explicitly revealed in school classes. Students only prefer to study what they like, not any subjects they dislike. Consequently, the students would accumulate only specific knowledge, thereby not being able to have a balanced perspective, one of the most important qualities in modern society. This unbalanced perspective of teenagers indubitably indicates an epitome of why teenagers must study all school subjects. (Words: 100)

**6** 이제 Body 2를 작성해야 합니다. Body 2 작성법은 위의 Body 1 작성법과 거의 같습니다. 다만 Body 2 작성 시 주의할 점은 Body 2 Logical flow 작성을 마친 뒤 가장 마지막에 "정부가 ~ 해야 한다"라는 언급을 한 문장 정도 추가시킨다는 점입니다. 이것은 What Extent를 강조하기 위한 나름의 방법이지만, 40분의 시간 내에 본인이 한 문장 정도를 추가시킬 수 있다면 적으면 되는 것이고, 그렇게 할 시간적 여유가 없다면 생략해도 되는 것이란 걸 반드시 기억해 주세요. 그럼, Body 2 Template을 사용하여, 아래의 Body 2 첫 번째 문장을 작성합니다.

Furthermore, versatile effects on life clearly illustrate the issue at hand.

**Logical flow A_배경 설명 →**

모든 학교 과목(school subject. N)은 원래 기본 지식(knowledge. N)을 제공(provide. Vt)하고, 청소년(teenager. N)들이 사회에서 더 잘 살 수 있도록 돕기 위해 디자인되었습니다.

All school **subjects** (N: S) **are** (Be) originally **designed** (P.P) **for** (Prep) **providing** (Vt-ing) basic **knowledge** (N: O) **and** (연결사) **helping** (Vt-ing) **teenagers** (N: O) **live** (Vi) **better** (Adv) in society.

> 명사 subject을 주어로, Be 동사 are을 본동사로, 과거 분사 designed를 보어로 사용한 S + Be + P.P 완전한 문장이 사용된 것을 확인해 주세요.

- "S + Be + designed for V-ing"는 "주어가 V-ing를 위해 디자인되다"라는 숙어이므로 반드시 암기해 주세요.

- and(연결사)를 사용하여, 전치사 for의 목적어로 V-ing 두 개, 즉 providing과 helping이 연결돼 있는 것을 확인해 주세요.

- S+ Help + O + V → "주어가 돕다 목적어가 V 하는 것을." 빈번하게 사용하는 구문이니, 반드시 암기해 주세요.

### Logical flow B_핵심 단어+Thesis 언급 시작 →

과학, 수학과 같은 그러한 기본적인 학교 과목들은 예기치 않은(unexpected. Adj) 상황(situation. N)에서 사용될 수 있습니다. 또한(Also. Adv), 20대들이 미래에 직장을 구할 때 모든 학교 과목들을 알고 있으면 인터뷰(interview. N)에 도움이 됩니다. 왜냐하면 많은 면접관(interviewer. N)은 지원자(applicant. N)의 잠재력(potential. N)을 찾기 위해 다양한(various. Adj) 배경 지식(background knowledge. N)을 요구(ask. Vt)합니다.

**Those** (Adj) basic school **subjects** (N: S) **like** (Prep) science and math can **be** (Be) **used** (P.P) in unexpected situations. **Also** (Adv), **when** (접속사) **teenagers** (N: S) **get** (Vt) a **job** (N: O) in the future, **knowing** (Vt-ing: S) all school **subjects** (N: O) would **be** (Be) **helpful** (Adj: C) for interviews **because** (접속사) many **interviewers** (N: S) **ask** (Vt) various background **knowledge** (N: O) to find the potential of applicants.

- Logical flow A와 B 사이에 "내용상 Hook"을 만들어 주기 위해 "those"를 사용하여 "그러한" 기본적인 학교 과목들이라고 언급한 것을 확인해 주세요.

- those는 1) "형용사"로 사용된다면 "복수 명사"를 수식해 주며, 2) "명사"로 사용된다면 "그러한 사람들"이라는 "독립적인 명사"의 의미를 가집니다. 또한, 지금 같은 경우, those는 "형용사"로서 위 문장과 아래 문장 사이에 "내용상 Hook"을 만들어 주기 위해 사용된 것을 확인해 주세요. 또한, 위 문장과 아래 문장 사이에 "내용상 Hook"을 만들어 주기 위해, 단수 명사를 수식해주는 "that"을 사용해 줄 수도 있다는 것을 반드시 암기해 주세요.

- "도움이 될 것"이라는 "예측"은, 조동사 would를 사용한다는 것을 확인해 주세요.

- 접속사 when과 because를 사용하여, 완전한 문장 3개를 연결하고 있다는 것을 확인해 주세요.

▫ 완전한 문장 끝에 To + V를 사용하면, "~하기 위해서"라는 내용상 의미를 전달할 수 있습니다.

### 🔴 Logical flow C_Thesis 구체화 →

또한(additionally. Adv), 일상생활(everyday life. N)에서 발생(happen. Vi)하는 많은 복잡하고 (complicated. Adj) 다양한(diverse. Adj) 사회 문제를 이해하기 위해, 십대들은 학교 과목에서 제공하는 다양한 지식(knowledge. N)을 필요로 합니다.

**Additionally** (Adv), **to understand** (To + Vt) many **complicated** (Adj1) **and** (연결사) **diverse** (Adj2) **social issues** (N: O) that happen in everyday life, **teenagers** (N: S) **need** (Vt) a **variety** (N: O) **of** (Prep) **knowledge** (N) **supplied** (P.P) by school subjects.

▫ 문장 가장 앞에 부사를 사용한 경우, 반드시 그 뒤에 "콤마"를 찍어주세요.

▫ 문장 맨 앞에 "To + V"를 사용하면, "~하기 위해서"라는 내용상 의미를 전달할 수 있습니다.

▫ 명사 Knowledge 뒤에, 수식 2번 P.P, 즉 supplied를 사용하여 세부 정보를 공급해 준 것을 확인해 주세요.

▫ 명사 teenager를 주어로, 타동사 need를 본동사로, 명사 variety를 목적어로 사용한 "S + Vt + O 완전한 문장"이 사용된 것을 확인해 주세요.

### 🔴 Logical flow D_This/These 사용하여 Supporting idea 끌어내기 →

따라서(thus. Adv), 인생에 대한 이러한 다양한(versatile. Adj) 효과(effect. N)는 청소년들이 모든 학교 과목에 집중해야 하는 이유를 명시적으로 증명합니다.

**Thus** (Adv), **these** (Adj) versatile **effects** (N: S) on life explicitly **prove** (Vt) **why teenagers** (S) should **focus** (Vi) **on** (Prep) all school **subjects** (N: O).

▫ these가 "형용사"로 사용되면, 늘 "복수 명사"를 수식해야 함을 명심해 주세요. 또한, "this"는 형용사로 사용 시, 늘 "단수 명사"를 수식해야 함을 반드시 암기해 주세요.

▫ "why + S + Vi + Prep + O 완전한 문장"이 타동사인 본동사 prove의 목적어로 사용된 것을 확인해 주세요.

> **Logical flow E_What extent 언급 →** 선택 사항으로서, 시간이 남을 경우만 적어 주도록 합시다.

또한(also. Adv), 정부는 삶에서 전과목 학습이 얼마나 중요한지를 사람들에게 효과적으로 알리기(inform. Vt) 위해서 공익 광고(public advertisement. N)와 교육 세션(educational session. N)을 실행(execute. Vt)해야 합니다.

Also, the **government** (N: S) should **execute** (Vt) public **advertisement** (N1: O1) **and** (연결사) educational **session** (N2: O2) to inform the public how much **crucial** (Adj: C) **studying** (Vt-ing) all school **subjects** (N: O) would **be** (Be) in life.

> Template을 사용하여 주어진 Thesis에 적절한 내용으로, Body 2의 가장 마지막 부분에 What Extent를 언급해 줍니다.

### [ Body 2 ]

Furthermore, **versatile effects on life** clearly illustrate the issue at hand. All school subjects are originally designed for providing basic knowledge and helping teenagers live better in society. Those basic school subjects like science and math can be used in unexpected situations. Also, when teenagers get a job in the future, knowing all school subjects would be helpful for interviews because many interviewers ask various background knowledge to find the potential of applicants. Additionally, to understand many complicated and diverse social issues that happen in everyday life, teenagers need a variety of knowledge supplied by school subjects. Thus, these versatile effects on life explicitly prove why teenagers should focus on all school subjects. Also, the government should execute public advertisement and educational session to inform the public how much crucial studying all school subjects would be in life. (Words: 138)

**❼** 마지막으로 Template을 이용하여 Conclusion을 작성합시다. 아래의 Conclusion Template을 이용하여, 지정된 위치에 "완전한 문장"과 "단어"를 배치해 주기만 하면, Conclusion을 쉽게 완성할 수 있습니다.

> **What Extent / Agree / Disagree Template (2 Supporting Ideas)**
>
> **[ Conclusion ]**
>
> At first glance, it may seem like [나의 반대 의견], but the examples of **Supporting Idea 1** and **Supporting Idea 2** [clearly, lucidly, explicitly, indubitably, obviously, unambiguously, coherently] [indicate, prove] that [나의 의견].

Template에서 "**나의 반대 의견**"이라고 적힌 부분에는, "완전한 문장"을 사용하여 나의 의견과 반대되는 의견을 적어 줍니다. 그리고, "**Supporting Idea 1**"과 "**Supporting Idea 2**" 부분은 이미 정해 놓은 Supporting idea를 정해진 자리에 배치해 주기만 하면 됩니다. 마지막으로, "**나의 의견**"을 Template 자리에 배치시킵니다. 그럼 아래와 같은 Conclusion을 완성할 수 있습니다.

At first glance, it may seem like studying all school subjects is a waste of time, but the examples of **unbalanced perspective** and **versatile effects on life** coherently prove that the teenagers must be required to study all school subjects.

- S + be + required to + V → "주어에게 V가 요구되어 집니다." 빈번히 사용되는 구문이니 반드시 암기해 주세요.

**❽** 드디어 What Extent / Agree / Disagree 2 Supporting Ideas Essay를 완성하였습니다. 아래의 완성된 Essay를 확인해 보시기 바랍니다.

It has been an enigmatic quandary as to whether teenagers do not need to focus on all school subjects. However, it is obvious that teenagers should be required to study all school subjects. The scope and breadth of **unbalanced perspective** and **versatile effects on life** are two paragons that reverberate such a theme.

**Unbalanced perspective** explicitly depicts the matter pertaining to this theme. Relishing significant economic benefit, modern teenagers tend to pursue only what they like and show an extreme polarity in their academic interests.

Those slanted tendencies of teenagers have been explicitly revealed in school classes. Students only prefer to study what they like, not any subjects they dislike. Consequently, the students would accumulate only specific knowledge, thereby not being able to have a balanced perspective, one of the most important qualities in modern society. This unbalanced perspective of teenagers indubitably indicates an epitome of why teenagers must study all school subjects.

Furthermore, **versatile effects on life** clearly illustrate the issue at hand. All school subjects are originally designed for providing basic knowledge and helping teenagers live better in society. Those basic school subjects like science and math can be used in unexpected situations. Also, when teenagers get a job in the future, knowing all school subjects would be helpful for interviews because many interviewers ask various background knowledge to find the potential of applicants. Additionally, to understand mamy complicated and diverse social issues that happen in everyday life, teenagers need a variety of knowledge supplied by school subjects. Thus, these versatile effects on life explicitly prove why teenagers should focus on all school subjects. Also, the government should execute public advertisement and educational session to inform the public how much crucial studying all school subjects would be in life.

At first glance, it may seem like studying all school subjects is a waste of time, but the examples of **unbalanced perspective** and **versatile effects on life** coherently prove that the teenagers must be required to study all school subjects.

(Words: 330)

**❾** 그럼, 아래의 예제 문제를 통해, 다시 한번 Body 1의 Logical flow와 Body 2 작성법을 확인해보도록 합시다.

> Q: Museums and art galleries should show artworks of the local culture, rather than those from other countries. To what extent do you agree or disagree?

## [ Body 1 ]

An educational function of artworks clearly demonstrates the matter pertaining to this theme. **Logical flow A** → Awash in a foreign culture by the developed Internet, young generations have more knowledge of foreign culture than that of our own culture. **Logical flow B** → They are more frantic with foreign holidays such as Halloween and Saint Patrick day, which means nothing to us. **Logical flow C** → Ignoring our valuable culture and frantic with foreign cultures, this trend radically weakens our national power, a specter that would entirely erase our identity sooner or later. **Logical flow D** → To protect this miserable situation and instill our culture on young generations, the artistic work of museums and art galleries must be from the local culture.

---

**예제문제**

**Q**: some say that the most important thing about being rich is that one has the opportunities to help others. <u>To what extent do you agree or disagree</u>?

## [ Body 2 ]

Furthermore, the noblesse oblige indubitably illustrates the issue at hand.

**Logical flow A_배경 설명 →**

산업화(industrialization. N) 이후로(since. Prep), 많은 극빈층(the underprivileged. N)의 삶을 더욱(much. Adv) 힘들게(worsen. Vt) 만들고 있는, 빈부 격차는(wealth disparity. N) 나날이(on a daily basis) 더욱 넓어지고 있습니다(widen. Vt).

Much **worsening** (Vt-ing) the **lives** (N: O) of the underprivileged **since** (Prep) the industrialization, the **wealth disparity** (N: S) has **been** (Be) **widened** (P.P) on a daily basis.

> Syntax를 사용하여, 내용상 의미를 더욱 간결하고, 자연스럽게 전달할 수 있습니다. 문장 가장 앞에 V-ing를 배치하여, 뒤에 나올 완전한 문장의 주어에 대한 세부 정보를 공급해 주는 지금의 Syntax 모양을 반드시 암기해 주세요.
> V-ing _____ , S

> much는 V-ing 또는 P.P를 꾸며줄 때 사용하는 부사입니다.

### Logical flow B_핵심 단어 + Thesis 언급 시작 →

비록(though. Conj) 전보다 훨씬 악화된(aggravated. Adj) 빈부 격차(wealth disparity. N)를 근본적으로(fundamentally. Adv) 누그러뜨릴(alleviate. Vt) 수 있는 것은 부의 재분배(wealth redistribution. N)를 통해서(through. Prep)지만, 직접적인(direct. Adj) 재화(goods. N)의 분배(distribution. N)로 가난한 사람을 돕는 것(help. Vt)은 현재의 자본주의 시스템(current capitalism system. N)에 적합(appropriate/proper. Adj)하지 않습니다.

**Though** (접속사) fundamentally **alleviating** (V-ing: S) the **wealth disparity** (N: O), **aggravated** (P.P) more than ever, **is** (Be) **possible** (Adj: C) **through** (Prep) the **wealth redistribution** (N: O), **helping** (V-ing: S) the poor by direct goods distribution **is** (Be) not **proper** (Adj: C) to the current capitalism system.

> 접속사 though를 사용하여, V-ing인 alleviating을 주어로, Be 동사를 본동사로, 형용사 possible을 보어로 사용한 S + Be + C 완전한 문장과, V-ing인 helping을 주어로, Be 동사를 본동사로, 형용사 proper을 보어로 사용한 S + Be + C 완전한 문장을 연결해 준 것을 확인해 주세요.

> 명사 wealth disparity에 보충 설명을 해주기 위해, 수식 2번 P.P인 aggravated를 사용해 준 것을 확인해 주세요.

> "전보다 훨씬 더"라는 의미를 가진 "more than ever"은 비교급이지만 내용상 의미전달을 위해 부사처럼 늘 적재적소에 사용할 수 있습니다.

> Thesis의 핵심 단어 help가, Logical flow B에 사용된 것을 확인해 주세요.

### Logical flow C_Thesis 구체화 →

하지만(However. Adv), 부자(the rich. N)들이 많은 소득(income. N)에 비례하는(commensurate. Adj) 그만큼의 많은 세금(tax. N)을 납부(pay. Vt)하고, 그것을 가난한 사람들을(the underprivileged. N) 위해 사용한다면, 그러한(such. Adj) 심각한(serious. Adj) 문제는 해결(resolve. Vt)되어 질 것입니다.

**However** (Adv), **if** (접속사) **the rich** (N: S) **pay** (Vt) the **amount** (N: O) **of** (Prep) **tax** (N: O) **commensurate** (Adj) **with** (Prep) their **incomes** (N: O) **and** (접속사) **those** (Adj) **taxes** (S) **are** (Be) **injected** (P.P) for the underprivileged, such a serious **problem** (N: S) will **be** (Be) **resolved** (P.P).

> Logical flow B와 C 사이에 "내용상 Hook"을 연결하기 위해 형용사 such를 사용한 것을 확인해 주세요.

> 부사 접속사 If와 등위 접속사 and, 즉 접속사 2개를 사용하여, 명사 the rich를 주어로, 타동사 pay를 본동사로, 명사 amount를 목적어로 사용한 S + Vt + O 완전한 문장, 명사 tax를 주어로, Be 동사를 본동사로, 과거 분사 injected를 보어로 사용한 S + Be + C 완전한 문장, 명사 problem을 주어로, Be 동사를 본동사로, 과거분사 resolved를 보어로 사용한 S + Be + P.P 완전한 문장, 즉 총 3개의 완전한 문장이 연결된 것을 확인해 주세요.

### Logical flow D_This/These 사용하여 Supporting idea 끌어내기 →

이처럼(as shown), 이런(this. Adj) 노블리스 오블리제의 긍정적인(positive. Adj) 효과(effect. N)는 재력이 다른 사람들을 도울 기회를 가진다는 것을 명확하게(undoubtedly. Adv) 증명(prove. Vt)합니다.

As shown, this positive **effect** (N: S) of the noblesse obliges undoubtedly **proves** (Vt) why being rich means helping others.

> this와 these를 사용하여 Supporting idea를 끌어낼 때, 아래의 나열된 모든 모양을 사용할 수 있다는 것을 반드시 기억해 두도록 합시다. 어떤 모양을 선택하든, 그것은 여러분의 자유입니다. 다만, this는 형용사로 사용될 경우 "단수 명사"를 수식해야 하며, these는 형

용사로 사용될 경우 "복수 명사"를 수식해야 한다는 것만을 명심해 주세요.

this noblesse oblige

this positive effect of the noblesse oblige

these positive effects of the noblesse oblige

why + Full Sentence가 타동사 prove의 목적어로 사용된 것을 확인해 주세요.

**Logical flow E_What extent 언급 →**   선택 사항

또한(additionally. Adv), 정부는 사회에서 부자가 가지고 있는 책임의 개념을 대중들에게 주입시키기 위해 공익 광고 및 교육 모임을 시작해야 합니다.

Additionally, the government must initiate the public advertisements and educational sessions to instill the public a concept of responsibility the rich have in society.

## [ Body 2 ]

Furthermore, the noblesse oblige indubitably illustrates the issue at hand. Much worsening the lives of the underprivileged since the industrialization, the wealth disparity has been widened on a daily basis. Though fundamentally alleviating the wealth disparity, aggravated more than ever, is possible through the wealth redistribution, helping the poor by direct goods distribution is not proper to the current capitalism system. However, if the rich pay the amount of tax commensurate with their incomes and those taxes are injected for the poor, such a problem will be resolved. As shown, this positive effect of the noblesse obliges undoubtedly proves why being rich means helping others. Additionally, the government must initiate the public advertisements and educational sessions to instill the public a concept of responsibility the rich have in society. (Words: 129)

## Sample Essay - By Reid Shin -

Q: Some people think that children should start formal school as early as possible. To what extent do you agree or disagree?

### [ Body 1 ] Agree

Swift learning of children coherently illustrates the matter pertaining to this theme. Modern society has been full of convoluted issues as society consists of people with unique personas. In the aspect of diversity, such a trend is not necessarily bad, but the problem is that people need to know more knowledge to understand specific issues in much broader perspectives. With that need from society, the importance of early education is getting spotlighted again. In specific, not yet having any academic preferences, the children, especially at an early age, can learn a myriad of comprehensive knowledge even faster and more effectively. Moreover, it is at an early age that such outstanding studying abilities of children can be maximized through formal schools. This quick learning ability of children indubitably shows an epitome of why children should start formal school as early as possible. (Words: 141)

## Sample Essay - By Reid Shin -

Q: Some people think the teacher has greater influence than parents in the development of a child's intelligence and social skills. To what extent do you agree or disagree with the above statement?

### [ Body 1 ] Agree

Production of splendid materials clearly exemplifies the matter pertaining to this theme. Modern society continuously demands a lot of human recourses to resolve a bombardment of complicated and sensitive social issues transpiring every day. Under such pressure, human resources with higher educations are produced by the supreme educational systems of the schools. In specific, students can learn multifarious and specialized courses from their school teachers who have optimal teaching curriculum and methods, a remarked benefit that parents cannot provide with children. This beneficial influence of the school teachers on children must have outweighed the impact of parents, supplying competent and academic individuals into the society and thus contributing to further development of the society. (Words: 114)

## Sample Essay - By Reid Shin -

Q: Nowadays, international tourism is the biggest industry in the world. Unfortunately, international tourism creates tension rather than understanding between people from different cultures. To what extent do you agree or disagree with this opinion?

### [ Body 1 ] Agree

Animosity towards travelers clearly demonstrates the matter pertaining to this theme. In a modern society in which international travel has been common, many easily can contact the new foreign cultures as much as they want. However, such a fantastic chance, seemingly beneficial as well as educational, unexpectedly induce irrational racial discrimination because most travelers lack the knowledge and mutual respect enough to understand different cultures. Consequentially, those misguided thoughts sometimes make travelers ruthlessly trample very precious traditions of others, bringing about the intense backlash from the other minority ethnic groups in travel sites. Even, it is from the international travel that antagonistic chauvinism of other ethnic groups against others has been tremendously fuelled. Thus, this groundless discrimination lucidly proves why international tourism creates tension among people of different nationalities. (Words: 129)

## Sample Essay - By Reid Shin -

Q: Some people believe that paying taxes is enough contribution to their society. To what extent do you agree or disagree?

### [ Body 1 ] Disagree

We now live in society, quite different from many ancient countries. In early history, many countries needed only taxes from their citizens to form a national system better. Not to mention all the facilities their citizens needed, almost all the countries needed to prepare for the war against others, a generation of national security so that each nation could protect the citizens from invaders. However, now, everything has changed. The era of national security has passed, though some countries still struggle with waging wars against others. Even a concept of responsibility citizens should take has changed. Paying taxes is now considered a very basic contribution to society, becoming just a parcel of responsibility; There are more of it. Some might argue that they are fully fulfilling all their social responsibilities by paying taxes, but modern societies definitely need more from their citizens. (Words: 142)

# Sample Essay 1
### By Reid Shin

Q: Intelligence is the most important component of leadership. To what extent do you agree or disagree?

It has been an enigmatic quandary as to whether intelligence is the most required factor to be a leader. However, it is evident that intelligence is not a necessary factor to be a leader. A highly acclaimed novel, To Kill a Mocking Bird, and an event surrounding World War 2 are two paragons that reverberate my point of view clearly.

To Kill a Mocking Bird by Harper Lee indubitably depicts the matter pertaining to this theme. Atticus Finch, the protagonist, is a lawyer armed with brilliant knowledge and respected by his community. However, what made him a true leader in the community was not his knowledge but his perseverance. For the black worker indicted by the misunderstanding, Atticus decides to defend him in a white-dominant society, and such action of Atticus brings an incredible amount of criticism from the majority of white people. Although he knows he would lose a trial in the end, behind his intention is his resolution that he wants to show people how much preposterous the racism is rather than the success of the trial. He had to bear all the criticism, but this perseverance of him, not his knowledge, finally makes him a true leader of the community. As shown, one can lucidly ascertain why intelligence is not the most crucial quality to be a leader.

Furthermore, the Holocaust, a historic massacre by Hitler, clearly demonstrates the issue at hand. Hitler, in the early period, was intelligent enough to solve all the domestic conflicts, finally being a leader in Germany. However, even his brilliant intelligence could not stop him from committing a bloodbath of the innocent Jewish people and becoming a symbol of an ignominious leader in world history. Nobody still precisely knows why Hitler executed the Holocaust, but his disgraceful action, unfortunately, made Hitler be permanently recognized as one of the worst leaders in human history. Thus, this irrational behavior of Hitler proves why intelligence is not the most necessary factor to be a leader.

At first glance, it may seem like the intelligence is the most quintessential factor to be a leader, but the examples of Atticus Finch and Holocaust unambiguously illustrate why the intelligence is not the vital factor to be a leader. (Words: 371)

# Sample Essay 2
### By Reid Shin

Q: Besides a lot of advantages, some people believe that the Internet creates many problems. To what extent do you agree or disagree with this statement?

It has been an enigmatic quandary as to whether the Internet provokes as many problems as benefits. However, it is evident that the Internet brings humanity many issues unsolvable. The scope and breadth of biased information and invasion of privacy are two paragons that reverberate such a theme.

Biased information clearly illustrates the matter pertaining to this theme. Modern people have relished the convenience of social media, the symbolical merit that the Internet grants us so far. However, unexpectedly though, the activation of social media induces the spread of biased information rooted in not only uncertain but incorrect data. Such biased information makes people confront one another about their baseless points on online communities and cast harsh criticism against others. Even, these wrong arguments have caused severe social divisions and conflicts, a substantial threat that would bring considerable damage to society. This negative effect of the biased information indubitably ascertains why the Internet creates many problems even complicated.

Further, an invasion of privacy explicitly illustrates the issue at hand. Though nobody can deny that the Internet made a tremendous contribution to thrusting the life quality one ticker up, many problems, spawned from the Internet, already reach off the level that can be ignored. One such problem is an egregious invasion of privacy. In specific, the personal information, hacked on the Internet, is being used for the malevolence, even exposing anyone to severe cybercrimes. Anyone can be a victim of a phishing website, and within a few seconds, all information about an individual, regardless of one's intention, can be spread out to the hand of the criminals. This security problem on privacy explicitly proves the problem by the Internet. Also, the government should legalize much stricter laws to protect innocent people from those heinous cybercrimes to minimize the damages caused by the Internet.

At first glance, it may seem like the Internet gives the humanity all the blessings possible, but the examples of the biased information and the invasion on the privacy lucidly show that the Internet creates many problems commensurate with the number of benefits. (Words: 345)

## Sample Essay 3
### By Reid Shin

Q: Nowadays, people do not prefer reading a newspaper and watching the news on a TV program. Instead, they like getting information about the world from the internet. To what extent do you agree or disagree?

It has been an enigmatic quandary as to what types of methods people prefer to use to achieve information about the world. However, it is explicit that the public is more likely to use the Internet to get global information. Although the history and literature are replete with countless examples, the scope and breadth of easy accessibility and selective obtainability are two paragons that reverberate such a view.

Easy accessibility indubitably demonstrates the matter pertaining to this theme. Much perfected by advanced computer technology, the Internet has become an indispensable tool for almost everyone, whether it is the children to the grown-ups in the world. Through such a developed Internet, people can access a myriad of information with just a few clicks anytime and anywhere. This efficient access to information makes people use the Internet more frequently than ever before, both to find and exchange as much information as possible. Thus, this easy accessibility to the information unambiguously depicts the preference for the Internet rather than traditional means such as television and newspapers.

Furthermore, selective obtainability lucidly illustrates the issue at hand. The information floating through the Internet network is not only innumerable but also not confined to just current issues of the world. However, the information on TV programs and newspapers, unfortunately though, mostly deals with the latest hotly-debated topics, not the one that people need to retrieve for their somewhat trivial everyday lives. In specific, the Internet provides the public with the eclectic service through which people can search and select whatever information they need. All information can be selectively browsed, regardless of when it happened and how much it was important. This selective obtainability of the Internet clearly indicates why people more use the Internet rather than any other means to collect the information.

At first glance, it may seem like most people still largely depend on newspapers and Television to get the information, but the examples of easy accessibility and selective obtainability unambiguously demonstrate why people prefer to use the Internet than newspaper and TV programs. (Words: 340)

# Sample Essay 4
By Reid Shin

Q: Some people think it is a good idea that all employees wear uniforms at work. What extent do you agree or disagree?

It has been an enigmatic quandary as to whether it is indispensable for all employees to wear uniforms in work areas. However, it is explicit that companies should compel all employees to put on uniforms at work. The scope and breadth of the enhanced brand image and pressing demand of employees are two paragons that reverberate such a view.

The enhanced brand image indubitably exemplifies the matter pertaining to this theme. In the modern society where the competition has become substantially higher than ever before, most companies dedicate themselves to enhancing their brand images to maximize sales. To effectively achieve such a defined goal, companies have forced all employees to wear uniforms at work, a fitting dress code which intends to appeal the decency and professionalism of companies to the customers. Consequently, those enhanced company images definitely induce customers to purchase the products as well as to recommend their acquaintances to buy them. Thus, this beneficial influence of the enhanced brand image lucidly ascertains an epitome of why all workers have to wear uniforms in workplaces.

Also, the pressing demand from employees coherently depicts the issue at hand. Entirely dominated by the lookism so much rampant in these days, many employees have focused more on their appearance to show off their trendy fashion styles. However, sadly though, such a trend has finally ended up making people spend the excessive amounts of money to purchase brand new clothes, a clear phenomenon which led to strong desire to wear uniforms at work. As a result, the quicker introduction of wearing uniforms, the more employees would save the money which can be used for self-development much worth spending. Thus, it is the workers who highly want to wear uniforms at work.

At first glance, it may seem like it is unnecessary for employees to wear uniforms at work, but the examples of the enhanced brand image and pressing demand of employees unambiguously prove that all employees should wear uniforms in every workplace. (Words: 329)

# 19 Day

## Discuss Both Views

Helen Keller said,
"Although the world is full of suffering, it is also full of overcoming it."

## Discuss Both Views Template

### [ Introduction ]

It has been an enigmatic quandary as to whether [주어진 Thesis]. However, it is [evident, clear, explicit, lucid, obvious] that [선택한 의견]. The scope and breadth of **Supporting Idea 1** and **Supporting Idea 2** are two paragons that reverberate such a view.

### [ Body 1 ]

**Supporting Idea 1** [clearly, lucidly, explicitly, indubitably, obviously, unambiguously, coherently] [illustrates, depicts, demonstrates, explains, epitomizes, exemplifies] the matter pertaining to this theme. Logical flow 시작 → A (배경 설명) → B (핵심 단어 + Thesis 언급 시작) → C (Thesis 구체화). However, given that **Supporting Idea 2 Paraphrase,** [나의 의견] **despite supporting idea 1** 언급.

### [ Body 2 ]

**Supporting Idea 2** [clearly, lucidly, explicitly, indubitably, obviously, unambiguously, coherently] [illustrates, depicts, demonstrates, explains, epitomizes, exemplifies] the issue at hand. Logical flow 시작 → A (배경 설명) → B (핵심 단어 + Thesis 언급 시작) → C (Thesis 구체화) → [Thus, As shown], this/these **Supporting Idea 2** [clearly, lucidly, explicitly, indubitably, obviously, unambiguously, coherently] prove(s) why I [state] that [선택한 의견].

### [ Conclusion ]

At first glance, many often believe that [선택하지 않은 의견], but the example of **Supporting Idea 2** [clearly, lucidly, explicitly, indubitably, obviously, unambiguously, coherently] [indicates, proves] that [선택한 의견].

# Day 19

## Discuss Both Views

>>>>>>>>>>>>>>>>>>>>>>>>>><<<<<<<<<<<<<<<<<<<<<<<<<<

"Discuss both views and give your own opinion"은 정말 많은 종류의 공략법이 존재합니다. 간단하게 말해서, 이 학원에서는 이렇게, 저 학원에서는 저렇게, 또 이 선생님은 이렇게, 또 저 선생님은 저렇게, 정말 다양한 글쓰기 방법이 존재하는 것이 사실입니다. 저자는 개인적으로 그 모든 방법들이 나름의 합리성을 가지고 있다고 생각합니다. 다만 어떤 형태로 Discuss Both Views를 작성하든, 결국 가장 중요한 것은 Body에서 어떻게 본인의 논리를 전개해 나가느냐 하는 것임을 명심해 주길 바랍니다.

자 그럼, 본격적으로 저자만의 "Discuss Both Views" 공략법을 학습해 보도록 하겠습니다. "Discuss both views and give your own opinion"의 핵심은, 여러분이 앞에서 학습하신 What Extent / Agree / Disagree 2 Supporting Ideas Template에서 약간의 변형이 있을 뿐입니다. 모두 본격적으로 Discuss Both Views 학습에 들어가기 전, 앞장에 배치해 둔 Discuss Both Views Template을 다시 완벽하게 암기 부탁드립니다.

바로 위에서 잠시 언급했듯이, "Discuss Both Views" 작성법은 여러분이 이미 앞에서 학습하신 What Extent / Agree / Disagree 2 Supporting Ideas Template 작성법과 단지 약간의 차이가 있을 뿐입니다. 그렇다면, Discuss Both Views에서 가장 중점을 둬야 할 부분은 무엇일까요? "Discuss both views and give your own opinion"같은 경우는, 두 가지 주어진 논제를 얼마나 잘 논의하는지가 핵심이 아니라, 둘 중 한 가지를 선택할 시, 둘 중 왜 그 의견을 선택하였는지를 논리적으로 설명하는 것이 핵심입니다.

자 그럼, 아래에서 What Extent / Agree / Disagree 2 Supporting Ideas의 Introduction, Body 1을 Discuss Both Views & Give Your Own Opinion의 Introduction, Body 1과 비교해 보도록 하겠습니다. 다시 말씀드리지만, 유일한 차이점은 Discuss Both Views의 Body 1 끝 부분에서, "However"부터 시작하는, "Transition"을 만들어 준다는 것뿐입니다. 다음의 예제문제를 통해 좀 더 자세히 알아보도록 하겠습니다.

먼저, 주어진 예제에서 What extent / Agree / Disagree 2 Supporting Ideas의 Introduction과 Body 1부터 확인해 보도록 하겠습니다.

> **Q**: Some people think that children should start formal school as early as possible. <u>What extent do you agree or disagree</u>?

[ Introduction ]

It has been an enigmatic quandary as to whether children should start formal education as young as possible. However, it is evident that **the early education of children must be required**. The scope and breadth of **enormous capacity** and **early detection of talent** are two paragons that reverberate such a theme.

[ Body 1 ]

Enormous capacity coherently depicts the matter pertaining to this theme. A (배경 설명) → B (핵심 단어 + Thesis 언급 시작) → C (Thesis 구체화). **Thus, this enormous capacity obviously ascertains an epitome of why children should start formal education at an early age.**

---

아래는 비슷한 예제의 Discuss Both Views & Give Your Own Opinion의 Introduction과 Body 1 입니다. 정해진 Template에 따라서 Introduction과 Body 1을 작성하면 다음과 같습니다.

> **Q**: Some people think that children should start formal school as early as possible while others believe that children should not start school until they become 7-year-old. <u>Discuss both these views and give your own opinion</u>?

[ Introduction ]

It has been an enigmatic quandary as to when the children should start formal education. However, it is evident that **children must start formal**

**education as early as possible**. The scope and breadth of **side effect of early education** and **enormous capacity** are two paragons that reverberate such a view.

- 자신이 선택한 의견을 "Body 2"에 배치해야 합니다. 즉, 지금 같은 경우 "아이들이 정식 교육을 최대한 빨리 시작해야 한다"는 의견을 "Body 2"에서 서술합니다.
- 그리고 주어진 2가지 의견 중, 자신이 선택하지 않은 의견을, "Body 1"에 배치합니다.

### [ Body 1 ]

Side effect of early education explicitly demonstrates the matter pertaining to this theme. A (배경 설명) →B (핵심 단어 + Thesis 언급 시작) →C (Thesis 구체화). **However, given that most children can accept much more studying materials before the age of 7-years old, I believe the children, despite some side effects, have to start early education as early as possible.**

- Body 1 작성 시, Logical flow D 부분을 생략해 준다는 것을 확인해 주세요.
- Transition 부분에서, given that 뒤부터 Supporting idea 2를 Paraphrasing을 통해 언급하며, 결국 Body 2가 나의 의견임을 I believe를 통해 밝혀주면 됩니다.
- Transition 부분에서 Body 2가 나의 의견임을 밝힘과 동시에, despite를 사용해서 Body 1의 내용을 대비시켜 줘야 한다는 것을 또한 명심해 주세요.

---

여기서 잠시, 많은 학생분께서 범하는 잘못된 Introduction 작성법에 대해, 아래의 예제를 통해서 한번 알아보도록 하겠습니다.

> **Q**: Human activities have had a negative effect on plants and animal all over the world. Some people think that it is too late to do something about it. Others think that there is still time to take effective actions. <u>Discuss both views and give your own opinion</u>.

## [ 잘못된 Introduction ]

It has been an enigmatic quandary as to whether <u>the human activities have had a negative effect on plants and animals</u>. However, it is explicit that we still have time to fix the problem. The scope and breadth of granted comfort and advanced technology are two paragons that reverberate such a view.

위는 잘못 작성한 Introduction 입니다. 그 이유는 밑줄 그어진 부분에서, 대전제를 건드리는 실수를 범하였기 때문입니다. 주어진 예제의 Thesis는 "인간의 활동이 자연에 나쁜 영향을 끼쳤다"는 대전제를 바탕으로, "우리가 어떤 행동을 취하기에는 너무 늦었는지?" 아니면, "여전히 환경을 보호하기 위해서 무언가를 할 수 있는지?" 이 두 가지의 의견에 대해 논하고, 하나를 선택하라고 언급하고 있습니다. 에세이 작성 시 위의 잘못된 Introduction처럼, 문제에서 주어진 대전제를 논해서는 안 된다는 것을 명심해 주세요. 그럼 아래의 올바르게 작성된 Introduction과 비교해 보시기 바랍니다.

## [ 올바른 Introduction ]

It has been an enigmatic quandary as to whether <u>it is too late to protect the environment</u>. However, it is explicit that we still have time to fix the problem. The scope and breadth of granted comfort and advanced technology are two paragons that reverberate such a view.

---

그럼, 다시 Body 작성에 관해 학습해 보도록 합시다. 주목할 점은 Essay 유형에 상관없이 늘 Body는 기본적으로 "Logical flow"를 따라 작성해야 한다는 것입니다. 그럼, 아래의 실전 예제를 통해 본격적으로 Discuss Both Views & Give Your Own Opinion의 작성법을 학습해 보도록 합시다.

**예제문제**

> **Q**: Many people think that increasing business and cultural relationship among different countries is a positive development. Others believe that this might be the reason for the loss of national identities of the country. <u>Discuss both views and give your opinion</u>.

**❶** "Discuss both views and give your own opinion"에서는 가장 먼저, 두 개의 주어진 의견 중 자신의 의견을 선택해야 해야 합니다.

**❷** 만약 우리가, "increasing business and cultural relationship"이 "loss of national identities"를 야기하다는 의견을 나의 의견으로 선택한다면, "loss of national identities"에 대해서는 Body 2에 글을 적고, 나머지 하나인 우리가 선택하지 않은 의견인 "positive development"를 Body 1에 작성해야 합니다. 이유는 간단합니다. Writing에서는 자신의 의견을 Introduction에서 명확하게 밝힌 후, 뒷부분에서 구체적으로 자신의 의견에 대해서 서술하는 것이 원칙이기 때문입니다.

**❸** 그다음, 각 "Body"마다, 개별 Supporting idea를 생각해 냅니다. 여기서 주목할 점은, 비록 우리가 선택하지 않은 의견이라 할지라도 그것을 비난해서는 안 된다는 것입니다. 우리가 선택하지 않았으니, 선택하지 않은 의견을 비난한다 해도 논리적으로 큰 문제가 되는 것은 아니지만, 가급적 비난 보다는 나름의 합리성이 있다고 언급해 주는 것이 주어진 Thesis에 대해 좀 더 flexible한 태도를 보여주는 방법입니다.

**❹** Template를 적용하여 Introduction과 Body 1의 첫 번째 문장을 아래처럼 완성합니다.

### [ Introduction ]

It has been an enigmatic quandary as to what effects the increasing business and cultural relationship among different countries bring about on our society. However, it is lucid that frequent exchanges of culture and business cause identity loss in the end. The scope and breadth of conducive inducement and synchronized culture are two paragons that reverberate such a theme.

### [ Body 1 ]

**Conducive inducement** indubitably demonstrates the matter pertaining to this theme.

🔴 **Logical flow A_배경 설명 →**

과학 기술(technology. N)이 크게(substantially. Adv) 발달(develop. Vt)한 오늘날 현대 사회에서, 국제 무역(international commerce. N)과 문화교류(cultural exchange. N)는 발달된 운송(advanced transportation. N)과 인터넷 통신(Internet communication. N)을 통해 빈번히(frequently. Adv) 발생(transpire. Vi)합니다.

**In** (Prep) the modern **society** (N: O) **where** (관계 부사) **technology** (N: S) has **been** (Be) substantially **developed** (P.P), international **commerce** (N1: S1) **and** (연결사) cultural **exchanges** (N2: S2) **frequently** (Adv) **transpire** (Vi) **through** (Prep) advanced **transportation** (N1: O1) **and** (연결사) Internet **communication** (N2: O2).

> Logical flow A(배경 설명)는 늘 즐겨 사용하는 문장 구조인 "In modern society where Full Sentence, Full Sentence"를 암기하여 사용해 주세요. 하지만 배경설명 시 반드시 위의 구조를 사용해야만 하는 건 아닙니다. 배경 설명은, 어떠한 문장구조로도 사용이 가능하니, 자신 있게 "완전한 문장"을 사용하여, 자신이 피력하려는 논리의 배경을 한 문장 정도로 간단히 설명만 해주면 됩니다.

> 수식 1번인, 전치사를 완전한 문장의 시작 전에 배치하여, 주가 되는 완전한 문장이 내용상 의미를 전달하기 전, 최대한 세부 정보를 미리 공급하는 문장 전개 방식을 반드시 기억해 주시기 바랍니다. 이와 같은 문장 전개 방식은 글의 가독성을 높여줍니다.

> 또한, and가 "접속사"로 사용되지 않고 "연결사"로 사용될 경우, 완전한 문장이 아닌 모든 품사를 연결시켜 줄 수 있다는 것을 반드시 암기해 주시기 바랍니다.

> 지금 같은 경우, 주가 되는 완전한 문장으로 명사 commerce와 exchange를 주어로, 자동사 transpire를 본동사로 사용한 S + Vi 완전한 문장과, 관계 부사의 사용으로 인한 부수적인 완전한 문장으로 명사 technology를 주어로, Be 동사를 본동사로, 과거 분사 developed를 보어로 사용한, S + Be + P.P 완전한 문장이 사용된 것을 확인해 주세요.

🔴 **Logical flow B_핵심 단어 + Thesis 언급 시작 →**

이러한(Such. Adj) 나라들 사이의 교역(transaction. N)들에 거의 매일 노출되는(exposed. Adj) 사람들은, 수많은(a myriad of. Adj) 다양한(distinctive. Adj) 외국 문화(foreign cultures. N)들을 옛날보다 더(more than ever before. Adv) 쉽게(easily. Adv) 이해(understand. Vt)하게 되었습니다.

**Exposed** (P.P) **to** (Prep) such **transactions** (N: O) on a daily basis, **people** (N: S) have **become** (Vt) **able** (Adj: C) **to understand** (To + Vt) a **myriad** (N: O) of distinctive cultures more easily than ever before.

- Thesis에서 추출한 핵심단어 "increasing business"와 "cultural relationship"이 Logical flow B에서 내용상 언급되고 있음을 확인해 주세요.

- Syntax를 사용하여, 좀 더 자연스럽고 간결하게 내용상 의미를 전달할 수 있습니다. 문장 가장 앞에 과거 분사 P.P를 배치하여, 완전한 문장의 주어로 사용된 "명사"를 수식하여, 명사 주어에 대한 충분한 세부 정보를 공급해 주고 있음을 확인해 주세요. 과거 분사(P.P) 뿐만이 아니라, 기본 형용사(Adj) 또는 현재 분사(V-ing) 모두 문장 가장 앞에 배치하여, 주어로 사용된 명사에 대한 세부 정보를 공급해 줄 수 있음을 반드시 암기해 주세요.
  P.P / V-ing / Adj _____ , S(N)

- 비교급을 사용하고 싶다면, 큰 고민 없이 위 문장처럼, 언제든 more than ever before를 부사처럼 문장 끝에 배치해 주면 됩니다.

- 형용사에 대한 보충 설명은, 늘 뒤에 To+ V를 사용하여 형용사에 대한 부연 설명을 해줄 수 있다는 것을 암기해 주세요. 위의 문장 같은 경우, 형용사 able의 부연 설명으로 to understand를 사용하고 있습니다.

- 명사 people을 주어로, 타동사 become을 본동사로, 형용사 able을 보어로 사용한 "S + Vt + C 완전한 문장"이 사용된 것을 확인해 주세요.

- To + V의 동사 자리에, 타동사 understand를 사용하였으므로, 타동사의 성질이 남아있어, 뒤에 목적어로 명사 myriad를 사용해 준 것을 확인해 주세요.

### Logical flow C_Thesis 구체화 →

그러한(those. Adj) 문화적 이해(understanding. N)는, 서로에 대한 존중(mutual respect. N)을 강화했으며, 궁극적으로(eventually. Adv), 나라 간의 협력(collaboration. N)을 더욱 공고히(fortify. Vt) 만들어, 인류 전체를 위한(for the entire human race) 더 큰 발전을 이루어 내는 것을 가능(enable. Vt)하게 만들었습니다.

**Those** cultural **understandings** (N: S) **strengthen** (Vt) mutual **respect** (N: O), eventually **fortifying** (Vt-ing) **collaboration** (N: O) **among** (Prep) **countries** (N: O)

**and** (연결사) **enabling** (Vt-ing) them **to achieve** (To + V: O) greater development for the entire human race.

> Syntax를 사용하여 좀 더 자연스럽게 내용상 의미를 전달하고 있습니다.
> **Full Sentence, V-ing** → "Full Sentence 합니다, 주어가 V-ing 하면서."

> V-ing인 understanding을 주어로, 타동사 strengthen을 본동사로, 명사 respect를 목적어로 사용한, "S + Vt + O 완전한 문장"이 사용된 것을 확인해 주세요.

### ❺ Transition 작성

Transition 작성법은 생각보다 간단합니다. 먼저, 정해진 Transition Template 부분에서 접속사 given that 뒤에 Body 2의 Supporting idea를 Paraphrasing하여 완전한 문장의 형태로 배치합니다. 즉, Body 2의 Supporting idea를 완전한 문장으로 풀어서 설명만 하면 되는 것입니다. 지금 같은 경우, Body 2의 Supporting idea가 "synchronized culture", 즉 "동화된 문화"이므로, "동화된 문화"에 대해 완전한 문장의 형식으로 설명을 하는 동시에, 그것이 자신이 선택한 의견임을 드러내 주기만 하면 됩니다. 결국, Discuss both views and give your own opinion에서는 Body 2에서 자신이 선택한 의견을 서술하는 것이므로, Body 2의 Supporting idea를 통해서, 자신이 선택한 의견이 자연스럽게 드러나게 되는 것입니다. 또한, I believe 뒷부분에서는 "that + 완전한 문장"을, 본동사로 사용한 타동사 believe의 목적절로 사용하여, 다시 한번 명확하게 주어진 Thesis에 대해 자신의 의견을 피력해 주면 Transition이 완성되게 됩니다. 완성된 Transition은 아래와 같습니다.

그러나(However. Adv), 국가 간 잦은(frequent. Adj) 교류(exchange. N)가 고유문화의 독창성(uniqueness. N)을 훨씬 더 빨리(much faster. Adv) 사라지게(disappear. Vt) 했다는 것을 고려할 때(given that. Con), 비즈니스와 문화에서 증가하는(growing. Adj) 교류가, 그로 인한 긍정적인 효과(effect. N)에도 불구하고(despite, Prep), 국가 정체성(national identity. N)의 손실(loss. N)에 더 기여(contribute. Vi)했음이 틀림없다고 생각합니다.

However, given that frequent exchanges among nations have accelerated to disappear the uniqueness of original cultures much faster, I believe growing exchanges in business and cultures, despite a few positive effects of it, must have contributed more to the loss of national identities.

**6** 이제 완성된 Introduction과 Body 1을 확인해 보도록 하겠습니다.

## [ Introduction + Body 1 ]

It has been an enigmatic quandary as to what effects the increasing business and cultural relationship among different countries bring about on our society. However, it is lucid that frequent exchanges of culture and business cause identity loss in the end. The scope and breadth of conducive inducement and synchronized culture are two paragons that reverberate such a theme. (Words: 59)

Conducive inducement indubitably demonstrates the matter pertaining to this theme. In the modern society where technology has been substantially developed, international commerce and cultural exchanges frequently transpire through advanced transportation and Internet communication. Exposed to such transactions on a daily basis, people have become able to understand a myriad of distinctive cultures more easily than ever before. Those cultural understandings strengthen mutual respect, eventually fortifying collaboration among countries and enabling them to achieve greater development for the entire human race. However, given that frequent exchanges among nations have accelerated to disappear the uniqueness of original cultures much faster, I believe growing exchanges in business and cultures, despite a few positive effects of it, must have contributed more to the loss of national identities. (Words: 123)

---

아래의 예제를 통해 다시 Discuss both views and give your own opinion Body 1 작성법을 학습해 보도록 합시다.

**예제문제**

> **Q**: Some people think that the modern technology is making people more sociable, while others think it is making them less sociable. <u>Discuss both views and give your own opinion</u>.

**❶** 먼저, Thesis에서 주어진 두 가지 의견 중, 여러분의 의견을 선택합니다. 그 뒤, 각각의 의견에 대한 각각의 Supporting idea를 생각해 냅니다. 지금 같은 경우, 저자는 "현대 과학이 사람들을 더욱 사교적으로 만들었다"는 의견을 나의 의견으로 선택해 보도록 하겠습니다.

**❷** 이제 주어진 Template을 사용해서, 아래와 같은 Introduction을 작성합니다.

It has been an enigmatic quandary as to what effects the advanced technology has on the sociability of people. However, it is lucid that technology contributes to the close relationship among people. The scope and breadth of **excessive exposure to reality** and **easy contact** are two paragons that reverberate such a view.

**❸** Template을 사용해, 아래처럼 Body 1의 첫 번째 문장을 작성합니다. Body 1에서는 자신이 선택하지 않은 의견에 대해 나름의 합리성을 부여해야 한다는 것을 명심해 주세요. 또한, 사실 Body 1의 첫 번째 문장을 작성할 때, 굳이 To begin with를 적지 않아도 글의 논리 전개상 크게 상관이 없다는 것을 기억해 두세요. 즉, Body 1 작성을 시작할 때 To begin with를 적지 않아도, Essay 점수에 별다른 영향을 끼치지 않습니다.

To begin with, excessive exposure to reality clearly illustrates the matter pertaining to this theme.

**❹** 이제, "Logical flow"대로 "Body 1"을 작성합니다.

> **Logical flow A_배경 설명 →**

과학 기술의 발달(development. N)과 함께(with. Prep), 사람들은 이전보다 훨씬 편리한 삶을 누리고(relish. Vt) 있습니다.

**With** (Prep) the development of technology, **people** (N: S) now **relish** (Vt) **much** (Adv) **more** (비교급) convenient **life** (N: O) than ever before.

- "much"가 "비교급 강조 부사"로 사용된다는 것을 확인해 주세요.

- than ever before는 문장에서 비교급을 사용하고 싶을 경우 즐겨 사용하는 구문이니 암기 후 적재적소에 사용해 주세요.

- 이전에 학습한 것처럼, Logical flow의 배경 설명인 A에서 늘, "In modern society where 완전한 문장, 완전한 문장"을 사용할 필요는 없다는 것을 확인해 주세요.

- 명사 people을 주어로, 타동사 relish를 본동사로, 명사 life를 목적어로 사용한 "S + Vt + O 완전한 문장"을 사용한 것을 확인해 주세요.

### Logical flow B_핵심 단어 + Thesis 언급 시작 →

그러한(such. Adj) 발달된 과학기술(advanced technology. N)은, 사람들이 언제 어디서나 (anytime and anywhere. Adv) 인터넷(the Internet. N)에 접속(access. Vt)하는 것을 가능 (enable. Vt)하게 해 주었을 뿐만 아니라, 심지어 끊임없이(incessantly. Adv) 무차별적 (indistinctively. Adv)으로 사람들에게 정보를 공급(provide. Vt)하고 있습니다.

Such advanced **technologies** (N: S) not only **enable** (Vt) **the public** (N: O) to access the Internet anytime and anywhere but **provide** (Vt) **people** (N: O) with the information even incessantly and indistinctively.

- not only A but B → "A뿐만 아니라 B도." 실전 Body 작성 시 가장 자주 사용하는 구문이니 반드시 암기해 주세요.

- 명사 technology를 주어로, 타동사 enable과 provide를 본동사로, 명사 the public과 people을 목적어로 사용한, "S + Vt + O 완전한 문장"을 사용한 것을 확인해 주세요.

- S + enable + N + To + V → "주어가 가능하게 하다, N가 To + V 하도록."

### Logical flow C_Thesis 구체화 →

그러나(But. Adv), 이러한 겉으로 봤을 때(seemingly. Adv) 윤택한(beneficial. Adj) 정보 획득 (acquisition. N)은, 모순되게도(Ironically though. 삽입구), 사람들이 왜곡된(distorted. Adj) 수많은 정보를 받아들이게 만들었고, 사람들 사이에 끊임없는 갈등(conflict. N)과 불신(distrust. N)을 야기(cause/bring about) 시켰습니다. 그 결과(consequently. Adv), 몇몇 사람들은 덜(less. Adv) 사교적인(sociable. Adj) 사람이 되었습니다.

**But** (Adv), those seemingly beneficial **acquisitions** (N: S) of information, ironically though, **make** (Vt) **people** (N: O) **accept** (Vt) a countless amount of distorted information, as well as **cause** (Vt) endless **conflicts** (N1: O1) **and** (연결사) **distrust** (N2: O2) among people. Consequently, some **people** (N: S) **become** (Vt) less **sociable** (Adj: C).

- but을 "부사"로 사용한 것을 확인해 주세요. 또한, 문장 가장 앞에 부사를 사용할 경우, 반드시 "콤마"를 찍어야 함을 명심해 주세요.

- S + make + N + V → "주어가 만들다 N가 V 하도록." 흔히 사역동사로 알려진 구문으로, 반드시 암기 후 적재적소에 사용해 주세요.

- ironically though는 "주어"와 "본동사" 사이에 집어넣어, "삽입구"로 사용된 것을 확인해 주세요. 삽입구는 늘 글의 맥락을 조절할 때 유용하게 사용할 수 있으므로, 반드시 암기 후 적재적소에 사용해 주세요.

### ❺ Transition 작성

정해진 Transition Template 부분에서 접속사 given that 뒤에 Body 2의 Supporting idea를 Paraphrasing하여 완전한 문장의 형태로 배치합니다. 즉, Body 2의 Supporting idea를 완전한 문장으로 풀어서 설명만 하면 되는 것입니다. 지금 같은 경우, Body 2의 Supporting idea가 "easy contact", 즉 "쉬운 연락(접촉)"이므로, "쉬운 연락"에 대해 완전한 문장의 형식으로 설명을 하는 동시에, 그것이 자신이 선택한 의견임을 드러내 주기만 하면 됩니다. 결국, Discuss both views and give your own opinion에서는 Body 2에서 자신이 선택한 의견을 서술하는 것이므로, Body 2의 Supporting idea를 통해서, 자신이 선택한 의견이 자연스럽게 드러나게 되는 것입니다. 또한, I believe 뒷부분에서는 "that + 완전한 문장"을, 본동사로 사용한 타동사 believe의 목적절로 사용하여, 다시 한번 명확하게 주어진 Thesis에 대해 자신의 의견을 피력해 주면 Transition이 완성되게 됩니다. 완성된 Transition은 아래와 같습니다.

그러나(However. Adv), 사람들이 시간과 공간의 제약(constraint. N)없이 인터넷을 통해 누구와도 접촉(contact. Vi)할 수 있다는 점을 고려할 때(given that. Conj), 현대 기술(modern technology. N)은 일부 사람들의 사교성을 낮추는 역할을 함에도(despite. Prep), 사람들의 사교성을 강화(strengthen. Vt)하는 데 더 기여(contribute. Vi)했음이 틀림없다고 생각합니다.

However, given that people can contact to anybody through the Internet with no interference of time and space constraints, I believe the modern technology, despite its partial role to make some people less sociable, must have contributed more to strengthening the sociability of people.

**❻** 이제 완성된 Introduction과 Body 1을 확인해 보도록 하겠습니다.

### [ Introduction + Body 1 ]

It has been an enigmatic quandary as to what effects the advanced technology has on the sociability of people. However, it is lucid that technology contributes to the close relationship among people. The scope and breadth of excessive exposure to reality and easy contact are two paragons that reverberate such a view. (Words: 52)

To begin with, excessive exposure to reality clearly illustrates the matter pertaining to this theme. With the development of technology, people now relish much more convenient life than ever before. Such advanced technologies not only enable the public to access the Internet anytime and anywhere but provide people with the information even incessantly and indistinctively. But, those seemingly beneficial acquisitions of information, ironically though, make people accept a countless amount of distorted information, as well as cause endless conflicts and distrust among people. Consequently, some people become less sociable. However, given that people can contact to anybody through the online with no interference of time and space constraints, I believe the modern technology, despite its partial role to make some people less sociable, must have contributed more to strengthening the sociability of people. (Words: 133)

## Sample Essay 1
### By Reid Shin

Q: Human activities have had a negative impact on plants and animals around the world. Some people think that it is too late to do anything, while others believe actions can be taken to improve the situations. Discuss both views and give your opinion.

It has been an enigmatic quandary as to whether plants and animals still can be preserved by human endeavors. However, it is evident that already destroyed environment cannot be as sound as before. The scope and breadth of highly developed genetic engineering technology and the destruction of wild species' habitat are two paragons that reflects my point precisely.

A highly developed genetic engineering technology lucidly demonstrates the matter pertaining to this theme. The highly advanced technology in Genetics enables modern scientists to develop genetic techniques outstanding enough to clone animals and plants. That is, although many wild species are being endangered, this technique at least can prevent the extinction of those endangered species. This positive effect from the well-developed genetic technology would indicate that it might not be too late for a human to preserve the plants and animals. However, despite this useful genetic technology, already destroyed the environment, in the end, will be irrevocable because of the destruction of habitat.

The destruction of wild species' habitat indubitably epitomizes my argument mentioned above. Because of land development, modern people, compared to past generations, can relish better convenience with abundant residential areas and amenities. This seemingly good development for human convenience, ironically though, fundamentally contributes to the destruction of wild species' habitat, which triggered a bloodbath of animals and plants. The more the land is being developed, the more natural habitats devastated and shattered. This irreparable damage to the habitat has mainly led many plants and animals to extinction, leaving no specimen at all for people to replicate by the advanced technology. If there are no original plants and animals to reproduce, even technology would be useless.

At first glance, it may seem like people can take actions to protect the environment, but even with the highly developed genetic engineering technology, it is too late to do anything to save animals and plants because of the destruction of wild species' habitat.

(Words: 321)

## Sample Essay 2
### By Reid Shin

Q: Celebrities such as actors and musicians earn large salaries compared to other professionals. Some people consider this unfair, while others think that celebrities deserve to be paid a lot for the work they do. Discuss both points of view and give your opinion on the subject.

It has been an enigmatic quandary as to whether celebrities deserve to earn much more money than other professionals. However, it is evident that bigger compensation for celebrities compared to that of other professionals is reasonably justified. The scope and bread of indirect contribution and gist of capitalism are two paragons that reverberate such a theme.

To begin with, indirect contribution indubitably demonstrates the matter pertaining to this theme. Hardly do many professionals in various industries and sectors earn more money than celebrities, and they also frequently suffer extreme over-time workings. Given the incredible amount of indirect contribution the professionals make to make a better society, the compensation for the professionals seems relatively less compared with that for the celebrities. Nevertheless, nobody can say that it is unfair because most research or works done by many professionals are mostly used for the foundation of further development, not for directly generating cash for society or enterprises. However, considering that celebrities are directly spinning a significant amount of material wealth off, I think, despite other professionals' contribution, the celebrities deserve to be paid more money than the professionals.

The gist of capitalism explicitly depicts the issue at hand. A very foundation of capitalism our society lays upon is a concept that someone who creates wealth by himself is entitled to have all the wealth he has created. Based on this concept, celebrities deserve more money than other professionals because most of the earning possibilities celebrities create sorely come from celebrities themselves. In specific, in the entertainment industry, celebrities are themselves business entities, and they create even further wealth without any help from others. Their one-time visiting to a particular place makes that place world-popular, and if they use some specific brands, those brands instantly become all sold-out even within a week. All the fans or zealots of celebrities simply proves how much earning powers the celebrities have in all industry. This characteristic of capitalism unambiguously shows why I state that celebrities deserve large salaries compared to other professionals.

At first glance, many often believe that larger salaries of celebrities are unfair, but the example of indirect contribution and gist of capitalism obviously indicate that celebrities deserve much more financial compensation than other professionals. (Words: 372)

# 20 Day

## Advantage & Disadvantage

Emily Dickinson said, "Hope is the thing with feathers, that perches in the soul, and sings the tune without the words, and never stops at all."

# Advantage & Disadvantage Template (2 Supporting Ideas)

### [ Introduction ]

It has been an enigmatic quandary as to whether [주어진 Thesis]. However, it is [evident, clear, explicit, lucid, obvious] that [나의 의견]. The scope and breadth of **Supporting Idea 1** and **Supporting Idea 2** are two paragons that reverberate such a theme.

### [ Body 1 ]

To begin with, **Supporting Idea 1** [clearly, lucidly, explicitly, indubitably, obviously, unambiguously, coherently] [illustrates, depicts, demonstrates, explains, epitomizes, exemplifies] [the matter pertaining to this theme, the issue at hand]. Logical flow 시작 → A (배경 설명) → B (핵심 단어 + Thesis 언급 시작) → C (Thesis 구체화) → [Thus, As shown], this/these **Supporting Idea 1** [clearly, lucidly, explicitly, indubitably, obviously, unambiguously, coherently] [illustrates, depicts, demonstrates, explains, epitomizes, exemplifies] an epitome of why [나의 의견].

### [ Body 2 ]

Furthermore, **Supporting Idea 2** [clearly, lucidly, explicitly, indubitably, obviously, unambiguously, coherently] [illustrates, depicts, demonstrates, explains, epitomizes, exemplifies] [the matter pertaining to this theme, the issue at hand]. Logical flow 시작 → A (배경 설명) → B (핵심 단어 + Thesis 언급 시작) → C (Thesis 구체화) → [Thus, As shown], this/these **Supporting Idea 2** [clearly, lucidly, explicitly, indubitably, obviously, unambiguously, coherently] [illustrates, depicts, demonstrates, explains, epitomizes, exemplifies] that [나의 의견].

### [ Conclusion ]

At first glance, it is not easy to judge what is the advantage and disadvantage of [주어진 Thesis], but the examples mentioned above [clearly, lucidly, explicitly, indubitably, obviously, unambiguously, coherently] show that the advantage is **Supporting idea 1** and the disadvantage is **Supporting idea 2**.

# Day 20

## Advantage & Disadvantage

>>>>>>>>>>>>>>>>>>>>>>>>>>><<<<<<<<<<<<<<<<<<<<<<<<<<

오늘 학습하게 될 Advantage & Disadvantage 유형은 사실 그렇게 빈번하게 출제되는 유형은 아닙니다. 하지만 시험에 출제되는 Essay들이 늘 그러하듯 그 유형이 사실 정해져 있는 몇 가지만 나온다고 하기에는 무리가 있을 듯합니다. 그렇기에, 이 책에서는 대표적인 5가지의 유형만을 먼저 학습하는 것입니다. 5가지 유형을 학습한다면, 다른 유형들은 학습하신 5가지 유형을 응용하여 충분히 공략 가능하기 때문입니다. 변형 기출 문제는, Day 23에서 간략하게 학습을 따로 할 것입니다.

자 그럼 이제, 본격적으로 Advantage & Disadvantage 유형을 학습해 보도록 하겠습니다. 사실 Advantage & Disadvantage 유형이 출제된다면, 단순하게 Advantage가 무엇인지? 또는 Disadvantage가 무엇인지? 묻기보다는, 장점이 단점보다 많은지? 또는 단점이 장점보다 많은지를 질문하는 Advantage Outweighs Disadvantage? 유형이 더 많이 출제되는 것이 사실입니다. 하지만 혹시나 모를 출제에 대비하기 위해, Advantage & Disadvantage 유형 또한 학습해 두어야 합니다.

Advantage & Disadvantage 유형 공략법은, 이미 학습하신 What Extent / Agree / Disagree 2 Supporting Ideas 공략법과 거의 같다고 봐도 무방합니다. 다만, 앞 페이지에 있는 Template 부분에서 확인할 수 있듯이, Conclusion Template 부분에서 기존의 What Extent / Agree / Disagree 2 Supporting Ideas와 약간의 차이가 있으니, 그 부분을 반드시 명확하게 암기해 주길 바랍니다. 자 그럼, 아래의 예제를 통해 Advantage & Disadvantage 작성법을 살펴보도록 하겠습니다.

**예제문제**

> **Q**: This seems to be an increasing trend toward assessing students through exams rather than continual assessment. <u>What are the advantages and disadvantages of exams as a form of assessment</u>?

**❶** 먼저, 자신의 의견을 뒷받침할 "장점"과 "단점"에 대한 각각의 Supporting Idea 2가지를 생각해 냅니다. 또한, 동시에 주어진 Thesis에서 핵심 단어를 추출해 냅니다.

- Supporting idea 1 for 장점 : Fairness of evaluation (평가의 공정성)
- Supporting idea 2 for 단점 : Difficulty in finding talent (재능 발견의 어려움)
- 핵심 단어 : assessing students through exams, continual assessment.

**❷** 아래의 Advantage & Disadvantage Template으로 Introduction 작성을 시작합니다.

---
**[ Advantage & Disadvantage Introduction Template ]**

It has been an enigmatic quandary as to whether [주어진 Thesis]. However, it is [evident, clear, explicit, lucid, obvious] that [나의 의견]. The scope and breadth of **Supporting Idea 1** and **Supporting Idea 2** are two paragons that reverberate such a theme.

---

위의 "Template"을 사용하여 Introduction을 작성할 시, 유의해야 할 아래의 몇 가지 점들을 반드시 암기해 주세요.

- "whether" 뒤쪽의 **주어진 Thesis** 부분은 늘, **완전한 문장**을 사용해서 작성해야 하며, 주어진 Thesis에 대해 간략하게 언급만 한다 생각하면 됩니다.
- **나의 의견** 부분에서, 주어진 Thesis에 대해 자신이 생각하는 "장점"과 "단점"을 언급해야 합니다. 물론, **완전한 문장**을 사용해 작성해야 합니다.
- "it is" 뒤쪽의 주어진 형용사 **evident, clear, explicit, lucid, obvious** 중 하나를 선택하면 됩니다. 암기 후 사용하신다면, 편하게 문장을 작성할 수 있습니다.
- "Supporting idea"의 모양은, 늘 Body의 내용을 집약할 수 있는 단어로 표현해야 합니다. 가장 이상적인, Supporting idea의 모양은, 1) Adj + N, 또는 2) Vt-ing + N임을 반드시 기억합시다. 하지만 무조건 Adj + N, 또는 Vt-ing + N 모양의 Supporting idea 모양을 만들어야만 고득점을 받는 것은 아니니, 늘 머릿속에 가장 빨리 떠오르는 것을 Supporting idea로 사용하시면 됩니다.

- Introduction 작성 시 앞쪽에 몇 칸을 띄워서 Indent(들여 쓰기)를 만들어주세요. IELTS Writing 시험은 형식 점수는 주어지지 않지만, 일반적인 Writing Rule이니 지켜서 손해 볼 일은 없습니다.

- Introduction Template에 있는 "as to"는 전치사로서 "about"의 뜻을 가집니다. 아래의 예문에서는, "as to"의 목적어로 명사(N) characteristics를 사용하였으며, what은 지금 같은 경우, 형용사로 사용되어 명사인 characteristics를 수식하고 있습니다.

그럼 아래와 같은 introduction을 완성할 수 있습니다.

### [ Introduction ]

It has been an enigmatic quandary as to **what** (Adj) **characteristics** (N) the exam on evaluating students has. However, it is explicit that the advantage is to acquire fairness, and the disadvantage is difficulty in spotting talents. The scope and breadth of the fairness of evaluation and the difficulty in finding hidden talents are two paragons that reverberate such a theme.

**해석** 학생들을 평가하는 데 있어서, 시험이 어떤 특징을 가지는지는 풀기 어려운 알쏭달쏭한 문제였습니다. 하지만 장점은 공정성을 확보하는 것이고, 단점은 재능을 발굴하는 것이 어렵다는 점입니다. 평가의 공정성과 숨겨진 재능을 찾는 데 있어서의 어려움의 범위와 폭은 이러한 의견을 반향하는 두 가지 요소입니다.

**❸** 이제 Template을 사용하여 Body 작성을 시작합니다. Body 작성 방법은 기존의 What Extent / Agree / Disagree 2 Supporting Ideas Body 작성법과 동일합니다. Logical flow A (배경 설명) → B (핵심 단어 + Thesis 언급) → C (Thesis 구체화) → D (This/These 사용하여 Supporting idea 끌어내기) 순으로 "장점"과 "단점"에 대한 각각의 Body 작성을 시작합니다. 즉, Body 1에 장점을 Body 2에는 단점을, 아니면 Body 1에 단점을 Body 2에 장점을 적어도 상관없습니다. 다만, Body 작성 시 주의할 점은, 이전 학습을 통해 충분히 숙지하시고 있는 것처럼, 논리전개 시 Logical flow의 각 문장마다 가능하다면 "내용상 Hook"을 만들어 줘야 한다는 것입니다. Logical flow A, B, C, D 어디에서도 "내용상 Hook"이 걸려있지 않다면, 글에서 유기적인 논리 흐름이 부족해집니다. 논리전개 시 "내용상 Hook" 이 무조건 있어야 한다는 것을 말하는 것이 아닙니다. 하지만 내용상 Hook이 없다면 맥락 흐름이 약해질 수 있다는 점을 언급하고 있는 것입니다. 자 그럼, 아래의 예문

을 통해 Advantage & Disadvantage Body를 본격적으로 작성해 보도록 하겠습니다. 저는, Body 1에 장점을 배치하고 Body 2에 단점을 배치해 보도록 하겠습니다.

**1)** 먼저 Body 1 Template을 활용하여 아래의 문장을 완성할 수 있습니다.

The fairness of evaluation clearly demonstrates the matter pertaining to this theme.

**2)** 이제 **Logical flow A (배경 설명) → B (핵심 단어 + Thesis 언급 시작) → C (Thesis 구체화) → D (This/These 사용하여 Supporting idea 끌어내기)** 순으로 Body 작성을 시작합니다. Body 작성 시 주의할 점은, 이전 학습을 통해 충분히 숙지하시고 있는 것처럼, 논리전개 시 Logical flow의 각 문장마다 가능하다면 "내용상 Hook"을 만들어 주어야 한다는 것입니다. Logical flow A, B, C, D 로의 전개 시, 문장 어디에도 "내용상 Hook"이 걸려있지 않다면, 글에서 짜임새 있는 맥락 연결이 부족해진다는 것을 명심해 주세요.

### Logical flow A_배경 설명 →

학생들의 학업 성취도(academic performance. N)를 평가(evaluate. Vt)할 수 있는 수많은 (countless. Adj) 방법(method. N)이 이미(already. Adv) 있습니다.

There **already** (Adv) **exist** (Vi) a countless number of **methods** (N: S) to evaluate the students' academic performances.

- 명사 method를 주어로, 자동사 exist를 본동사로 사용한 "S + Vi 완전한 문장"이 사용된 것을 확인해 주세요. a number of는 형용사로서 주어로 사용된 명사 method를 수식하고 있습니다.

- method는 뒤에서 To + V의 수식을 받는 명사이므로, 지금 같은 경우 수식 2번 "To + V"를 사용해서 명사 method에 대한 세부 정보를 공급해준 것을 확인해 주세요.

- a number of는 형용사로서, 형용사 many의 동의어라는 것을 반드시 암기해 주세요.

> **Logical flow B_핵심 단어 + Thesis 언급 시작 →**

전세계의(all around the world) 많은 학교에서 이미(already. Adv) 사용(use. Vt)되고 있는 각(each. Adj) 방법(method. N)이, 다른(another. Adj) 방법보다 더 장점(advantage. N)이 있음에 틀림이 없겠지만, 모든 학생이 머리를 끄덕(nod. Vt)일 정도로 공정성(fairness. N)을 확보(acquire. Vt)하는 것은 더 많은 토론(discussion. N)을 필요로 하는 또 다른 문제(issue. N) 입니다.

**Though** (접속사) each **method** (N: S) already being **used** (P.P) in many schools all around the world must have **had** (Vt) its **advantage** (N: O) over another method, **achieving** (Vt-ing: S) **fairness** (N: O) enough for all the students to nod their heads **is** (Be) another **issue** (N: C) **which** (주격 관계 대명사) **requires** (Vt) more **discussions** (N: O).

- 부사 접속사 though를 사용하여, 명사 method를 주어로, 타동사 have를 본동사로, 명사 advantage를 목적어로 사용한 "S + Vt + O 완전한 문장"과, V-ing인 achieving을 주어로, Be 동사를 본동사로, 명사 issue를 보어로 사용한 "S + Be + C 완전한 문장"을 연결해준 것을 확인해 주세요.

- 또한, 부사 접속사를 문장 가장 앞에 배치할 경우, 첫 번째 완전한 문장이 끝나는 지점에, 즉 두 번째 완전한 문장의 주어가 시작되는 부분에 위의 예문처럼 반드시 "콤마"를 찍어줘야 함을 암기해 주세요.

- 명사 method는 수식 2번, 즉 P.P인 used를 사용하여 세부 정보를 공급해 주었으며, 본동사 자리에 must have P.P를 사용하여 " ~임이 틀림이 없다"라는 정보를 전달하고 있는 것을 확인해 주세요. 또한, "현재 완료" 또는 "과거 완료"인 Have/Had P.P를 본동사에 사용할 경우 P.P 자리에서 본동사를 찾아야 함을 반드시 기억해 주세요.

- achieving이 주어인 S + Be + C 완전한 문장에서, 주어로 사용된 V-ing에 자동사가 아닌 타동사 achieve를 사용하였으므로, 타동사의 성질상 뒤에 반드시 목적어를 가져와야 하므로 fairness라는 명사를 achieving의 목적어로 사용한 것을 확인해 주세요. 만약 지금의 설명이 이해되지 않는다면, 지금 바로 Day 4 품사 부분으로 다시 돌아가, V-ing의 성질을 반드시 다시 학습한 후 아래의 내용으로 넘어가시기 바랍니다.

- achieving이 주어인 S + Be + C 완전한 문장에서, 보어로 사용된 명사 issue에 세부 정보를 공급해 주기 위해, 수식 2번 "주격 관계 대명사"를 사용해 주었으며, 뒤는 주어가 생략된 "Vt + O 불완전한 문장"이 사용된 것을 확인해 주세요.

> **Logical flow C_Thesis 구체화 →**

그(that. Adj) 공정성(fairness. N)에 있어서, 표준화(standardize. Vt) 되어 졌으며 객관적(objective. Adj)이기까지 한 공식 시험(formal exam. N)은 공정성을 확보(acquire. Vt)하는 가장 효과적인 (effective. N) 방법(way. N)이 될 것입니다. 모든 학생은 동일한 테스트 환경에서 동일한 테스트 세트를 풀고(solve. Vt) 이미 정해진(fixed. Adj) 옳은(correct. Adj) 정답으로 결과가 채점되어 집니다.

**For** (Prep) **that** (Adj) **fairness** (N: O), formal **exams** (N: S) not only **standardized** (P.P) but **objective** (Adj) will **be** (Be) the most effective **way** (N: C) **to acquire** (To + Vt) **fairness** (N: O). All **students** (N: S) **solve** (Vt) the same test **sets** (N: O) in the same test environment, **and** (등위 접속사) the **results** (N: S) **are** (Be) **graded** (P.P) **by** (Prep) already fixed correct **answers** (N: O).

⎡ 전치사 for는 해석상 "~을, 를 위해서"라고 해석되기보다는, "~에 있어서"라는 내용상 의미
⎢ 를 전달하기 위해 더 많이 사용됨을 기억해 주세요. 또한, "that"을 "형용사"로 사용하여,
⎢ 위 문장에서 언급된 fairness를 내용상 아래 문장으로 받아 내려와, 위 문장과 아래 문장
⎣ 사이에 "내용상 Hook"을 만들어준 것을 확인해 주세요.

⎡ 또한, 등위 접속사 and를 사용하여, 명사 student를 주어로, 타동사 solve를 본동사로, 명
⎢ 사 set을 목적어로 사용한 "S + Vt + O 완전한 문장"과, 명사 result를 주어로, Be 동사를 본
⎢ 동사로, 과거 분사 graded를 보어로 사용한 "S + Be + P.P 완전한 문장"을 연결해준 것을
⎣ 확인해 주세요.

⎡ 주어로 사용된 명사 exam에 세부 정보를 공급해 주기 위해, 수식 2번 P.P(과거 분사)인
⎢ standardized와 Adj(형용사) objective가 사용된 것을 확인해 주세요. 또한, P.P(과거 분사)
⎣ 와 Adj(형용사)를 "not only A but B" 구문을 사용해 연결해 준 것을 확인해 주세요.

⎡ 보어(C)로 사용된 명사 way에 세부 정보를 공급해 주기 위해, 수식 2번 To + V를 사용해준
⎣ 것을 확인해 주세요.

> **Logical flow D_This/These 사용하여 Supporting idea 끌어내기 →**

공식 시험(formal exam. N)의 이러한(this. Adj) 공정성(fairness. N)은 왜 전 세계의 많은 대학교가 입학 요건(requirement. N)으로 IELTS 또는 TOEFL과 같은 공정한(fair. Adj) 시험 점수를 제출(submit. Vt) 하기를 원하는 이유입니다.

This **fairness** (N: S) in formal exams **is** (Be) **why** many **universities** (N: S) around the world **want** (Vt) **applicants** (N: O) **to submit** (To + Vt) fair exam **scores** (N: O) **such as** (Prep) **IELTS** (N1: O1) **or** (연결사) **TOEFL** (N2: O2) **as** (Prep) an admission **requirement** (N: O).

- this를 사용하여, Body 1의 supporting idea인 fairness를 끌어낸 것을 확인해 주세요. this는 "형용사"로 사용할 경우, 위에서 언급한 모든 내용을 아래로 받아내려 오는 효과가 있다는 것을 반드시 암기해 주세요.

- 또한, 명사 fairness를 주어로, Be 동사를 본동사로 하는 "S + Be + C 완전한 문장"을 사용하였으며, 보어(C) 자리에 "why + S + Vt + O 완전한 문장"을 사용한 것을 확인해 주세요.

- S + want + N + to + V → "주어가 원한다 N가 V 하는 것을." 실전 작문에서 빈번히 사용되는 구문이므로 반드시 암기해 주세요.

- such as는 전치사로 암기해 둔 후, 논리전개 시 적재적소에 예를 제시하고 싶을 때 사용해 주세요.

**④** 이제 완성된 Body 1을 확인해 보도록 합시다.

[ Body 1 ]

The fairness of evaluation clearly demonstrates the matter pertaining to this theme. There already exist a countless number of methods to evaluate the students' academic performances. Though each method already being used in many schools all around the world must have had its advantage over another method, achieving fairness enough for all the students to nod their heads is another issue which requires more discussions. For that fairness, formal exams not only standardized but objective will be the most effective way to acquire fairness. All students solve the same test sets in the same test environment, and the results are graded by already fixed correct answers. This fairness in formal exams is why many universities around the world want applicants to submit fair exam scores such as IELTS or TOEFL as an admission requirement. (Words: 133)

**5** 이제 Body 2를 작성해 보도록 하겠습니다. Body 2 작성은 Body 1 작성과 같은 과정을 거치면 됩니다. Body 1에는 장점을 언급하였으니, 이제 Body 2에는 단점을 언급하면 됩니다.

**1)** 먼저 Body Template을 활용하여 아래의 문장을 완성할 수 있습니다.

Furthermore, difficulty in finding talents explicitly demonstrates the issue at hand.

**2)** Body 2의 Logical flow 전개를 시작합니다.

### Logical flow A_배경 설명 →

공식 시험(formal examination. N)들을 그들의 학업 성취도(academic performance. N)를 평가(assess. Vt)하는 유일한(only. Adj) 방법(way. N)으로 인식(recognize. Vt)하는 학생들은, 시험에서 높은 점수를 얻는(obtain. Vt)데 집착(obsess. Vt)하고 있습니다.

**Recognizing** (Vt-ing) formal **examinations** (N: O) **as** (Prep) the only **way** (N: O) **to assess** (To + Vt) their academic **performances** (N: O), **students** (N: S) have **been** (Be) **obsessed** (P.P) with obtaining high scores in the tests.

> 명사 student를 주어로, Be 동사를 본동사로, 과거 분사 obsessed를 보어로 사용한 "S + Be + P.P 완전한 문장"이 사용된 것을 확인해 주세요. 또한, Syntax를 사용하여, 즉 문장 가장 앞에 V-ing를 배치하여, 주어로 사용된 명사 student에 세부 정보를 공급해 주고 있음을 확인해 주세요.

> "~을, 를 집착하다"라는 의미를 가진 타동사 obsess는 전치사 with와 함께 사용되어, "집착 되어진다"라는 내용상 의미를 전달할 때 사용하는 "S + Be + P.P 완전한 문장"의 모양으로 주로 사용되어 집니다.

### Logical flow B_핵심 단어 + Thesis 언급 시작 →

그러한(such. Adj) 지나친(relentless. Adj) 결과(result. N) 추구(pursuit. N)는, 슬프게도(sadly though. 삽입구), 학생들이 단지 평가만을 위해 성급히(hastily. Adv) 공부하는 것을 가속화(accelerate. Vt) 시켰으며, 이것은 학생들이 자신의 수많은(numerous. Adj) 숨겨진 재능(hidden talent. N)을 깨닫지 못하게 하는 불행의 씨앗(specter. N)이 되었습니다.

**Such** (Adj) relentless **pursuit** (N: S) **of** (Prep) the **result** (N: O), **sadly though** (삽입구), **accelerates** (Vt) **students** (N: O) to hastily study only for the evaluation, a **specter** (N) **that** (주격 관계 대명사) would **block** (Vt) the **students** (N: O) **from** (Prep) **realizing** (Vt-ing) their numerous hidden **talents** (N: O).

- 위 문장에서 언급한 "학생들은 좋은 성적을 얻는데 집착한다"라는 내용을, 아래 문장으로 받아 내려오기 위해, 즉 "위 문장"과 "아래 문장" 사이에 "내용상 Hook"을 만들어 주기 위해, 형용상 such를 사용해준 것을 확인해 주세요.

- 주어인 명사 pursuit와 본동사로 사용된 타동사 accelerate 사이에, 논리 맥락을 좀 더 자연스럽게 만들어 주기 위해, 삽입구 sadly though를 사용해준 것을 확인해 주세요. "삽입구"는 기본적으로 "주어"와 "본동사" 사이에 사용할 경우, 가장 효과적이라는 것을 반드시 암기해 주세요. 또한, 삽입구 사용 시 그 시작과 끝점에 반드시 "콤마"를 사용해야 함을 명심해 주세요.

- S + accelerate + N + to + V → "주어가 촉진시키다 N(명사)가 V하는 것을." 반드시 암기 후, 실전 Body 작성 시, 적재적소에 사용해 주세요.

- "**완전한 문장, a(an) 단수 명사 + 주격 관계 대명사 + 불완전한 문장**", 즉 이전에 학습한 Syntax를 사용하여, 좀 더 자연스럽고 간결하게 내용상 의미를 전달해 주고 있음을 확인해 주세요. 주격 관계 대명사 "that" 뒤는, 주어가 생략된 "Vt + O 불완전한 문장"이 사용된 것을 확인해 주세요.

- S + block / stop / prevent / prohibit / hold / keep + 목적어 + from V-ing → "주어가 방해하다 목적어가 V 하는 것을." Body 작성 시 빈번하게 사용하는 구문이므로 반드시 암기 부탁드립니다.

### Logical flow C_Thesis 구체화 →

상대적으로(relatively. Adv) 제한된(limited. Adj) 평가 기회를 가진 공식 시험(formal exam. N)은 최종 시험점수 평가에만 초점을 맞추며, 그 결과(consequently. Adv) 학생들은 그들의 숨겨진 재능(talent. N)과 잠재력(potential. N)이 발견될 수 있는 지속적인(continual. Adj) 평가 기회를 완전히 박탈(deprive. Vt) 당합니다.

Formal **exams** (N: S) with a relatively limited number of evaluation chances only **focus** (Vi) **on** (Prep) **assessing** (Vt-ing: O) final test **scores** (N: O), **and** (등위 접속사) **consequently** (Adv), the **students** (N: S) **are** (Be) **totally** (Adv) **deprived** (P.P) **of** (Prep) continual assessment **opportunities** (N: O) **through** (전치사) **which** (목적격 관계 대명사) their hidden **talents** (N1: S1) **and** (연결사) **potentials** (N2: S2) would **be** (Be) **found** (P.P).

> 등위 접속사 and를 사용하여, 명사 exam을 주어로, 자동사로 사용된 focus를 본동사로 사용한 "S + Vi + Prep + O 완전한 문장"과 명사 student를 주어로, Be 동사를 본동사로, 과거 분사 deprived를 보어로 사용한 "S + Be + P.P 완전한 문장"을 연결해준 것을 확인해 주세요.

> 두 번째 완전한 문장인, 명사 student를 주어로 하는 S + Be + P.P 완전한 문장에서, 전치사 of 의 목적어로 사용된 명사 opportunities에 세부 정보를 공급해 주기 위해, "전치사 + 관계 대명사"가 사용되었으며, 그 뒤는 명사인 talent와 potential을 주어로 하는 S + Be + P.P 완전한 문장이 "부수적인 완전한 문장"으로 사용된 것을 확인해 주세요.

---

다시 말해(In other words), 학생들은 자신이 재능이 있는 곳을 깨닫고(realize. Vt), 재능을 연마(hone. Vt)할 수 있는 귀중한(valuable. Adj) 기회를 잃고 있습니다.

In other words, the **students** (N: S) are **losing** (Vt) **valuable** (Adj) **opportunities** (N: O) **to realize** (To + V) **where they** (N: S) **are** (Be) truly **gifted** (P.P), as well as **to hone** (To + V) their talented abilities.

> 명사 student를 주어로, 타동사 lose를 본동사로, 명사 opportunity를 목적어로 사용한 "S + Vt + O 완전한 문장"이 사용된 것을 확인해 주세요.

> S + Vt + O 완전한 문장에서 목적어로 사용된 명사 opportunity에 세부 정보를 공급하기 위해, 수식 2번 "To + V"를 사용하고 있으며, To + V에 들어가는 동사(V)가 타동사인 realize 이므로, 타동사 realize의 목적어로 "where + S + Be + P.P 완전한 문장"이 사용된 것을 확인해 주세요.

> 또한, as well as를 본동사인 타동사 lose의 목적어로 사용된 명사 opportunities에 대한 추가 세부 정보 공급에 사용하고 있음을 확인해 주세요. 즉, to realize와 to hone이 as well as를 사용하여, 의미 전달상 연결되어 있는 것을 확인해 주세요.

🔴 **Logical flow D_This/These 사용하여 Supporting idea 끌어내기 →**

숨겨진 재능(talent. N)을 찾아내는(find. Vt)데 있어서의 어려움(difficulty. N)은 시험의 단점을 직접적으로(directly. Adv) 나타냅니다(indicate. Vt).

This **difficulty** (N: S) in finding hidden talents directly **indicates** (Vt) the **disadvantage** (N: O) of the exams.

- this를 형용사로 사용하여 Supporting idea인 difficulty in finding hidden talents를 끌어내고 있음을 확인해 주세요.

- 명사 difficulty를 주어로, 타동사 indicate를 본동사로, 명사 disadvantage를 목적어로 사용한 S+Vt+O 완전한 문장이 사용된 것을 확인해 주세요.

**6** 이제 논제 구체화 부분을 간결하게 수정하여 완성된 Body 2를 확인해 보도록 합시다.

[ Body 2 ]

Furthermore, difficulty in finding talents explicitly demonstrates the issue at hand. Recognizing formal examinations as the only way to assess their academic performances, students have been obsessed with obtaining high scores in the tests. Such relentless pursuit of the outcome, sadly though, accelerates students to hastily study only for the evaluation, a specter that would block the students from realizing their numerous hidden talents. Formal exams only focus on assessing students' academic performances, and the students are deprived entirely of frequent assessment opportunities through which their hidden talents and potentials would be revealed in the process. In other words, the students are losing valuable opportunities to realize where they are truly gifted, as well as to hone their talented abilities. This difficulty in finding hidden talents directly indicates the disadvantage of the exams. (Words: 133)

**7** 이제 마지막으로, Template을 사용하여 Conclusion을 작성해 보도록 하겠습니다. 아래 주어진 Advantage & Disadvantage Conclusion Template을 완성하기만 하면 됩니다.

---

**[ Advantage & Disadvantage Conclusion Template ]**

At first glance, it is not easy to judge what is the advantage and disadvantage of [주어진 Thesis], but the examples mentioned above [clearly, lucidly, explicitly, indubitably, obviously, unambiguously, coherently] show that the advantage is **Supporting idea 1** and the disadvantage is **Supporting idea 2**.

---

**[ Conclusion ]**

At first glance, it is not easy to judge what is the advantage and disadvantage of evaluating students by exams rather than continual assessment, but the examples mentioned above explicitly shows that the advantage is the fairness of evaluation and the disadvantage is the difficulty in finding talents.

**8** 이제 완성된 Advantage & Disadvantage Full Essay를 확인해 보도록 하겠습니다.

---

**Q**: This seems to be an increasing trend toward assessing students through exams rather than continual assessment. <u>What is the advantage and disadvantage of exams as a form of assessment</u>?

---

It has been an enigmatic quandary as to what characteristics the exam on evaluating students has. However, it is explicit that the advantage is to acquire fairness, and the disadvantage is difficulty in spotting talents. The scope and breadth of the fairness of evaluation and the difficulty in finding hidden talents are two paragons that reverberate such a theme.

The fairness of evaluation clearly demonstrates the matter pertaining to this theme. There already exist a countless number of methods to evaluate the students' academic performances. Though each method already being used in many schools all around the world must have had its advantage over another method, achieving fairness enough for all the students to nod their heads is another issue which requires more discussions. For that fairness, formal exams not only standardized but objective will be the most effective way to acquire fairness. All students solve the same test sets in the same test environment, and the results are graded by already fixed correct answers. This fairness in formal exams is why many universities around the world want applicants to submit fair exam scores such as IELTS or TOEFL as an admission requirement.

Furthermore, difficulty in finding talents explicitly demonstrates the issue at hand. Recognizing formal examinations as the only way to assess their academic performances, students have been obsessed with obtaining high scores in the tests. Such relentless pursuit of the outcome, sadly though, accelerates students to hastily study only for the evaluation, a specter that would block the students from realizing their numerous hidden talents. Formal exams only focus on assessing students' academic performances, and the students are deprived entirely of frequent assessment opportunities through which their hidden talents and potentials would be revealed in the process. In other words, the students are losing valuable opportunities to realize where they are truly gifted, as well as to hone their talented abilities. This difficulty in finding hidden talents directly ascertains the disadvantage of the exams.

At first glance, it is not easy to judge what is the advantage and disadvantage of evaluating students by exams rather than continual assessment, but the examples mentioned above explicitly shows that the advantage is the fairness of evaluation and the disadvantage is the difficulty in finding talents.

---

혹시 오늘 좀 더 학습을 하고 싶다면, 내일 학습으로 넘어가기 전 간단히 Advantage & Disadvantage의 다른 예제 문제를 통해 Body 2 작성을 연습해 보도록 하겠습니다. 저는 편의상 Body 2에 광고의 단점을 제시하도록 하겠습니다.

> **예제문제**
>
> **Q**: Advertising has become an inevitable part of our lives. Some people believe that it is a positive aspect of our lives while others are of opposite belief. <u>What is the advantage and disadvantage of the advertisements</u>?

**❶** Body Template을 사용하여, Body 2의 첫 번째 문장을 아래처럼 완성할 수 있습니다.

Distraction indubitably illustrates the issue at hand.

**❷** 이제 Logical flow를 따라, Body 작성을 시작해 보도록 합시다.

**Logical flow A_배경 설명 →**

많은 종류의 상업 광고(commercial advertisement. N)로 가득 찬(filled. Adj) 거리와 인터넷은 사소한(trivial. Adj) 것이든 중요한(important. N) 것이든 정보가 풍부합니다.

**Filled** (P.P) with so many types of commercial advertisements, the **streets** (N1: S1) **and** (연결사) the **Internet** (N2: S2) **are** (Be) **full** (Adj: C) of information, **whether it is from the trivial to the important one**.

- "**P.P, Full Sentence**" Syntax를 사용하여, 주어인 명사 street와 Internet에 세부 정보를 공급하고 있습니다. 또한, 과거 분사인 filled는, 늘 전치사 with와 함께 사용됨을 반드시 암기해 주세요.

- 명사 street와 Internet을 주어로, Be 동사를 본동사로, 형용사 full을 보어로 사용한 사용하는 S+Be+C 완전한 문장이 사용된 것을 확인해 주세요.

- "whether it is from N1 to N2"는 해석상 "N1에서 N2에 이르기까지"란 내용상 의미를 전달할 수 있습니다. 부사처럼, 언제든지 세부 정보를 공급할 필요가 있을 때, 문장의 어느 위치에서 든 적재적소에 사용할 수 있습니다. 지금은 의미 전달상 문장 끝에 배치된 경우입니다.

### Logical flow B_핵심 단어 + Thesis 언급 시작 →

사람들은 셀 수 없을 만큼(countless. Adj) 많은 이 새로운 정보들을 끊임없이(ceaselessly. Adv) 받아들이고(accept. Vt) 있습니다. 이것은 아무도 피할 수 없는 정보화 시대의 상징(symbol. N)입니다.

**People** (N: S) are **ceaselessly** (Adv) **accepting** (Vt) a countless number of this new **information** (N: O), a **symbol** (단수 명사) of the information age **that** (목적격 관계 대명사) **nobody** (N: S) can **avoid** (Vt).

- 명사 people을 주어로, 타동사 accept를 본동사로, 명사 information을 목적어로 사용한 S + Vt + O 완전한 문장을 사용하고 있습니다.

- 또한, "**Full Sentence, a(an) 단수 명사 + 관계 대명사 + 불완전한 문장**" Syntax를 사용하여 간결하게 충분한 세부 정보를 공급해 주고 있음을 확인해 주세요. Full Sentence가 전달하는 내용상 의미를 단수 명사로 집약시키는 것이, "Full Sentence, a(an) 단수 명사 + 관계 대명사 + 불완전한 문장" Syntax 사용의 핵심이란 것을 반드시 암기해 주세요.

- 목적격 관계 대명사 that 뒤는 목적어가 생략된, 명사 nobody를 주어로, 타동사 avoid를 본동사로 사용한 "S + Vt 불완전한 문장"이 사용된 것을 확인해 주세요.

### Logical flow C_Thesis 구체화 →

편재(omnipresent. Adj)하는 광고(advertisement. N)는 사람들에게 필요한 정보를 제공(provide. Vt)하지만, 광고를 통해(through. Prep) 제공되는 많은 정보가 빈번하게(frequently. Adv) 사람들을 혼란(distracted. Adj)스럽게 만들고 일상생활에서 중요한(critical. Adj) 결정을 오도(mislead. Vt)하게 만듭니다.

**Though** (부사 접속사) the omnipresent **advertisement** (N: S) **provides** (Vt) **people** (N: O) with the necessary information, too much **information** (N: S) **provided** (P.P) **through** (Prep) **advertisement** (N: O) frequently **makes** (Vt) **people** (N: O) **distracted** (P.P: C) **and** (등위 접속사) **misleads** (Vt) the critical **decisions** (N: O) in their everyday lives.

- 부사 접속사 "though"와 등위 접속사 "and"를 사용하여 명사 advertisement를 주어로, 타동사 provide를 본동사로, 명사 people을 목적어로 사용한 "S + Vt + O 완전한 문장"과, 명사 information을 주어로, 타동사 make를 본동사로, 명사 people을 목적어로 사용한 "S + Vt + O 완전한 문장"과, 명사 information을 주어로, 타동사 mislead를 본동사로, 명사 decision을 목적어로 사용한 "S + Vt + O 완전한 문장" 3개를 연결해준 것을 확인해 주세요.

- 명사 information 뒤에 수식 2번 P.P(과거 분사), 즉 provided를 사용하여, "광고를 통해 공급되는 정보"라는 부연 설명을 해주고 있음을 확인해 주세요. 수식 2번 사용 시, 수식 2번의 시작점과 끝점에 콤마를 사용하지 않아도 일반적으로 문제가 없다는 것을 기억해 두도록 합시다.

- S + make + N + P.P → "주어가 만들다 N가 P.P 되도록." Body 작성 시 빈번하게 사용하는 구문이니, 반드시 암기해 두시기 바랍니다.

### Logical flow D_This/These 사용하여 Supporting idea 끌어내기 →

사람들의 이러한(this. Adj) 산만함(distraction. N)은 너무(too. Adv) 많은(much. Adj) 정보가 끝없이(endlessly. Adv) 광고 밖으로(out of. Prep) 흘러나오는(stream. Vt) 직접적인(direct. Adj) 결과(result. N) 입니다.

This **distraction** (N: S) of people **is** (Be) a direct **result** (N: C) **of** (Prep) too much **information** (N: O) **streamed** (P.P) out of the advertisement endlessly.

- this를 형용사로 사용하여 Body 2의 Supporting idea인 distraction을 끌어내고 있음을 확인해 주세요.

- 명사 distraction을 주어로, Be 동사를 본동사로, 명사 result를 보어로 사용한 S + Be + C 완전한 문장이 사용된 것을 확인해 주세요.

- 전치사 of의 목적어로 사용한 명사 information에 세부 정보를 공급해 주기 위해, 수식 2번 P.P(과거 분사)인 streamed를 사용해준 것을 확인해 주세요.

**③** 이제, 완성된 Body 2를 확인해 보도록 하겠습니다.

# Day 21

## Advantage Outweighs Disadvantage

오늘은 "Advantage outweighs disadvantage"에 대해 학습해 보도록 하겠습니다. Advantage outweighs disadvantage는 원칙적으로 어떤 방향으로도 글을 적을 수 있습니다. 즉, 딱히 정해져 있는 방법은 없습니다. 여타의 다른 학원 수업 내지 인터넷 강의들에서 제시하는 방법들도 나름 좋은 방법들이라 생각합니다. 하지만 제가 추천해 드리는 방법은 두 가지 방법입니다.

첫 번째 방법은, 주어진 Thesis에 대해 장점이 많은지? 또는 단점이 많은지? 둘 중 하나를 선택한 후, 이미 앞에서 학습한 What Extent / Agree / Disagree 2 Supporting Ideas의 형식과 Template을 따라서 Advantage outweighs disadvantage를 완성하는 방법입니다. 기존 What Extent / Agree / Disagree 2 Supporting Ideas 작성법을 충분히 숙지한다면, 별 부담 없이 Advantage outweighs disadvantage 유형에 대한 충분한 공략이 가능할 것입니다.

다른 한 가지 방법은, 장점이 단점보다 많은지? 아니면 단점이 장점보다 많은지?를 선택한 후, 각각의 Body 1, Body 2에 "장점"과 "단점", 또는 "단점"과 "장점"에 대한 개별 Supporting idea들을 제시한 후, Discuss Both Views의 작성법으로 "Body"를 작성하는 방법입니다. 원칙적으로 장점이 단점보다 많은지? 아니면 단점이 장점보다 많은지?에 대해서 자신의 의견을 피력하기 위해서는 Body에서 충분히 장점과 단점에 대해서 설명을 한 후 자신의 의견을 제시해야 하기 때문입니다.

그럼 먼저, 아래의 예제를 통해 Introduction 작성법에 대해서 학습해 보도록 하겠습니다. Introduction 작성법은 기존 Template 작성법에서 약간의 변형만이 있을 뿐입니다.

**예제문제**

> **Q**: In many places, people's lifestyles have changed rapidly. This affects family relationships as well. <u>Do you think its advantages outweigh the disadvantages</u>?

❶ 먼저, 주어진 Thesis가 "Advantage & Disadvantage" 유형이라면 그리고 "Outweigh"가 눈에 보인다면, 주어진 Thesis에 대해 "장점이 많은지?" 또는 "단점이 많은지?"를 선택해야 합니다. 늘 말씀드리지만, 글은 그 순간에 가장 적기 쉬운 방향으로 결정하기 바랍니다.

❷ 지금 같은 경우, 저는 주어진 Thesis에 대해 "장점"이 "단점"보다 많다고 선택을 하겠습니다.

Advantage &gt; Disadvantage

❸ 그다음으로, 자신의 의견을 피력할 "장점"과 "단점"에 대한 각각의 Supporting idea들을 떠올려야만 합니다. 늘 말씀드리지만, 가장 이상적인 "Supporting idea"의 형태는 "Adj + N" 형태입니다. "Adj + N" 형태의 Supporting idea가 중요한 이유는 "Adj + N" 형태의 Supporting idea에서, 글쓴이의 전반적인 Vocabulary 실력과 Body의 전반적인 내용을 가늠할 수 있기 때문입니다. 즉, Essay에 대한 첫인상을 "Adj + N" 형태의 Supporting idea가 형성하는 것입니다. 저는, 장점의 Supporting idea로 "상호 존중"이라는 의미를 가진 "mutual respect"를, 단점의 Supporting idea로 "만연한 방종"이라는 의미를 가진 "rampant self-indulgence"를 사용하겠습니다.

❹ Thesis에서 주어진 핵심 단어인 lifestyles, changed, family relationships를 추출해 냅니다. 그 다음 정해진 Template에 따라, 아래처럼 "Introduction" 작성을 시작합니다. 작성 방법은 아래와 같습니다.

---

**[ Outweigh Introduction Template ]**

It has been an enigmatic quandary as to whether [주어진 Thesis]. However, it is obvious that **Supporting idea 2**, [an advantage, a disadvantage], outweighs **Supporting idea 1**, [an advantage, a disadvantage], from [주어진 Thesis]. The scope and breadth of **Supporting idea 1** and **Supporting idea 2** are two paragons that reverberate my point of view precisely.

---

위의 "Template"을 사용하여 주어진 Thesis에 대한 Introduction을 작성할 시, 다음의 유의해야 할 몇 가지를 반드시 암기해 주세요.

- Introduction 작성 시 앞쪽에 몇 칸을 띄워서 indent(들여쓰기)를 만들어주세요. IELTS Writing 시험은 형식 점수가 주어지지 않지만, 일반적인 Writing Rule이니 지켜서 손해 볼 일은 없습니다.

- "whether" 뒤쪽의 Thesis 언급 부분은, 늘 "완전한 문장"을 사용해 작성해야 합니다.

- "Supporting idea"의 모양은, 늘 Body의 내용을 집약할 수 있는 단어로 표현해야 합니다. 가장 이상적인, Supporting idea의 모양은, 1) Adj + N, 또는 2) Vt-ing + N임을 반드시 기억 합시다. 그럼, 앞의 Template을 예제 문제에 적용시켜 보겠습니다.

### [ Outweigh Introduction ]

It has been an enigmatic quandary as to whether changed lifestyles negatively affect the family relationship. However, it is obvious that mutual respect, an advantage, outweighs rampant self-indulgence, a disadvantage from the changed lifestyle. The scope and breadth of rampant self-indulgence and mutual respect are two paragons that reverberate my point of view precisely.

**❺** 이제, 정해진 "Template"을 따라 "Body 1"을 작성하면 됩니다. 여기서 중요한 점은, Discuss Both Views의 경우처럼 "Body 1"에 "우리가 선택하지 않은 의견"을 배치하고, "Body 2"에 "우리가 선택한 의견"을 배치한다는 것입니다. 지금 같은 경우, 저는 "장점이 단점보다 많다"고 선택하였기에, 제가 선택한 장점을 Body 2에 배치시키고, 제가 선택하지 않은 단점을 Body 1에 배치시킵니다. 그 다음, Template과 Logical flow를 따라서 Body 1을 작성하시면 됩니다. 먼저 Body Template을 사용해서, 아래의 문장을 작성할 수가 있습니다.

Rampant self-indulgence clearly illustrates the matter pertaining to this theme.

**Logical flow A_배경 설명 →**

산업화(industrialization. N)로부터 많은 사람들이 경제적 혜택(economic benefit. N)을 만끽 (relish. Vt)하고 있는 현대 사회에서, 개인의 개성(personality. N)은 가장 본질적인(quintessential. Adj) 가치(Value. N)중 하나가 되었습니다(become. Vt).

**In** (Prep) the modern **society** (N: O) **in which** (전치사 + 관계 대명사) many **people** (N: S) have **relished** (Vt) economic **benefits** (N: O) **from** (Prep) the **industrialization** (N: O), individual **personalities** (N: S) **become** (Vt) **one** (N: C) of the most quintessential values.

> "배경 설명" 부분에서, "In the modern society in which 완전한 문장, 완전한 문장" 구조를 사용하여, 효과적인 내용상 의미 전달이 가능합니다. 하지만 반드시 제가 정해 드리는 구조대로만 Logical flow A 배경 설명 부분을 작성해야 하는 것은 아닙니다. 완전한 문장을 사용하여, "다양한 구조"로 배경 설명을 해보시기 바랍니다.

> one of the 최상급 복수 명사: "가장 ~한 복수 명사들 중 하나."
> 빈번하게 사용하는 구문이니 반드시 암기 부탁드립니다.

> become은 타동사로, 뒤에 목적어(O) 또는 보어(C)를 가져올 수 있습니다.

> 주가 되는 완전한 문장으로, 명사 personality를 주어로, 타동사 become을 본동사로, 명사 one을 보어로 사용한 S + Vt + C 완전한 문장이 사용되었으며, 전치사의 목적어로 사용된 명사 society에 "세부 정보"를 공급해 주기 위해 사용한, 즉 수식을 위해 사용한 "부수적인 완전한 문장"으로, 명사 people을 주어로, 타동사 relish를 본동사로, 명사 benefit을 목적어로 사용한 S + Vt + O 완전한 문장이 사용된 것을 확인해 주세요.

### Logical flow B_핵심 단어 + Thesis 언급 시작 →

그러한(such. Adj) 빠른 (swift. Adj) 삶의 방식(lifestyle. N)의 변화는 가족 관계(family relationship. N)에도 지대한 (substantially. Adv) 영향을 끼치게 되었고, 가족 내에서의 전통적인(traditional. Adj) 역할(role. N)과 위계질서(hierarchy. N)를 대부분 무력하게(enervate. Vt) 만들었습니다. 그 결과로 (consequentially. Adv), 사람들은 더 이상 성별(gender. N)에 의해 일방적으로(unilaterally. Adv) 부여된(designated. Adj) 전통적인 역할들을 소중히 여기지(treasure. Vt) 않습니다.

Such a swift **change** (N: S) in lifestyle substantially **affects** (Vt) family **relationships** (N: O) as well, **enervating** (Vt-ing) most of the traditional **roles** (N1: O1) **and** (연결사) **hierarchy** (N2: O2) inside the family. Consequentially, **people** (N: S) no more **treasure** (Vt) their conventional **roles** (N: O) **unilaterally** (Adv) **designated** (P.P) by the gender difference.

- Logical flow B에서, Thesis에서 주어진 핵심 단어인 "family relationship"이 언급되고 있음을 확인해 주세요.

- Logical flow A와 Logical flow B 사이에 "내용상 Hook"을 만들어 주기 위해, such를 사용해준 것을 확인해 주세요.

- such의 사용법은, 완벽하게 암기해 두지 않는다면 빈번하게 실수를 하므로, 아래의 such 사용법을 완벽하게 암기해 두도록 합시다. **such a(an) + 단수 명사, such + 복수 명사**

- 수식 2번을 사용해서, 명사 people을 주어로, 타동사 treasure를 본동사로, 명사 role을 목적어로 사용한 S + Vt + O 완전한 문장의 명사 목적어 role 뒤에 과거 분사인 designated를 배치하여, 목적어로 사용된 명사 role에 내용상 "부여된"이라는 세부 정보를 공급해주고 있음을 확인해 주세요.

### Logical flow C_Thesis 구체화 →

그러나(But. Adv), 예상치 못하게도(unexpectedly though. 삽입구), 그러한(those. Adj) 급격한(rapid. Adj) 가족관계의 변화는, 가족내에서 심각한 갈등을 유발(induce. Vt)하고 있습니다. 결혼 생활 문제들(marital problems. N)뿐만 아니라 존속살인(parricide. N)과 같은 흉악 범죄(heinous crime. N)는 가족 관계에 큰(momentous. Adj) 혼란(chaos. N)을 불러오고(bring. Vt) 있습니다.

But, **those** (Adj) rapid **changes** (N: S) in the family relationships, **unexpectedly though** (삽입구), **induce** (Vt) severe **conflicts** (N: O) among family members. Not only marital problems but heinous **crimes** (N: S) such as parricide **bring** (Vt) the **family** (I.O) the momentous **chaos** (D.O).

- Logical flow B와 Logical flow C 사이에 "내용상 Hook"을 만들어 주기 위해 those를 사용해준 것을 확인해 주세요.

- 주어로 사용된 명사 change와 본동사로 사용된 타동사 induce 사이에 삽입구 "unexpectedly though"를 사용해준 것을 확인해 주세요. 글의 맥락 조절을 위해 이처럼 삽입구를 사용할 경우, 주어와 본동사 사이에 사용하는 것이 가장 이상적입니다.

- not only A but also B를 주어로 사용 시, "수의 일치"는 본동사에 가장 가까운 명사를 기준으로 판단해야 합니다. 지금 같은 경우, 본동사로 사용된 타동사 bring에 가장 가까운 명사는 crimes이므로, 명사 crimes에 본동사의 수를 맞춰줘야 함을 확인해 주세요.

> **Transition 작성 →**

그러나, 변화된 생활 방식에 의한 상호 존중의 증가는 그 어느 때보다 가족에게 전례 없는 혜택을 제공한다는 점을 감안할 때, 약간의 내부적 혼란에도 불구하고, 변화된 생활방식의 이점이 그 단점을 넘어선다고 믿습니다.

However, given that increased mutual respect by the changed lifestyles provides the family with unprecedented benefits more than ever, I believe an advantage from the varied lifestyle, despite a little internal disorder, exceeds the disadvantage.

> Discuss Both Views Template의 Body 1 Transition 작성법과 같이, despite를 사용하여 내가 선택하지 않은 의견을 언급함과 동시에, Body 2가 내가 선택한 의견임을 드러내는 것이 Transition의 역할입니다.

**6** 이제 완성된 Body 1을 확인해 보도록 합시다.

### [ Body 1 ]

Rampant self-indulgence clearly illustrates the matter pertaining to this theme. In the modern society in which many people have relished economic benefits from the industrialization, individual personalities become one of the most quintessential values. Such a swift change in lifestyle substantially affects family relationships as well, enervating most of the traditional roles and hierarchy inside the family. Consequentially, people no more treasure their conventional roles unilaterally designated by the gender difference. But, unexpectedly though, those rapid changes in the family relationships induce severe conflicts among family members. Not only marital problems but heinous crimes such as parricide bring the family the momentous chaos. However, given that increased mutual respect by the changed lifestyles provides the family with unprecedented benefits more than ever, I believe an advantage from the varied lifestyle, despite a little internal disorder, exceeds the disadvantage. (Words: 138)

**7** 이제 우리가 선택한 의견인 Body 2를 작성해 보도록 하겠습니다. Body 2 역시 Logical flow를 따라서 아래와 같이 작성하면 됩니다. 먼저, Body Template을 사용하여 아래의 문장을 작성해 낼 수 있습니다.

Mutual respect indubitably illustrates the issue at hand.

### Logical flow A_배경 설명 →

가부장제(patriarchy. N)가 깊이(deeply. Adv) 뿌리 박힌(rooted. P.P) 과거의 사회에서, 가족 간의 관계(relationship. N)들은 크게(significantly. Adv) 치우쳐져(slanted. Adj) 있었습니다.

**In** (Prep) the past **society** (N: O) **in which** (전치사 + 관계 대명사) the **patriarchy** (N: S) **was** (Be) deeply **rooted** (P.P: C), the **relationships** (N: S) among family members **were** (Be) **significantly** (Adv) **slanted** (P.P: C).

> 주가 되는 완전한 문장으로 명사 relationship을 주어로, Be 동사를 본동사로, 과거 분사인 형용사 slanted를 보어로 사용한 "S + Be + C 완전한 문장"이 사용되었습니다.

> 전치사 in의 목적어로 사용된 명사 society에 세부 정보를 공급해 주기 위해, "전치사 + 관계 대명사"를 사용하였으며, 명사 patriarchy를 주어로, Be 동사를 본동사로, 과거 분사 rooted를 보어로 사용한, "S + Be + C 완전한 문장"이 부수적인 완전한 문장으로 사용된 것을 확인해 주세요.

### Logical flow B_핵심 단어 + Thesis 언급 시작 →

보수적(conservative. Adj)이지만 다소(somewhat. Adv) 왜곡된(distorted. Adj) 전통적 가치를 그 어떠한 것보다(more than anything) 더 소중히 간직(cherish. Vt)한 아버지들은, 가족에 대해 전제적인(despotic. Adj) 권위(authorities. N)를 행사(wield. Vt) 하였었습니다.

**Fathers** (N: S), **who** (주격 관계 대명사) **cherished** (Vt) **conservative** (Adj1) **but** (연결사) **somewhat** (Adv) **distorted** (P.P: Adj2) traditional **values** (N: O) more than anything, **wielded** (Vt) despotic **authorities** (N: O) over the family members.

- 주격 관계 대명사 who를 사용하여, 명사 father에 대한 세부 정보를 공급해 주고 있습니다. 주격 관계 대명사 뒤는 늘 "주어가 생략된 불완전한 문장"이 와야 하며, 지금 같은 경우 "Vt + O 불완전한 문장"이 사용되었습니다.

- but(연결사)을 사용하여, 형용사 conservative와 distorted를 연결해준 것을 확인해 주세요.

- 명사 father를 주어로, 타동사 wield를 본동사로, 명사 authority를 목적어로 사용한 "S + Vt + O 완전한 문장"이 사용된 것을 확인해 주세요.

### Logical flow C_Thesis 구체화 →

그 결과(Consequentially. Adv), 너무나(too much. Adv) 좌절(frustrated. Adj)하고 그러한(such. Adj) 불합리한(irrational. Adj) 가족 관계에 대해 전혀 납득하지 못하는(unconvinced. Adj) 다른 가족들은, 현대 사회가 사람들의 라이프 스타일을 변화시키면서, 그들의 결정권(rights to decide)을 요구하기 시작했습니다. 결과적으로(As a result), 가족 구성원 간에 더 이상 차별적인(discriminatory. Adj) 관계가 존재하지 않으며, 심지어(even. Adv) 자기 실현(self-realization. N)을 더욱(further. Adv) 촉진(conduce. Vt)합니다.

**Consequentially** (Adv), too much **frustrated** (P.P1) **and** (연결사) **unconvinced** (P.P2) **with** (Prep) **such** (Adj) an irrational family **relationship** (N: O) at all, other family **members** (N: S) **started** (Vt) **to demand** (To + Vt: O) their **rights** (N: O) to decide, **as** (부사 접속사) the modern **society** (N: S) **made** (Vt) the people's **lifestyles** (N: O) **changed** (P.P). As a result, there **are** (Be) no more discriminatory **relationships** (N: S) among family members, which even **further** (Adv) **conduces** (Vt) **self-realization** (N: O).

- Syntax를 사용하여 좀 더 자연스럽게 내용상 의미를 전달하고 있습니다. 지금 같은 경우, 완전한 문장의 시작 전에, 즉 완전한 문장의 주어 앞에 "과거 분사"인 "frustrated"와 "unconvinced"를 배치하여, 완전한 문장의 주어인 명사 family member에 대한 내용상 세부 정보를 공급해 주고 있습니다. 이와 같은 Syntax의 사용은, 이미 아래와 같이 모양이 고정되어 있기에, 아래의 모양을 암기한 후, 적재적소에 Body 작성 시 사용해 주세요.
  P.P _____, S + Vt + O

[ 부사 접속사 as를 사용하여, 명사 member가 주어로, 타동사 start를 본동사로, To + V인 to demand를 목적어로 사용한 "S + Vt + O 완전한 문장"과, 명사 society를 주어로, 타동사 make를 본동사로, 명사 lifestyle을 목적어로 사용한 "S + Vt + O 완전한 문장"이 연결돼 있는 것을 확인해 주세요.

**Logical flow D_This/These 사용하여 Supporting idea 끌어내기 →**

가족 구성원 간의 이러한(this. Adj) 상호 존중(mutual respect. N)은 변화된 가족 관계의 단점(disadvantage. N)을 분명히(clearly. Adv) 압도합니다(overshadow. Vt).

**This** (Adj) mutual **respect** (N: S) among family members clearly **overshadows** (Vt) the **disadvantages** (N: O) of the changed family relationship.

[ this를 형용사로 사용하여, Supporting idea인 mutual respect를 끌어내고 있음을 확인해 주세요.

[ 명사 respect를 주어로, 타동사 overshadow를 본동사로, 명사 disadvantage를 목적어로 사용한 "S + Vt + O 완전한 문장"이 사용된 것을 확인해 주세요.

**8** 이제 완성된 Body 2를 확인해 보도록 합시다.

[ Body 2 ]

Mutual respect indubitably illustrates the issue at hand. In the past society in which the patriarchy was deeply rooted, the relationships among family members were significantly slanted. Fathers, who cherished conservative but somewhat distorted traditional values more than anything, wielded despotic authorities over the family members. Consequentially, too much frustrated and unconvinced with such an irrational family relationship at all, other family members started to demand their rights to decide, as the modern society made the people's lifestyles changed. As a result, there are no more discriminatory relationships among family members, which even further conduces self-realization. This mutual respect among family members clearly overshadows the disadvantages of the changed family relationship. (Words: 111)

**❾** 이제 아래의 Template에 따라 Conclusion을 완성해 봅시다.

---
**[ Outweigh Conclusion Template ]**

At first glance, it is not easy to judge whether more advantages exist than disadvantages, but as shown in **Supporting idea 2**, the [advantage, disadvantage] [clearly, lucidly, explicitly, indubitably, obviously, unambiguously, coherently] [outweighs, surpasses, exceeds, transcends] the [disadvantage, advantage] of [주어진 Thesis].

---

- 괄호 안의 단어들을 모두 암기한 후, 같은 단어의 사용을 피해 주세요.
- Conclusion 작성 시, "자신이 선택한 의견의 Supporting idea만을 언급"한다는 점을 명심해 주세요.

**[ Conclusion ]**

At first glance, it is not easy to judge whether more advantages exist than disadvantages, but as shown in the mutual respect, the advantage obviously transcends the disadvantage of the changed lifestyles.

**❿** 완성된 Essay를 확인해 봅시다.

> **Q**: In many places, people's lifestyles have changed rapidly. This affects family relationships as well. <u>Do you think its advantages outweigh the disadvantages</u>?

It has been an enigmatic quandary as to whether changed lifestyles negatively affect the family relationship. However, it is obvious that mutual respect, an advantage, outweighs rampant self-indulgence, a disadvantage from the changed lifestyle. The scope and breadth of rampant self-indulgence and mutual respect are two paragons that reverberate my point of view precisely.

Rampant self-indulgence clearly illustrates the matter pertaining to this theme. In the modern society in which many people have relished economic benefits from the industrialization, individual personalities become one of the most quintessential values. Such a swift change in lifestyle substantially affect family relationships as well, enervating most of the traditional roles and hierarchy inside the family. Consequentially, people no more treasure their conventional roles unilaterally designated by the gender difference. But, unexpectedly though, those rapid changes in the family relationships induce severe conflicts among family members. Not only marital problems but heinous crimes such as parricide bring the family the momentous chaos. However, given that increased mutual respect by the changed lifestyles provides the family with unprecedented benefits more than ever, I believe an advantage from the varied lifestyle, despite a little internal disorder, exceeds the disadvantage.

Mutual respect indubitably illustrates the issue at hand. In the past society in which the patriarchy was deeply rooted, the relationships among family members were significantly slanted. Fathers, who cherished conservative but somewhat distorted traditional values more than anything, wielded despotic authorities over the family members. Consequentially, too much frustrated and unconvinced with such an irrational family relationship at all, other family members started to demand their rights to decide, as the modern society made the people's lifestyles changed. As a result, there are no more discriminatory relationships among family members, which even further conduces self-realization. This mutual respect among family members clearly overshadows the disadvantages of the changed family relationship.

At first glance, it is not easy to judge whether more advantages exist than disadvantages, but as shown in the mutual respect, the advantage obviously transcends the disadvantage of the changed lifestyles. (Words: 336)

# Sample Essay 1
By Reid Shin

Q: As countries develop, people tend to buy more and more car. <u>Do the advantages for the individual outweigh the disadvantages for the natural environment</u>?

Ralph Waldo Emerson, a legendary American poet, once said, "All is a riddle, and the key to a riddle is another riddle." As this saying indicates, whether using cars puts individuals in a more favorable position is an enigmatic quandary. However, having analyzed convenient traveling and global warming, I state that disadvantages for the environment far exceed advantages for the individual.

Convenient traveling unambiguously demonstrates the matter pertaining to this theme. Though controversial, the role of a car has become highly influential in life. Particularly, using a private vehicle has induced a much more comfortable life than ever. Now, by driving, people can reach to any places whenever they want. Even, the existence of well-paved expressways 24 hours available and constructed all along every corner of the nation intensifies as well as guarantees the convenience in mobility. Furthermore, private vehicles grant drivers a personal space where privacy is tightly protected. However, considering that abnormal climate changes gradually make the future of humanity gloomy, I believe a disadvantage from using cars, despite the guaranteed convenience, transcends the advantage.

Rapid global warming explicitly exemplifies the issue at hand. As the industrialization has been drastically progressed, the frequency to use the private vehicles surges. However, this seemingly beneficial way of life, unexpectedly though, increases the amount of carbon monoxide and dioxide in the air. Those toxic gases emitted from cars have created a thin layer around the Earth, which ultimately increases the average temperature of the earth and causes many abnormal climate changes. Glacier in the Antarctic, for instance, is drastically melted down, severely damaging the biodiversity of the ecosystem and even pushing humanity on the verge of extinction. This global warming lucidly overshadows the advantage of using cars.

At first glance, it is not easy to judge whether more advantages exist than the disadvantages, but as shown in the rapid global warming, the disadvantage clearly outweighs the advantage of using cars. (Words: 319)

## Sample Essay 2
By Reid Shin

Q. In the past, people liked to store knowledge in books. At present, we like to store it on the Internet. Do you think the advantages of storing knowledge on the Internet outweigh the disadvantages?

Some still might argue that book is only a source of information most valuable and available. However, things changed long before as history had revolved around the technology. Having analyzed the possible data loss and speedy retrieval of information, I state that advantages for saving knowledge on the Internet far exceed disadvantages.

To begin with, possible data loss explicitly depicts the matter pertaining to this theme. The recent trend to use electronic files in every part of life expedites people to use the Internet as a means to save knowledge rather than books. However, an error called a bug in software as well as constant threats from malicious hackers always resides, seriously threatening the safety of valuable knowledge on the Internet. Even, caused by an unexpected glitch in the software, massive data losses would result in the permanent loss of knowledge which otherwise could be well preserved in books. However, given that knowledge can be only valuable when being used at the right timing, I believe the advantage of saving knowledge on the Internet exceeds the disadvantage.

Speedy retrieval of knowledge indubitably demonstrates the issue at hand. The Internet now has an alias, the Sea of the Information, because literally, all the knowledge is available there. Even, the Internet provides people with not only well-categorized but various information conventional paper books could never do. By using the Internet, people can reach to whatever knowledge they need with just a few clicks, even accessing an eclectic one. With such swift retrievals, knowledge collected can be used at the right timing. Were it not for the Internet, it would take days and nights to retrieve the necessary knowledge from voluminous books. This speedy retrieval of knowledge entirely overshadows the disadvantages of storing knowledge on the Internet.

At first glance, many often believe that there are more disadvantages in storing knowledge on the Internet, but the speedy retrieval of knowledge coherently epitomizes why the advantages apparently outweigh the disadvantages of it. (Words: 328)

# 22 Day

## Cause & Solution

Albert Einstein said, "Imagination is more important than knowledge. Knowledge is limited. Imagination encircles the world."

# Cause & Solution Template

### [ Introduction ]

It has been an enigmatic quandary as to why [주어진 Thesis]. However, it is [evident, clear, explicit, lucid, obvious] that [원인] is a reason and [해결책] a solution. The scope and breadth of **Supporting Idea 1** and **Supporting Idea 2** are two paragons that reverberate such a theme.

### [ Body 1 ]

To begin with, **Supporting Idea 1** [clearly, lucidly, explicitly, indubitably, obviously, unambiguously, coherently] [illustrates, depicts, demonstrates, explains, epitomizes, exemplifies] [the matter pertaining to this theme, the issue at hand]. Logical flow 시작 → A (배경 설명) → B (핵심 단어 + Thesis 언급 시작) → C (Thesis 구체화) → [Thus, As shown], this/these **Supporting Idea 1** [clearly, lucidly, explicitly, indubitably, obviously, unambiguously, coherently] [illustrates, depicts, demonstrates, explains, epitomizes, exemplifies] an epitome of why [나의 의견].

### [ Body 2 ]

Furthermore, **Supporting Idea 2** [clearly, lucidly, explicitly, indubitably, obviously, unambiguously, coherently] [illustrates, depicts, demonstrates, explains, epitomizes, exemplifies] [the matter pertaining to this theme, the issue at hand]. Logical flow 시작 → A (배경 설명) → B (핵심 단어 + Thesis 언급 시작) → C (Thesis 구체화) → [Thus, As shown], this/these **Supporting Idea 2** [clearly, lucidly, explicitly, indubitably, obviously, unambiguously, coherently] [illustrates, depicts, demonstrates, explains, epitomizes, exemplifies] [that, how] [나의 의견].

### [ Conclusion ]

At first glance, it may seem like finding the reason and solution on [주어진 Thesis] is tough, but the examples of **Supporting Idea 1** and **Supporting Idea 2** [clearly, lucidly, explicitly, indubitably, obviously, unambiguously, coherently] [indicate, prove] that [나의 의견].

# Day 22

## Cause & Solution

오늘은 흔히 "인과 관계"라고 알려진 Cause & Solution Essay 작성법에 대해 학습해 보도록 하겠습니다. 먼저 유념할 점은, 다른 Essay 작성법들과 마찬가지로 Cause & Solution Essay의 Body 작성법 역시 여러분께서 이미 충분히 숙지하고 계신 Logical flow A (배경 설명) → B (핵심 단어 + Thesis 언급 시작) → C (Thesis 구체화) → D (This/These 사용하여 Supporting idea 끌어내기)의 순서대로 작성을 한다는 점입니다.

본격적으로 Cause & Solution Essay 작성법에 대해 학습하기 전, 대략적으로 먼저 알아본다면, Body 1에는 "Reason"을 배치하고, Body 2에는 "Solution"을 배치한다는 점입니다. 기존의 Template과는 다른, 약간의 Template 변화 역시 있으니 앞 페이지의 Cause & Solution Essay Template을 반드시 암기해야만 합니다. 그럼 먼저, 아래의 예제를 통해 Introduction 작성법에 대해 학습해 보도록 하겠습니다. Introduction 작성법은 기존 Template 작성법에서 약간의 변형만이 있을 뿐입니다.

**예제문제**

> **Q**: People do not take environmental issues seriously in spite of many warnings given by scientists and even do not save the energy in their daily life. <u>What is the possible cause and solution for this issue</u>?

**❶** 먼저, 주어진 Thesis에서 핵심 단어인 "do not take environmental issues", "do not save the energy"를 추출해 냅니다. 그다음 정해진 Template에 따라, 아래처럼 "Introduction" 작성을 시작합니다. 작성 방법은 다음과 같습니다.

### [ Cause & Solution Introduction Template ]

It has been an enigmatic quandary as to why [주어진 Thesis]. However, it is [evident, clear, explicit, lucid, obvious] that [원인] is a reason and [해결책] a solution. The scope and breadth of **Supporting Idea 1** and **Supporting Idea 2** are two paragons that reverberate such a theme.

위의 "Template"을 사용하여 Introduction을 작성할 시, 유의해야 할 몇 가지 점들을 반드시 암기해 주세요.

- "why" 뒤쪽의 주어진 Thesis 언급 부분은 늘 완전한 문장을 사용해 작성해야 하며, 주어진 Thesis에 대해 간략하게 언급만 한다 생각하면 됩니다. Cause & Solution Essay라고 하여, 이 부분에서 "원인"과 "해결책" 모두에 대해서 자세히 언급할 필요는 없으며, 아주 간략하게 주어진 Task에 대해서 언급만 하면 됩니다. 또한, "however" 뒤 [원인]과 [해결책] 부분은 "형용사 + 명사", 즉 일반적인 Supporting idea 모양을 생각해 내어 Template 속에 집어넣으면 됩니다.

- "it is" 뒤쪽의 주어진 형용사 evident, clear, explicit, lucid, obvious 중 하나를 선택하면 됩니다. 암기 후 사용하신다면 편하게 문장을 작성할 수 있습니다.

- "Supporting idea"의 모양은, 늘 Body의 내용을 집약할 수 있는 단어로 표현해야 합니다. 가장 이상적인 Supporting idea의 모양은, 1) Adj + N, 또는 2) Vt-ing + N임을 반드시 기억합시다.

- Introduction 작성 시, 앞쪽에 몇 칸을 띄워서 Indent(들여쓰기)를 만들어주세요. IELTS Writing 시험은 형식 점수가 주어지지 않지만, 일반적인 Writing Rule이니 지켜서 손해 볼 일은 없습니다.

- 그럼, 위의 Template을 주어진 예제 문제에 적용시켜 보겠습니다.

## [ Cause & Solution Introduction ]

It has been an enigmatic quandary as to why people are indifferent on environmental issues. However, it is obvious that the oblivion on the environmental calamity is a reason and the government intervention a solution. The scope and breadth of the oblivion on possible disaster and the government intervention are two paragons that reverberate such a view.

**해석** 왜 사람들이 환경 문제에 무관심한지는 불가사의한 난제였습니다. 그러나 환경 재앙에 대한 망각이 이유이며 정부의 개입이 해결책이라는 것이 분명합니다. 가능한 재난에 대한 망각과 정부 개입의 범위와 폭은 그러한 견해를 반향하는 두 가지 전형입니다.

**②** 이제 정해진 "Template"을 따라서 "Body 1"을 작성하면 됩니다. 여기서 중요한 점은, Body 1에서 주어진 Thesis에 대한 "원인"을 서술하고 Body 2에서 "해결책"을 제시한다는 점입니다. 그럼, 늘 하던 대로 Body Template을 사용하여 아래의 Body 1 첫 문장을 작성할 수가 있습니다.

The oblivion on the environmental calamity indubitably depicts the matter pertaining to this theme.

여기서 잠시, Supporting idea 작성 시 주의할 점을 다시 한번 복기해 보도록 합시다. Supporting idea 작성 시 주의할 점은, "원인"과 "결과"를 집약적으로 설명해 줄 수 있는 "Adj(형용사) + N(명사)" 형태의 "Supporting idea"를 만들어 내야 한다는 것입니다. 위와 같은 경우는, N(명사) 형태의 Supporting idea를 생각해낸 경우입니다. 다만, "Supporting idea"는, 늘 "Adj(형용사) + N(명사)" 형태가 가장 이상적이란 것을 기억해 두도록 합시다. 또한, 가장 적합한 Supporting idea를 생각해 내기 위해선 늘 단어를 열심히 외워야 함을 명심하시기 바랍니다.

**Logical flow A_배경 설명 →**

생존(survival. N)하기 위한 경쟁(competition. N)이 극도로(exceptionally. Adv) 높은(high. Adj) 현대 세상에서, 많은 사람들은 그들의 삶에 지쳐서(exhausted. Adj), 그들과 직접적으로(directly. Adv) 관련되지(associated. Adj) 않은 수많은(countless. Adj) 문제점(issues. N)들을 쉽게(easily. Adv) 무시(ignore/disregard. Vt)합니다.

**In** (Prep) a modern **society** (N: O) **in which** (전치사 + 관계 대명사) **competition** (N: S) **is** (Be) **exceptionally** (Adv) **high** (Adj: C) for survival, **many** (N: S) **are** (Be) **exhausted** (P.P) from their lives, so easily **disregard** (Vt) a countless number of **issues** (N: O) not **directly** (Adv) **associated** (P.P) with themselves.

- 전치사 in의 목적어로 사용된 명사 society에 대한 세부 정보를 공급해 주기 위해, "전치사 + 관계 대명사"인 "in which"를 사용한 것을 확인해 주세요.

- 명사 society를 수식하기 위해 사용된, 즉 "전치사 + 관계 대명사" 뒤의 명사 competition을 주어로, Be 동사를 본동사로, 형용사 high를 보어로 사용한 "S + Be + C 완전한 문장"은 수식을 위해 사용된 "부수적인 완전한 문장임"을 확인해 주세요.

- 주가 되는 완전한 문장은, many를 주어로, Be 동사를 본동사로, 과거 분사인 exhausted를 보어로 사용한 "S + Be + P.P 완전한 문장"과, 역시나 동일한 주어를 가지며, 타동사 disregard를 본동사로, 명사 issue를 목적어로 가지는 "S + Vt + O 완전한 문장임"을 확인해 주세요.

- 지금 같은 경우, 두 개의 완전한 문장인 "S + Be + P.P 완전한 문장"과 "S + Vt + O 완전한 문장"이 등위 접속사 so를 사용하여 연결돼 있는 것을 확인해 주세요. "등위 접속사" 사용 시, 앞의 완전한 문장의 주어와 뒤의 완전한 문장의 주어가 같다면, 등위 접속사 뒤의 완전한 문장의 주어를 생략할 수 있음을 다시 한번 암기해 주세요.

- 보통 영작에 있어서 "많은 사람들"을 표현할 때, many people 대신에 people을 생략한 many를 사용하는 경우가 많으니, 암기한 후 적재적소에 사용해 주세요.

- 목적어 자리에 나온 명사 issues에 대한 세부 정보를 공급해 주기 위해, 수식 2번 과거 분사 (P.P)를 사용해준 것을 확인해 주세요. 즉, 과거 분사인 associated가 부사, 전치사와 함께 사용되어, 앞에 배치된 명사 issue에 대해 해석상 "직접 관련되어지지 않은"이라는 세부 정보를 공급하고 있습니다.

> **Logical flow B_핵심 단어 + Thesis 언급 시작 →**

특히나(In particular), 그렇게(such. Adj) 지친 사람들은 깨끗한(pristine. Adj) 자연 환경을 늘 당연시 여기며 환경 파괴의 심각성(significance. N)을 인지(recognize: Vt)하지 못하고 있습니다.

In particular, **such** (Adj) tired **people** (N: S) do not **recognize** (Vt) the **significance** (N: O) of environmental destruction, **taking** (V-ing) for granted the pristine environment as ever.

- in particular는 문장 가장 앞에서 부사처럼 사용할 수 있다는 것을 반드시 암기해 주세요.

- 앞 문장에서 언급한 "사람들이 그들의 삶에 지쳤다"라는 내용을 Logical flow B로 받아 내려오기 위해서, 즉 "내용상 Hook"을 만들어 주기 위해서, "such a(an) 단수 명사 / such 복수 명사"를 사용한 것을 확인해 주세요. such 이외에도, 내용상 Hook을 만들어 주기 위해, that, those 등을 "형용사"로 사용할 수 있다는 것을 반드시 암기해 주세요.

- "주가 되는 완전한 문장"은 명사 people을 주어로, 타동사 recognize를 본동사로, 명사 significance를 목적어로 사용한 "S + Vt + O 완전한 문장"임을 확인해 주세요.

- "Thesis"에서 추출한, 핵심 단어인 "do not take environmental issues"와 "do not save the energy"를 **Full Sentence, V-ing** Syntax를 사용하여, 효과적으로 표현할 수 있습니다.

- S + take + N + for granted → "주어가 당연시 여기다 N(목적어)을." 실전 Body 작성에서 자주 사용되는 숙어이므로 반드시 암기해 주세요. 또한, "S + take + N + for granted" 숙어 사용 시, 만약 "목적어"가 길어진다면 "목적어"를 "for granted" 뒤로 배치하여 "S + take + for granted + N" 모양으로 사용합니다.

- 문장 맨 끝에 사용한 as ever은 "늘"이란 의미를 전달하며, 작문 시 부사처럼 언제 어디서든 사용할 수 있으니 반드시 암기 부탁드립니다.

### Logical flow C_Thesis 구체화 →

"Thesis 구체화 부분"에서는 늘 "자신의 의견"을 좀 더 구체적으로 그리고 강하게 피력해야 하므로, 내용 전달상 강조를 위한 영문법들을 사용해 주는 것이 효과적입니다. 하지만 늘 그러듯이, 과도한 영문법의 사용은 가독성을 저해하는 독과 같이 작용하므로, 내용상 강조를 해줄 필요가 있을 경우, 1개 정도의 영문법만을 사용하는 것이 효과적인 의견 피력의 방법임을 기억하도록 합시다.

곧 다가올(imminent. Adj) 환경적 재앙(environmental calamity. N)에 대한 그들의 무지(ignorance. N)뿐만 아니라(as well as), 그들의 인식 부족(lack of recognition. N)은 이미(already. Adv) 심각하게(severely. Adv) 훼손된(destructed. Adj) 자연 환경(natural environment. N)을 더욱 나쁘게(worse. Adj) 만들고(make. Vt) 있으며, 환경론자들(environmentalist. N)의 노력

(effort. N)을 아무 성과 없이(futile. Adj) 만들고 있습니다.

**Turning** (Vt-ing) the **effort** (N: O) of environmentalists into being futile, the **ignorance** (N1: S) of imminent environmental calamity, as well as the **lack** (N2: S) of recognition, **makes** (Vt) already severely destructed **natural environment** (N: O) even worse (Adj: C).

- "**V-ing, Full Sentence**" Syntax를 사용하여 효과적으로 내용상 의미를 전달하고 있습니다. 즉, 문장 가장 앞에, V-ing인 turning을 배치하여, 명사 ignorance를 주어로, 타동사 make를 본동사로, 명사 natural environment를 목적어로 사용한 "S + Vt + O 완전한 문장"의 주어인 명사 ignorance에 "환경 보호론자들의 노력을 무용하게 만드는"이라는 내용상 세부 정보를 공급해 주고 있음을 확인해 주세요. 위의 Syntax 구조는 실전 Writing에서 즐겨 사용하는 구조이니, 반드시 암기 부탁드립니다.  **V-ing_____ , S**

- turn A into B → "A를 B로 바꾸다." 빈번하게 사용되는 구문이니, 반드시 암기해 두도록 합시다.

- 또한, 명사 ignorance를 주어로 사용한 "S + Vt + O 완전한 문장"에서 본동사인 타동사 make는 본동사의 가장 근처에 있는 주어인 단수 명사 lack에 영향을 받아 makes가 되었음을 확인해 주세요. 즉, as well as를 완전한 문장의 주어 부분에 사용해줄 경우, 주어와 본동사의 "수의 일치"는 본동사에 가까운 명사 주어가 기준이 됨을 반드시 암기하여, as well as 사용 시 수의 일치에서 절대로 실수를 하지 않도록 합시다.

- S + make + O + C → "주어가 만든다 목적어를 C하게." 실전에서 많이 사용하는 구문이므로 반드시 암기해 주세요.

### Logical flow D_This/These 사용하여 Supporting idea 끌어내기 →

이처럼(as shown), 임박한(impending. Adj) 환경 재앙(environmental calamity. N)에 대한 이(this. Adj) 망각(oblivion. N)은 왜 많은 사람들이 환경 문제(environmental issue. N)를 무시(disregard. Vt)하는지 분명하게(clearly. Adv) 증명(prove. Vt) 합니다.

As shown, this **oblivion** (N: S) on impending environmental calamity clearly **proves** (Vt) why many **people** (N: S) **disregard** (Vt) environmental **issues** (N: O).

❸ 이제 Cause & Solution Essay의 완성된 Body 1을 확인해 보도록 하겠습니다.

### [ Cause & Solution Body 1 ]

The oblivion on the environmental calamity indubitably depicts the matter pertaining to this theme. In a modern society in which competition is exceptionally high for survival, many are exhausted from their lives, so easily disregard a countless number of issues not directly associated with themselves. In particular, such tired people do not recognize the significance of environmental destruction, taking for granted the pristine environment as ever. Turning the effort of environmentalists into being futile, the ignorance of imminent environmental calamity, as well as the lack of recognition, makes already severely destructed natural environment even worse. As shown, this oblivion on impending environmental calamity clearly proves why many people disregard environmental issues. (Words: 111)

❹ 이제, 정해진 Template에 맞춰 Body 2, 즉 Solution을 작성하도록 합시다. Cause & Solution Essay 작성 시, 물론 일반적인 Body 작성법인 Logical flow를 따라서 Body 2를 작성해도 되지만, 아래의 "Solution 전용 Template"을 적용한 Body 작성법을 학습해 보도록 합시다. 아래의 "Solution 전용 Template"은, 여러분께서 이미 "What Extent / Agree / Disagree 1 Supporting Idea"에서 학습하신 Body 2 작성법을 살짝 변형시켜 놓은 것입니다. 아래의 Template을 완벽 암기한 후, 주어진 문제에 대한 Body 2를 작성해 보도록 합시다.

### [ Cause & Solution Body 2 Template ]

However, [원인] can be easily resolved with several effective government interventions. Given that there are many helpful laws [Thesis 관련 내용] but people trample those various laws, the government must levy the substantial amount of fines on the lawbreakers. Additionally, the government must initiate various public commercials and hold educational sessions specifically designed for instilling the importance of [Thesis 관련 내용], to inform the public how much vital [Thesis 관련 내용] would be for our future. Then, such severe [원인] can be gradually weakened by these government interventions.

앞의 "Solution 전용 Template"을 적용할 경우, 아래처럼 완성된 Body 2가 만들어집니다.

[ Body 2 ]

However, the nonchalant attitude of the public on environmental problems can be easily resolved with several effective government interventions. Given that there are many helpful laws to protect the environment but people just trample those various laws, the government must levy the substantial amount of fines on the lawbreakers. Additionally, the government must initiate various public commercials and hold educational sessions specifically designed for instilling the importance of environmental protection, to inform the public how much vital the environment would be for our future. Then, such severe oblivion on the environmental calamity can be gradually weakened by these government interventions.

**해석** 그러나, 환경 문제에 대한 대중의 무관심한 태도는 여러 가지 효과적인 정부 개입으로 쉽게 해결할 수 있습니다. 환경을 보호하는데 도움이 되는 많은 법률들이 있지만, 사람들이 그 다양한 법을 단지 짓밟고 있다는 것을 고려하면, 정부는 법률 위반자에게 엄청난 양의 벌금을 부과해야 합니다. 또한, 정부는 다양한 공공 광고를 시작하고 환경 보호의 중요성을 강조하기 위해 특별히 마련된 교육 세션을 개최하여 대중에게 우리의 미래를 위해 환경이 얼마나 중요한지를 알려야 합니다. 그렇게 한다면, 이러한 정부의 개입으로 인해 환경 재난에 대한 심각한 망각은 점차 약화되어질 것입니다.

**5** 마지막으로, 정해진 Template에 맞춰 Conclusion을 작성하도록 합시다.

[ Cause & Solution Conclusion ]

At first glance, it may seem like finding the reason and solution on majority's ignorance on the environmental issue is tough, but the examples of the oblivion on possible disasters and the government intervention coherently prove why the public disregards the environmental issues and what should be done to tackle this problem.

**해석** 언뜻 보기에는, 환경 문제에 대한 다수의 무지에 대한 이유와 해결책을 찾는 것이 어려울지 모르지만 가능한 재난에 대한 망각과 정부 개입의 예는 대중이 왜 환경 문제를 무시하며 이 문제를 해결하기 위해 무엇이 행해져야 하는지를 일관되게 증명합니다.

**6** 이제 완성된 Cause & Solution Essay를 확인해 보도록 합시다.

> Q: People do not take environmental issues seriously in spite of many warnings given by scientists and even do not save the energy in their daily life. <u>What is the possible cause and solution for this issue</u>?

It has been an enigmatic quandary as to why people are indifferent on environmental issues. However, it is obvious that the oblivion on the environmental calamity is a reason and the government intervention a solution. The scope and breadth of the oblivion on possible disaster and the government intervention are two paragons that reverberate such a view.

The oblivion on the environmental calamity indubitably depicts the matter pertaining to this theme. In a modern society in which competition is exceptionally high for survival, many are exhausted from their lives, so easily disregard a countless number of issues not directly associated with themselves. In particular, such tired people do not recognize the significance of environmental destruction, taking for granted the pristine environment as ever. Turning the effort of environmentalists into being futile, the ignorance of imminent environmental calamity, as well as the lack of recognition, makes already severely destructed natural environment even worse. As shown, this oblivion on impending environmental calamity clearly proves why many people disregard environmental issues.

However, the nonchalant attitude of the public on environmental problems can be easily resolved with several effective government interventions.

Considering that there are many helpful laws to protect the environment but people just trample those various laws, the government must levy the substantial amount of fines on the lawbreakers. Additionally, the government must initiate various public commercials and hold educational sessions specifically designed for instilling the importance of environmental protection, to inform the public how much quintessential the environment would be for our future. Then, such severe oblivion on the environmental calamity can be gradually weakened by these government interventions.

At first glance, it may seem like finding the reason and solution on majority's ignorance on the environmental issue is tough, but the examples of the oblivion on possible disasters and the government intervention coherently prove why the public disregards the environmental issues and what should be done to tackle this problem.

---

아래의 예제 문제를 통해 다시 한번 Cause & Solution Essay 작성법을 연습해 보도록 합시다.

**예제문제**

> **Q**: More and more people are relying on the private car as their major means of transportation. <u>What is the possible cause and solution for this issue</u>?

**❶** 먼저, 주어진 Thesis에서 핵심 단어인 more people, relying on the private car, means of transportation을 추출해 냅니다. 그다음 정해진 Template에 따라 다음처럼 "Introduction" 작성을 시작합니다. 실전시험에서는 가능하다면 시간을 절약하기 위해, 미리 암기한 Introduction Template을 작성하면서 동시에 Supporting idea를 생각해 내길 바랍니다. 처음부터 계속 그렇게 훈련을 한다면, Brainstorming으로 인한 과도한 시간 낭비를 줄일 수 있습니다.

[ Introduction ]

It has been an enigmatic quandary as to why more people prefer to use private vehicles rather than other means of transportation. However, it is lucid that a chronic inconvenience of public transportation is a reason and investment in infrastructure a solution. The scope and breadth of a chronic inconvenience and investment in infrastructure are two paragons that reverberate such a view.

**❷** 이제 정해진 "Template"을 따라서 "Body 1"을 작성하면 됩니다. 반드시 기억해야 할 점은, Body 1에는 주어진 Thesis에 대한 "원인"을 서술하고 Body 2에는 "해결책"을 제시해야 한다는 점입니다. 그럼, 늘 하던 대로 Body Template을 사용하여 아래의 Body 1 첫 문장을 작성할 수가 있습니다.

A chronic inconvenience of public transportation clearly demonstrates the matter pertaining to this theme.

**❸** 이제 Logical flow를 따라서 Body 1을 작성해 보도록 하겠습니다.

> Logical flow A_배경 설명 →

기술 진보(technological advance. N)의 편리함(convenience. N)에 취해 있는(awash. Adj) 사람들은, 다른 대중교통보다 훨씬 편안함을 제공하는 개인 차량(private vehicle. N)으로 목적지(destination. N)에 도착하는(get to) 것을 선호(prefer. N)합니다.

**Awash** (Adj) **in** (Prep) the **convenience** (N: O) of technological advance, **people** (N: S) **prefer** (Vt) **to get** (To + Vi: O) **to** (Prep) **destinations** (N: O) **by** (Prep) private **vehicles** (N: O) **which** (주격 관계 대명사) **give** (Vt) **them** (간접 목적어) much more **comfort** (직접 목적어) than **do** (대동사) other public **transportations** (N: S).

> 명사 people을 주어로, 타동사 prefer를 본동사로, To + V인 to get을 목적어로 사용한 S + Vt + O 완전한 문장이 사용된 것을 확인해 주세요.

- get to N → "N에 도달하다." 실전 Writing에서 빈번하게 사용하는 표현이므로, 반드시 암기 부탁드립니다.

- 전치사 by의 목적어로 사용된 명사 vehicle에 세부 정보를 공급해 주기 위해, 주격 관계대명사 "which"를 사용하였으며, 그 뒤는 주어가 생략된 불완전한 문장이 사용된 것을 확인해 주세요.

- 타동사 give는 거의 대부분, "S + give + 간접 목적어 + 직접 목적어"로 사용되어, 해석상 "주어가 준다 간접 목적어에게 직접 목적어를."이란 내용상 의미를 전달함을 반드시 암기해 주세요.

- 비교급 than 뒤에 배치한 "do other public transportations"는 대동사 do를 사용하고 도치를 해준 경우로, 주격 관계 대명사 부분에서 생략된 주어인 "private vehicle"과 비교 대상인 "pubic transportation"을 비교해 주기 위해 사용한 구문으로, 이런 경우 대동사 do를 사용하여 "give them much more comfort"가 전달하는 내용상 의미 전부를 받아올 수 있습니다. 이러한 비교급의 사용방법을 반드시 암기 부탁드립니다.

### 🔴 Logical flow B_핵심 단어 + Thesis 언급 시작 →

예를 들어(for instance), 개인 자동차(private car. N)를 사용함으로써, 사람들은 그들이 일반 대중교통(regular public transport. N)을 이용할 때처럼 터미널에 내려(get down) 다른 운송수단으로 갈아타는(transfer. Vi)데 시간을 낭비(waste. Vt)할 필요가 없으며, 여러 경유지(stop. N)를 거칠 필요 또한 없기 때문에, 전체 여행 시간의 거의 절반을 절약(save. Vt)할 수 있습니다.

**By** (Prep) **using** (Vt-ing) private **cars** (N: O), for instance, almost **half** (N: S) of the total traveling time can **be** (Be) **saved** (P.P) **because** (부사 접속사) **people** (N: S) **not only** do not have to **waste** (Vt) **time** (N: O) **getting** (V-ing) down to the terminal **and** (연결사) **transferring** (V-ing) to other modes of transport **but** do not have to **go** (Vi) **through** (Prep) several **stops** (N: O) to reach the final destination **just as** (접속사) **they** (N: S) would with regular public transport.

- 문장 가장 앞에 전치사를 배치하여, 완전한 문장을 사용하여 내용상 의미를 전달하기 전에, 미리 내용상 의미 전달에 있어 "충분한 세부 정보를 공급"해 주고 있음을 확인해 주세요.

> 명사 half를 주어로, Be 동사를 본동사로, 과거 분사 saved를 보어로 사용한, "S + Be + P.P 완전한 문장"이 사용된 것을 확인해 주세요.

> 부사 접속사 because를 사용하여, 명사 people을 주어로, 타동사 waste를 본동사로, 명사 time을 목적어로 하는, S + Vt + O 완전한 문장이 연결돼 있는 것을 확인해 주세요.

> not only A but B 구문을 사용하여, 의미 전달상 각각 본동사 waste와 go를 연결해 준 것을 확인해 주세요.

> just as는 접속사로써, 대명사 they를 주어로, 대동사 do를 본동사로 사용한 S + Vi 완전한 문장을 연결하고 있습니다. 지금 같은 경우는 대동사 do를 생략해준 경우입니다.

### Logical flow C_Thesis 구체화 →

또한(in addition), 대중 교통 시스템은 과거에 비해(compared to) 많이(a lot. Adv) 향상(improve. Vt) 되었지만, 여전히 자정(midnight. N) 무렵에 대부분의 운영(operation. N)을 중단(stop. Vt) 합니다.

In addition, **though** (부사 접속사) the public transportation **system** (N: S) has **been** (Be) **improved** (P.P) a lot **compared to** (Prep) **that** (N: O) **of** (Prep) the **past** (N: O), **it** (N: S) still **stops** (Vt) most of its **operation** (N: O) **around** (Prep) **midnight** (N: O).

> 부사 접속사 though를 사용하여, 명사 system을 주어로, Be 동사를 본동사로, 과거 분사로 improved를 사용한 S + Be + P.P 완전한 문장과, 대명사 it을 주어로, 타동사 stop을 본동사로, 명사 operation을 목적어로 사용한 S + Vt + O 완전한 문장이 연결돼 있음을 확인해 주세요.

> in addition은 문장 가장 앞에 배치하여 "또한"이라는 해석상 의미를 전달하며, 부사처럼 사용할 수 있음을 반드시 암기해 주세요.

> compared to는 전치사로 암기한 뒤, 해석상 "~와 비교하였을 때"라는 의미를 전달하고 싶을 때 언제든지 사용해 주세요.

> "현재의 대중 교통 시스템"과 "과거의 대중 교통 시스템"을 내용상 비교하고 있으므로, 비교 대상을 매칭해 주기 위해 대명사 that을 사용해 주고 있음을 확인해 주세요. 비교급 사용 시, 비교 대상을 반드시 적절하게 매칭시켜줘야 함을 명심해 주세요. 단수 대명사로 "that"을 사용할 수 있으며, 복수 대명사로 "those"를 사용할 수 있습니다.

**Logical flow D_This/These 사용하여 Supporting idea 끌어내기 →**

이러한(these. Adj) 만성적인(chronic. Adj) 불편함(inconvenience. N)들은 왜 사람들이 대중 교통(public transportation. N)보다는 개인 차량을 여전히 선호하는지 설명합니다.

**These** (Adj) chronic **inconveniences** (N: S) **explain** (Vt) why **people** (N: S) still **prefer** (Vt) private **vehicles** (N: O) **rather than** (Prep) public transportation.

- 명사 inconvenience를 주어로, 타동사 explain을 본동사로, why + S + Vt + O 완전한 문장을 목적어로 사용한 "S + Vt + O 완전한 문장"이 사용된 것을 확인해 주세요.

- these는 형용사로 사용할 경우, 늘 "복수 명사"를 수식해 줘야 함을 반드시 암기해 주세요.

- rather than은 묶어서 전치사로 암기한 후, 적재적소에 해석상 비교급의 의미를 전달해 주고 싶을 때, 지금처럼 문장의 가장 마지막에 사용해 줄 수 있음을 반드시 암기해 주세요.

**4** 이제 완성된 Body 1을 확인해 보도록 합시다.

### [ Body 1 ]

A chronic inconvenience of public transportation clearly demonstrates the matter pertaining to this theme. Awash in the convenience of technological advance, people prefer to get to destinations by private vehicles which give them much more comfort than do other public transportations. By using private cars, for instance, almost half of the total traveling time can be saved because people not only do not have to waste time getting down to the terminal and transferring to other modes of transport but do not have to go through several stops to reach the final destination just as they would with regular public transport. In addition, though the public transportation system has been improved a lot compared to that of the past, it still stops most of its operation around midnight. These chronic inconveniences explain why people still prefer private vehicles rather than public transportation. (Words: 142)

## Sample Essay 1
### By Reid Shin

Q: In many cities, crime is increasing. Why do you think this is happening? What can the government do to help reduce crime levels?

It has been an enigmatic quandary as to why crime is increasing despite all the effort. However, it is evident that missing mutual respect is the most significant reason and reinstate of the death penalty a solution.

Weakened mutual respect in society explicitly demonstrates the matter pertaining to this theme. With rapid economic development, a concept of justice and ethics our society lies upon, ironically though, was shattered and crumbled away. Immersed in materialism, many people now consider the individual benefit as an absolute virtue and are even willing to hurt others to maximize their personal profits. Not only does such a social atmosphere trigger the public to lose both trust and consideration for others, but significantly increases the number of crimes. In our society, the word, mutual respect, has become no longer valid, and people even ignore crime scenes, closing their eyes to a desperate call for help. Thus, this absence of mutual respect unambiguously ascertains why the crime rate is rising.

Furthermore, reinstate of death penalty obviously epitomizes the issue at hand. Prioritizing the dignity of human life, many countries around the world have abolished the death penalty. However, this abolition, unexpectedly though, gives criminals a misled belief that they will not die whatever they do. Though longer sentence is a foregone conclusion to the criminals, just isolating criminals for a considerable period is not enough to stop or decrease crimes which occur every second. By showing that serious crimes will inevitably result in the death, the government can send to the public a strong signal that there will be no mercy on what they commit. Such a strong signal will even make people cautious about illegal acts. If strengthening other penalties is combined with the reinstatement of the death penalty, that will also help to reduce the increasing crime rate.

At first glance, it may seem like finding the reasons and solution on the increasing crime is tough, but the example of weakened mutual respect and reinstate of death penalty indubitably indicate that intensifying penalty can efficaciously reduce the rise of crime rates caused by weakened mutual respect. (Words: 351)

# 23 Day

## 변형 기출 Essay

Emerson said, "In order to learn the most important lessons in life, one must each day surmount a fear."

# Day 23

## 변형 기출 Essay

>>>>>>>>>>>>>>>>>>>>>>>>><<<<<<<<<<<<<<<<<<<<<<<<<

이제 마지막으로 변형 Essay에 대해 학습해 보도록 하겠습니다. 흔히 변형 기출이라 불리는 문제들은 여러분께서 22일 동안 부단히 학습해온 모든 Essay 유형을 혼합한 유형이라 생각하시면 됩니다. 즉, 이젠 여러분들께 너무나 익숙할, 전형적인 What Extent / Agree / Disagree, Discuss Both Views, Advantage & Disadvantage, Advantage Outweighs Disadvantage, Cause & Solution 유형이 아닌, 이 모든 유형의 Essay를 혼합한 유형이 흔히 변형 기출이라 불립니다. 하지만 어렵게 생각하실 이유는 전혀 없으며 변형 기출이라 하여 당황하실 필요 또한 전혀 없습니다. 주어진 Thesis에 따라, 지금까지 여러분께서 학습해 오신 대로, 각각의 Introduction, Body 1, Body 2, 그리고 Conclusion을 작성만 하시면 됩니다. 저희는 전략적으로 가장 빈번하게 출제되는 3가지 변형 기출 유형만을 아래의 도식을 통해 살펴보도록 하겠습니다.

**❶ 원인 + Positive or Negative Development**

위의 도식에서 확인할 수 있듯이, 전형적인 Cause & Solution Essay가 아닌, Body 1에 원인을 작성하고, Body 2에는 주어진 Thesis가 긍정적인 효과를 가져왔는지 또는 부정적인 효과를 가져 왔는지 선택을 한 뒤, 서술해 주면 됩니다. 당연히 Body 1과 Body 2에는 각각의 Supporting idea 1과 Supporting idea 2를 배치하여 Body의 논리 전개를 이끌어 나가야 합니다. Introduction과 Conclusion 역시 기존 Template을 약간 변형시켜 완성할 수 있습니다. 다음의 예제를 통해 확인해 보도록 하겠습니다.

> Q: <u>Why</u> does society pay less attention to women's sports as compared to men's sports? <u>Is this a positive or negative development</u>?

[ Introduction ]

It has been an enigmatic quandary as to **why women's sports draw less public attention than men's sports**. However, it is evident that **commercialization is a reason and this is definitely a negative development**. The scope and breadth of commercialization and gender discrimination are two paragons that reverberate such a theme.

[ Conclusion ]

At first glance, it may seem like **finding the reason and assessing its effects are tough, but the examples of commercialization and gender discrimination explicitly prove that commercialization brings about less public attention on the women's sports and this is definitely a negative development in society**.

## ❷ 원인 + Advantage or Disadvantage

가장 흔한 변형 기출 유형으로 Body 1에 원인을 작성하고, Body 2에 장점 내지 단점 중 한 가지를 선택하여 작성하시면 됩니다. 주목할 점은, Body 2에서 장점과 단점을 모두 서술하지 마시고, 한가지만을 선택하여 논리 전개를 해야 한다는 점입니다. 즉, 장점을 선택하였다면 장점만을 설명하며, 단점을 선택하였다면 단점만을 설명하시면 됩니다. 또한, 당연히 Body 1과 Body 2에서는 각각의 Supporting idea 1과 Supporting idea 2를 배치하여 Logical flow를 따라 Body의 논리 전개를 이끌어 나가시면 됩니다. Introduction과 Conclusion 역시 기존 Template을 약간 변형시켜 완성시킬 수 있습니다. 다음의 예제들을 통해 확인해 보도록 하겠습니다.

> **Q**: Many young people in the workforce today change their jobs or careers every few years. What do you think <u>the reasons</u> for it, and <u>does the advantage of this outweighs the disadvantage</u>?

### [ Introduction ]

It has been an enigmatic quandary as to **what causes young people to change their jobs so quickly and whether the advantage exceeds the disadvantage of it**. However, it is evident that **advanced training system is a reason and the advantage surpasses the downside**. The scope and breadth of the advanced training system and economic revitalization are two paragons that reflect my point of view precisely.

### [ Conclusion ]

At first glance, it may seem that **analyzing the reason of the rapid job change and its outcomes is tough, but the examples of the advanced training system and economic revitalization indubitably indicate that the advanced training system brings about the rapid job changes which eventually induce positive economic revival.**

---

> **Q**: <u>Why</u> does society pay less attention to women's sports as compared to men's sports? <u>Does the advantage of this trend outweigh the disadvantage</u>?

### [ Introduction ]

It has been an enigmatic quandary as to why women's sports draw less public attention than men's sports. However, it is evident that commercialization is a reason and the disadvantage outweighs the advantage of it. The scope and breadth of commercialization and gender discrimination are two paragons that reverberate such a theme.

[ Conclusion ]

At first glance, it may seem like finding the reason and assessing its effects are tough, but the examples of commercialization and gender discrimination explicitly prove that commercialization brings about less public attention on the women's sports and the disadvantage surpasses the advantage.

## ❸ Positive development or Negative development

Positive Development or Negative Development를 묻는 Essay는 사실 What Extent / Agree / Disagree 2 Supporting Ideas 작성법과 동일합니다. 즉, 동의하느냐? 내지 동의하지 않느냐?의 문제에서 한가지 의견을 선택한 뒤, 2개의 Supporting idea를 사용해 Essay를 완성했듯이, Positive Development or Negative Development 역시 긍정적인 영향을 끼쳤는지? 또는 부정적인 영향을 끼쳤는지? 둘 중 한가지 의견을 선택한 뒤, 두 개의 Supporting idea를 각각 Body 1과 Body 2에 배치하고, Logical flow에 따라 Essay를 완성하시면 됩니다. 기존 What Extent / Agree / Disagree 2 Supporting Ideas Template을 변형 없이 그대로 사용하시면 되고, Body 작성 역시 기존의 Logical flow를 따라 완성하시면 됩니다. 그럼 완성된 Essay를 읽어 보시면서, 변형 기출의 작성법을 익혀 보시기 바랍니다.

## Sample Essay 1
### By Reid Shin

Q: The Internet and TV have created the chance for ordinary people to become famous. Is it a positive or negative development?

It has been an enigmatic quandary as to whether the opportunity to become famous provided by the Internet and TV has negative effects on society. However, it is evident that such opportunities play positive roles in the world. The scope and breadth of buffer for self-realization and progress of pop culture are two paragons that reflect my point of view precisely.

Buffer for self-realization clearly depicts the matter pertaining to this theme. With prolonged economic recession since late 2007, competition in workplaces has never been fiercer than now. Under this circumstance, achieving dreams becomes tougher, not to mention all the inevitable hardships on the process. Even, though it sounds cynical, most chances to become famous are not be given to the ordinary person but to a selected few who already have prerogatives in social status. However, many channels and programs on the Internet and Television now open the gates for ordinary people to make themselves famous, thus acting as a buffer for ordinary people to pass through the invisible barrier for fame and fortune. This imprints on people the thought that the door to the dream is not still closed but open to anybody.

Furthermore, the progress of pop culture indubitably illustrates the issue at hand. Some critics in the world still criticize pop culture for its tawdry and vulgar nature. For sure, this is their shield for their assertion. However, nobody can deny that pop culture is a mirror of how people think and live. Not led by a few selected artists and moguls in the culture industry, the pop culture is now being further developed by the Internet and Television which put ordinary persons into the center of the culture. Many self-made YouTubers and celebrities through the Internet and Television even prevent just one influential person from ruling all the other cultures. It is the pop culture that is breathing with the ordinary person around the world, a clear sign of progress of pop culture.

At first glance, it seems like the chances by the Internet and TV for fame trigger adverse effects on the society, but the examples of self-realization and progress of pop culture explicitly show why the chances created by the Internet and TV audition programs is a positive development. (Words: 375)

# Sample Essay 2
By Reid Shin

Q: Many young people in the workforce today change their jobs or careers every few years. What do you think the reasons for it, and does the advantage of this outweighs the disadvantage?

It has been an enigmatic quandary as to why the younger generation frequently changes jobs. However, it is evident that sensitivity to fast change is the main reason and the advantage of it exceeds the disadvantages.

Sensitivity to fast change indubitably demonstrates the matter pertaining to this theme. Modern society changes so fast that nobody can guarantee that tomorrow will be the same as yesterday. In many realms including job fields, much is happening in just one day, and many things are disappearing. The young generation, especially sensitive to such a fast trend, do not hesitate to accept those changes and even try to ride on them. Furthermore, considering the tendency of the current generation who have jobs to realize their ideals rather than merely for a living, it is not surprising at all for the young generation to change their careers so fast. This is why past virtue of stable job does not work out well to the young generation.

Also, the advantage of the quick job change far exceeds the disadvantage of it. Many workplaces nowadays mainly deal with complicated problems, so require employees to equip various capabilities for problem-solving. Young people who are potential job seekers deliberately try to undergo a variety of experiences to acquire those abilities until they finally find permanent jobs, what they are most interested in. By changing jobs quickly, young people can have chances to participate in diverse events, whether it is from simple to complex. Consequently, those accumulated job diversities would bring a boon to an individuals' successful career in the long-term perspective. Thus, this diverse experience clearly illustrates why the advantage of the job changes in younger generation overshadows the drawbacks.

At first glance, it may seem like defining the reason and judging whether the advantage exceeds the disadvantage are tough, but as clearly shown in the case of sensitivity to fast change and diverse experience, one can lucidly ascertain why young generation changes job fast and that the advantage exceeds the disadvantage. (Words: 333)

# Memo